D1671321

Am Feuer
der
Weisheit

DHYANI YWAHOO

Am Feuer der Weisheit

Lehren der Cherokee Indianer

THESEUS

ISBN 3-89620-088-7

Titel der amerikanischen Originalausgabe:
Voices of our Ancestors
erschienen bei Shambhala Publications, Inc. P. O. Box 308
Boston, Massachusetts 02117, U. S. A.

© by Dhyani Ywahoo

Übersetzung ins Deutsche: Peter Hübner

© der deutschen Übersetzung 1988 by Theseus Verlag, Zürich, München, Berlin
4. Auflage 1997

Umschlaggestaltung: Morian & Bayer-Eynck, Coesfeld
unter Verwendung einer Photographie von Edward S. Curties
Druck: Wiener Verlag, Himberg
Gedruckt auf alterungsbeständigem Papier
mit chlorfrei gebleichtem Zellstoff

Inhalt

WIDMUNG

Für alle, die vorausgegangen sind und den klaren Weg des Schönen schufen.

Für meine Großeltern, meine Urgroßeltern und meine Eltern.

Für die Weisheit, die sie kultivierten und an mich weitergaben, so daß ich sie an diejenigen weitergeben kann, die bereit sind, sie anzunehmen.

Für Golden: Möge das Mysterium in Deinem Herzen flüstern.

Für meine Kinder und Enkelkinder: Danke, daß Ihr mich zur Mutter haben wolltet, und mögen eure Visionen Wirklichkeit werden.

Für den Oberhäuptling der Etowah-Nation, Hugh Gibbs, und seine Familie. Für die gütigen Werke, die sie vollbringen, damit Frieden auf der Welt leuchten möge.

Für die verirrten Cherokee: Mögen diese Worte Wegweiser sein, die euch die Rückkehr nach Hause ermöglichen.

Für die Sunray-Teilnehmer, die den Traum meiner Ahnen verwirklichen, daß Menschen aller Länder gemeinsam Gutes vollbringen können.

Und für alle weisen Stimmen, die mich auf meinem Weg begleiteten. Ich danke für den Rat von Phillip Deere und Mad Bear sowie dem Medizinmann der Diné, Tommy, der mich nach Hause zurückrief und mir sagte: »Ja, du kannst das vollbringen, was deine Großeltern von dir erwarteten.« Mein Dank auch an Marie, die Traumfreundin, die Wirklichkeit wurde.

Ga li e li ga, ich bin dankbar.

DANK

Mein besonderer Dank gilt Tama Weisman für die Erfassung des Manuskripts; Lynn E. Alden für die Vorbereitung der Illustrationen; Emily Hilburn Sell von Shambhala Publications für den Weitblick, mit dem sie die Entstehung dieses Buches auslöste; all meinen Freunden von Sunray, die meine Vorträge der letzten sieben Jahre aufzeichneten und übertrugen, sowie den großzügigen Menschen, die dieses Projekt durch Spenden in Form von Computern, Schreibmaschinen, Kopierern und weiterem Gerät förderten. Und ich danke dir, Barbara, daß du dabei bist.

VORWORT

Dieses Buch wurde in der Hoffnung geschrieben, daß es dem Frieden und Einklang aller Lebewesen untereinander zum Erblühen verhelfen möge.

Die hier wiedergegebenen Lehren und Meditationen basieren auf den traditionellen Lehren, Lehrgeschichten und Spielen der Tsalagi*, die ich von meinen Großeltern, Urgroßeltern und Großtanten lernte.

Nach Generationen der Geheimhaltung wurde im Jahre 1969 beschlossen, die Lehren der Tsalagi-Tradition mit Nichtindianern zu teilen, damit unsere Kinder Wasser zum Trinken und Platz zum Gehen haben würden. Dahinter steht die Absicht, die Verbindung des einzelnen Menschen zur Familie, der Gemeinde, seinem Heimatland und sogar der Erde zu verstärken. Wir laden niemanden ein, Indianer zu werden. Wir laden Menschen ein, ein freundschaftliches Verhältnis zueinander zu bewahren und die Lehren ihrer Herkunftsfamilien zu achten. In dieser Weise können wir alle bei der Verwirklichung einer Friedensvision zusammenzuarbeiten.

Diese Lehren sind grundsätzlicher Art. Sie sind für Menschen jeder Religionszugehörigkeit oder Nationalität annehmbar, die sich dem Frieden und dem harmonischen Zusammenleben verpflichtet fühlen. So halten wir an der Heiligkeit der Klangesetze fest, die bestimmen, welche Lehren Nichtindianern mitgeteilt werden dürfen.

Es ist meine Hoffnung, daß diese Worte viele Menschen zu positivem Handeln anregen werden und dies allen Lebewesen heute und in der Zukunft zugute kommen wird.

Der Inhalt dieses Buches basiert auf Vorträgen und Lehrunterlagen aus den Jahren 1978—1985, die vor allgemeinem Publikum präsentiert wurden, insbesondere aber vor Mitgliedern und Studenten der Sunray Meditation Society, einer gadugi (Gesellschaft), die mit der Igidotsoiyi Tsalagi Gadugi

---

* Tsalagi wird in diesem Buch durchgehend anstelle der Bezeichnung »Cherokee« verwendet.

(Drei Schwestern Gesellschaft) der Etowah-Gruppe der Östlichen Tsalagi Nation verbunden ist.

Obwohl diese Lehren in europäischen Sprachen verbreitet werden, haben sie ihre Wurzeln im Zyklus der Verbindungen des Tsalagi-Denkens. Daher sind in diesem Werk erkennbare Muster von Wiederholungen festzustellen, die sich in subtiler Weise voneinander unterscheiden. Als Bestandteile der traditionellen Lehrmethode führen diese formellen Muster und Verbindungen dazu, daß die Lehren auf vielen verschiedenen Ebenen aufgenommen und verstanden werden können.

Als wir noch Kinder waren und diese Dinge lernten – besonders in meinem Fall, da ich eine designierte Stammhalterin war –, wurde uns viel davon mit auf der Erde gezeichneten Diagrammen vermittelt. Ferner dadurch, daß gewisse Formen mit natürlichen Gegenständen gebildet wurden. Beispielsweise ein Dreieck, welches zehn Steine enthielt. Sprechgesang und Trommeln waren auch wichtige Bestandteile der lernenden, ausbalancierenden Aktivitäten der rechten und linken Hirnhälften, so daß man die Gedanken unmittelbar begriff, die mit einem geteilt wurden.

Die hier wiedergegebenen traditionellen Lehrmethoden sind in einer Weise dargestellt, die sich stark von den linearen, konzeptionellen, analytischen Denkmustern Europas unterscheiden. Die Lehre der Tsalagi, wie auch die Tsalagi-Vorstellung der Realität, beschreibt einen Kreis, und ich spreche zu euch, meine Leserinnen und Leser, wie zu meinen Verwandten. Ich teile mit euch die Weisheit unserer Ahnen.

Es sind dies Lehren einer traditionellen mündlichen Überlieferung. Sie sind Hunderttausende von Jahren lang geflüstert, gesprochen, gesungen, getrommelt und getanzt worden. Sie sind behaftet mit den Mysterien des Sternenleuchtens, des Feuerscheins, der Morgenröte. Hier werden nun diese heiligen Lehren erstmals schriftlich weitergegeben. Mögen sie in deinem Herzen große Freude über das Geschenk des Lebens entfachen, darüber, daß es Familie, Freunde, Kollegen und eine menschliche Gemeinschaft gibt, in der gelebt und gelernt werden kann. Auch darüber, daß es uns gegeben ist, in dieser Zeit den »Heiligen Reif« des Lebens auf unserem Planeten zu erneuern.

Der Kern der Lehre ist, jedem einzelnen Moment die drei fundamentalen Prinzipien von Absicht, Mitgefühl und Güte einzugeben. Diese drei Prinzipien selbst und ihre Beziehung zu Einzelpersonen, Familien, Nationen und dem Universum bilden die konzeptionelle Essenz der Weltanschauung der Tsalagi, und sie bestimmen jeden Aspekt der Lehre. Man nennt sie oft die »Alten-Feuer im Himmel« oder die »Drei Heiligen Feuer« des Willens, der Liebe und des aktiven Intellekts. Jede Teillehre enthält mindestens sieben Hinweise darauf, wie sich diese Grundprinzipien in unserem Leben manifestieren. Daher enthält jede Hauptunterteilung der hier dargestellten Lehren sieben solcher Beispiele, von denen drei die Prinzipien unmittelbar betreffen und die weiteren vier die Zyklen von Beziehungen ansprechen. Dieses formelle Muster der Wiederholung wirkt wie ein Webkamm, der den Stoff festigt.

Jedes Kapitel kann als eine in sich geschlossene Einheit gelesen werden, doch bilden die Kapitel auch eine Reihenfolge. Beim Lesen des gesamten Buches werden sich die Zusammenhänge gewisser Gemeinsamkeiten feststellen lassen. Die verwendeten Wörter spielen nur eine untergeordnete Rolle bei dem, was die Lehren im Menschen auslösen, der sie aufnimmt. Sie sind ein Medium, um das reine Licht der Weisheit zu übertragen.

In der Weltanschauung der Tsalagi befinden sich Leben und Tod, Manifestation und Formlosigkeit allesamt innerhalb des Kreises, der sich spiralartig, sämtliche Dimensionen umfassend, ausdehnt. Die Lehren bringen diese Ausdehnung zum Ausdruck. Die gleiche Schilderung kann auf verschiedenen Wegen begriffen werden, wenn sich weitere Dimensionen des Geistes öffnen.

Sogar Zeit und Geschichte tanzen in der Spiralbewegung mit. Muster der Vergangenheit finden ein Echo in der Gegenwart und hallen durch die Zukunft. Unser Zeitmeßsystem — im Kern identisch mit dem Kalender der Maya oder Azteken — spiegelt die Spirale als miteinander verzahnte Räder aus Energie und Bewußtsein wider, die sich zeitlos und majestätisch bewegen. In der mündlichen Überlieferung wie auch der geschriebenen Geschichte der Tsalagi gibt es gewisse Lehrer, die sich auf dem amerikanischen Kontinent in regelmäßig wiederkehrenden Zyklen manifestieren. Sie verkünden essentiell die gleiche Botschaft, die gleiche Weisheit und treten zu den geeigneten Zeiten auf, um die Menschen an den Einklang zu erinnern. Diese regelmäßige Wiederkehr reinen Geistes setzt sich weiterhin fort. So wie einst »Der Fahle«, »Der Friedensstifter« und Quetzalcoatl dieses Land beschritten, so wird in unserer Zeit wieder ein Lehrer von großer Güte erscheinen, um das Feuer der Weisheit im Zusammenleben aller Menschen erneut zu entfachen.[1] Es gibt viele Ähnlichkeiten zwischen der Tsalagi-Weltanschauung und der des Buddhismus, des Christentums und des Judentums. Die Wurzeln sämtlicher Völker und Religionen führen zurück zu dem einen Großen Baum des Friedens. Doch kennen viele Menschen nur wenig von den Inhalten der Philosophie und Religion der amerikanischen Ureinwohner. Und das, was bekannt ist, stimmt oftmals nicht. Dieses Buch sollte mit offenem Herzen gelesen werden, ohne Anhaftung an irgendwelche bisherigen Ideen oder Vorstellungen darüber, was und wie die Ureinwohner Amerikas sind.

Es wäre jedoch ein Irrtum, wenn du die Erwartung hegtest, durch das Lesen dieses Buches über die Philosophie der Tsalagi das gesamte Denken der indianischen Völker erfassen zu können. Ich hoffe vielmehr, daß das Buch dadurch ein Spiegel deines eigenen Geistes und deiner Vorfahren sein wird, indem du ähnlich verlaufende Muster feststellst: Gemeinsamkeiten des menschlichen Denkens und Seins.

Die Philosophie der amerikanischen Urvölker − ob Tsalagi oder andere − kann auf vielen verschiedenen Ebenen verstanden werden. Die Übungen, die in diesem Buch geschildert werden, sind für alle Menschen geeignet; sie werden keine negativen Auswirkungen haben, wenn ihre Durchführung wie beschrieben erfolgt. Die tiefergreifenden Rituale, Zeremonien und Handlungen der Urvölker, wie die, die mit der Pfeife und der Reinigungshütte (Schwitzhütte) zu tun haben, sind den Urvölkern vorbehalten. Sie nachahmen zu wollen, wäre gefährlich und respektlos. Es sind dies die Hohen Mysterien unserer Völker, so heilig für uns wie eine Messe für den Katholiken. Mögest du das Große Mysterium durch die Fenster betrachten, die dir dafür offen stehen, und im Kontinuum deines eigenen Lebens die Wegweiser wahrnehmen, die den Pfad der Schönheit kennzeichnen.

In der jetzigen Zeit werden die Ureinwohner Amerikas täglich mit kulturellem wie physischem Völkermord konfrontiert. In dieser Minute sind die Ureinwohner der westlichen Halbkugel nur Spielsteine in den Fortschritts- und Gewinnkonzepten multinationaler Gesellschaften. Denke an die Zwangsumsiedlungen von unzähligen Ureinwohnern in Nordamerika, den entsetzlichen Völkermord an Eingeborenen in Mittel- und Südamerika. Und erkenne, solche Grausamkeiten könnten sich in deiner eigenen Nachbarschaft ereignen, wenn wir es zulassen, daß sich unsere Herzen derartig verhärten, uns die Leiden anderer Menschen gleichgültig sind.

Daher hoffe ich, daß jede Leserin, jeder Leser dieses Buches die Muster, die durch unsere Gedanken und Handlungen gewebt werden, eingehend betrachten wird, um so Gewissenhaftigkeit und Großzügigkeit zum Wohle künftiger Generationen aufkommen zu lassen. Möge Mitgefühl in deinem Herzen wachsen, und mögest du alle Lebewesen als Verwandte in diesem Traum von Leben erkennen.

Das Geschenk Leben ist äußerst kostbar und geht sehr rasch dahin. Mögen die Worte dieses Buches dich dazu anregen, die richtigen Taten vorzunehmen, um das Elend der Völker der Welt zu lindern. Mögen alle Lebewesen von Leiden befreit werden und alle gegensätzlichen Auffassungen in Übereinstimmung enden, so daß das große Feuer der Weisheit in unseren Herzen brennen und aus unseren Handlungen leuchten kann.

AM FEUER
DER
WEISHEIT

EINLEITUNG

Wir Cherokee oder Tsalagi nennen uns traditionell das Hauptvolk, Ani Yun Wiwa, da unsere Schöpfungsgeschichte und Philosophie von der heiligen Pflicht sprechen, Licht zu verbreiten und das Gute zum Nutzen aller Wesen zu verwirklichen. Unseren Ursprung führen wir auf Sterne zurück, die als Siebengestirn (Plejaden) bekannt sind: Die Sieben Tänzer. Ein integraler Teil unserer Zeremonien und Beziehungsmuster ist das Feuer der Weisheit. Daher sind wir, die Feuerhüter des heiligen Lichts, verantwortlich dafür, das Feuer des klaren Denkens und der richtigen Beziehungen in diesen veränderlichen Zeiten zu neuem Leben zu erwecken.

Die Lehren, die in diesem Buch enthalten sind, werden von einer Person dargebracht, die zur fünften Generation der Nachkommen gehört, die den Sturz der natürlichen Lebensweise der Tsalagi in die Finsternis überlebten.[1] Auf Kinder der fünften Generation übertrugen die Alten die besondere Aufgabe, das heilige Feuer der Weisheit erneut zu entfachen, indem sie Menschen dazu aufforderten, die Auswirkungen unserer Gedanken und Handlungen auf die Natur, auf andere Menschen, auf uns selbst und auf künftige Generationen wahrzunehmen. Unsere Alten, von denen einige harte Entbehrungen und Strafen ertragen mußten, weil sie sich um die Erhaltung unserer Kultur bemühten, gaben uns durch Zeremonien, Gesänge und Vorbilder die Methoden mit auf den Weg, die eine gesunde Welt Wirklichkeit werden lassen können.

Bis 1979 war es den Urvölkern Amerikas gesetzlich untersagt, ihre traditionellen Religionen auszuüben. 1978 erwog der Kongreß der Vereinigten Staaten, ein Gesetz zu verabschieden, das einseitig sämtliche Verträge mit den Indianern aufheben sollte, womit ihnen auch noch ihr geringer Rest an eigenem Land genommen worden wäre. Dies hätte zwangsläufig den Tod der Indianerkulturen herbeigeführt, denn die Basis der indianischen Religionen, ihrer Sprachen und ihres gemeinschaftlichen Lebens ist die geheiligte Beziehung zu ihrem

Land. 1979 wurde der American Indian Religious Freedom Act (Gesetz zur Religionsfreiheit amerikanischer Indianer) verabschiedet, der den Ureinwohnern Amerikas ihre Zeremonien und Rituale wieder gestattete. Viele Indianer der fünften Generation hielten die Verabschiedung dieses Gesetzes für einen Versuch, ihnen die Landenteignung schmackhaft zu machen. Obwohl der Gesetzentwurf von 1978 nicht verabschiedet wurde, versetzte er die fünfte Generation – wie es die Alten gehofft hatten – in Bewegung.[2] Für viele Indianer war der Versuch, alle restlichen Verträge mit ihnen zu brechen und ihre übriggebliebenen Ländereien zu rauben, ein Wachrütteln ihres »Indianertums«. Mit der Erkenntnis, daß wir nahe am Rande der Auslöschung und völligen Eingliederung gewesen waren, kam neues Interesse auf, indianische Sprachen, Philosophie, Medizin und Religion zu studieren. Die Tsalagi sind nur eine von vielen Indianernationen, die heute wachsen und gedeihen.

Dieses Buch ist jenen weisen Alten gewidmet, die den Glauben und die Voraussicht hatten, das Feuer der Weisheit am Leben zu halten.

Ich selbst bin eine Tsalagi der Etowah-Gruppe; ein Gefäß, gefüllt mit den Träumen derer, die vor mir gingen; von den Alten gesegnet und ermächtigt, ein Speicher der Lehren des Geschlechts der Ywahoo zu sein.

Das Geschlecht der Ywahoo wurde vor 2860 Jahren von dem »Hüter der Mysterien« gegründet, dem »Fahlen«, ein großer Lehrer, dessen Name nur bei Zeremonien ausgesprochen wird. Wenn das Volk die ursprünglichen Gebote vergessen hatte, seine spirituellen Pflichten vernachlässigte und kriegerisch wurde, kam »Der Fahle«, um das heilige Feuer der Weisheit neu zu entfachen. Er war auf wundersame Weise geboren worden, und sein Körper strahlte helles Licht aus. Er erschien an vielen Orten gleichzeitig und beherrschte die Sprachen aller Lebewesen. Die Lehren des »Fahlen« verbreiteten sich über die amerikanischen Kontinente. Er führte den Bau von Tempeln und Schulen erneut ein, reformierte die Priesterausbildung und verbreitete Methoden zur Kultivierung und Erhaltung des Friedens im Individuum, der Familie, im Klan, in der Nation und auf dem ganzen Planeten. Dieser große Lehrer war ein lebendiger Hinweis auf das nicht-verwirklichte Potential in allen Menschen. Er erneuerte das heilige Feuer und die ursprünglichen Anweisungen, die im »Kristall-Schrein« enthalten sind. Diesem höchstheiligen Kristall, der ewig den wunderschönen Ton des Einklangs singt, die Menschen inspiriert, in Einigkeit mit den heiligen Gesetzen zu handeln, und alle Gedanken und Handlungen harmonisch zusammenfließen läßt.[3]

Es ist die Pflicht eines jeden Ywahoo, den »Kristall-Schrein« zu hüten und Zeremonien für die universelle Ausgewogenheit durchzuführen. Somit sind die Ywahoo die Hüter des Kristalls und der kristallaktivierenden Ton-Formeln und Riten.

Bislang war siebenundzwanzig Ywahoos die Erhaltung der Lehren zur Stabilisierung der Gedanken in wechselvollen Zeiten anvertraut. Also wurden die Lehren, die in diesem Buch umrissen sind, vom Geschlecht der Ywahoo über siebenundzwanzig Generationen bewahrt und weitergegeben. Ich, Dhyani Ywahoo, übernahm sie von meinem Großvater, Eonah Fisher (Bear Fishing) – der die Lehren von seinem Schwiegervater, Eli Ywahoo, meinem Urgroßvater (auch als Rain Cloud bekannt) erhielt -, wie auch von meiner Großmutter, Nellie Ywahoo, Tochter von Rain Cloud.

Bereits in jungen Jahren werden die Begabungen von Tsalagikindern erkannt. Sie werden aufgefordert, spirituellen Vereinigungen beizutreten, die sich ihnen aufgrund ihrer Klanzugehörigkeit und der Familientraditionen innerhalb der Klans anbieten. Die Familie der Ywahoo gehört dem Klan Ani Gadoahwi (Wildkartoffel) der Tsalagi-Nation an. Meine Vorfahren, meine Verwandten, die mich unterrichteten, stammen aus den Carolinas und aus Tennessee. Während des »Weges der Tränen« in den 1830er Jahren, versteckten sie sich in Höhlen. Statt ihr verehrtes Heimatland zu verlassen, erfüllten sie ihre spirituellen Pflichten gegenüber den Blue Mountains, den Flüssen und dem Land der Region.

So befinden sich die Dinge, von denen ich spreche, in einem Kontinuum. Ich selbst bin die erstgeborene Tochter einer erstgeborenen Tochter. Die Medizintradition[4], die meine Familie pflegte, ist die Tradition des Volkes der Tsalagi. Sie läßt sich bis in die Zeiten der Sonnentempel zurückverfolgen. Daher betrachten wir uns als ein uraltes Volk. Unsere Geschichte spricht von mehr als hunderttausend Jahren der Beziehung zum Planeten Erde.

In der Betrachtungsweise der Tsalagi sind Kinder geschätzte Mitglieder der Gesellschaft. Und von dem Moment an, wo sie zum ersten Mal lachen, sind sie eingeladen, an spirituellen Zeremonien und verantwortungsbewußtem Handeln zum Wohle des gesamten Volkes teilzunehmen. Das erste Lachen ist ein Zeichen dafür, daß das Kind gewillt ist, aus sich herauszugehen und mit anderen zu kommunizieren. Es läßt auch erkennen, welche Gabe das Kind besitzt.

Bei den Tsalagi und anderen Urvölkern Amerikas ist es üblich, daß die Großeltern eines Kindes vor dessen Geburt Träume und Visionen über das kommende Kind erhalten. Auch meine Großeltern erlebten solche Visionen. Sie besagten, daß ein roter Mann den Ozean mit einer Botschaft der Einheit und der Wiederherstellung des »Heiligen Reifs« überquerte. Er sprach von mir und sagte, daß ich die ganze Welt bereisen würde und sämtliche Lehren erhalten sollte. Die Alten folgten diesen Anweisungen. Als ich noch ein Kind war, saßen sie oft um das Feuer herum und verkündeten viele Prophezeiungen. Sie erzählten, daß die Zeit kommen würde, zu der ich vor Menschen aus aller Welt sprechen würde, und unsere Herzen vereint sein würden. Die Prophezeiungen haben sich als wahr erwiesen. Mögen nun die Prophezeiungen vereinigten Handelns und gemeinsamer Bemühung um das Leben, wie sie es voraussagten, den »Heiligen Reif« erneuern.

Vor 1969 waren die Lehren des Geschlechts der Ywahoo verborgen und wurden nur Tsalagi und anderen Gleichgesinnten mitgeteilt.

Nach den alten Lehren und Kalendarien sollte am Ende des Weltenzyklus, der die Dreizehn Himmel genannt wird, eine tiefe Finsternis über die Völker kommen.[5] Vor mehr als fünfhundert Jahren wurde ein Ältestenrat der Roten Nationen Nord-, Mittel- und Südamerikas einberufen, um sicherzustellen, daß die heiligen Lehren das nahende Zeitalter der Finsternis überdauern. Zu dieser Zeit waren die Lehren, die das Volk in Zeiten der Not stärken sollten, an den Herdfeuern verborgen, gehütet von Geheimgesellschaften innerhalb der Familien. Der Zyklus der Dreizehn Himmel endete am 21. April 1519, dem Tag, an dem Cortés in Mexiko landete. So »kehrte ein bleicher Bruder aus dem Osten zurück«[6], seine Erinnerung an die Einheit der Menschenfamilie war jedoch gestört, und seine Ankunft brachte dem Land und dem Volk große Zerstörung. Die Kultur und Wissenschaft, die den genauesten Kalender und die wirksamste Pharmakologie der Welt hervorgebracht und vor mehr als siebentausend Jahren den mathematischen Begriff Null entdeckt hatte, wurde in den Staub gestampft. Doch überdauerte die Weisheit an den Herdfeuern und wartete auf eine Zeit, in der Einigkeit unter den Menschen herrschte, wartete auf fähige Gefäße, die das Feuer hinaustragen würden. Die großen Smoky Mountains, Arkansas, Georgia und Tennessee waren Jahrtausende lang die Heimat der Tsalagi-Nation. Ab dem Beginn des 19. Jahrhunderts, als Siedler begannen, in die geheiligten Gebiete einzurücken und das Volk auf den »Weg der Tränen« zwangen, setzte die finsterste Nacht ein. Die Siebente Hölle begann 1831; der Indian Removal Act (Gesetz zur Entfernung von Indianern) wurde im Mai 1830 ratifiziert.

Bereits als ich sehr jung war, wurde mir von dem »Weg der Tränen« erzählt. Meine Großmutter beschrieb ihn mir so wirklichkeitsgetreu, daß ich das Gefühl hatte, dabei zu sein. Sie erzählte, daß Leute, Siedler und Soldaten, in die Hütten der Indianer kamen und sie hinauswarfen, deren Eigentum nach Belieben an sich nahmen und einfach sagten:»Geht mit dem, was ihr am Leibe habt.« Sie durften nicht einmal die eigenen Nahrungsvorräte anrühren. Als ich, ein Kind, der Weisheit der Alten lauschte, war ich erstaunt, daß sie all das ohne Bitterkeit erzählten. Sie beschrieben den »Weg der Tränen« als ein Zeichen von finsteren Zuständen in den Gedanken aller Menschen, den Beginn eines letzten Zyklus' der Reinigung. Illusionen der Herrschaft über die natürliche Welt sowie Materialismus anstelle von Ethik haben in dieser Zeit die Lebensadern aller abgewürgt.

Als sich die Dunkelheit über das Volk der Tsalagi senkte, beschlossen einige Priester und Priesterinnen, ihr körperliches Selbst im heiligen Feuer zu verbrennen. Mir erzählten die Alten, wie zwei Mitglieder meiner Familie ins Feuer hineinschritten und verschwanden, ohne daß Spuren ihrer Körper übrigblieben. Ihr Selbstopfer diente der Verbreitung der Essenz ursprünglicher Gebote, die wieder keimen sollten, wenn die fünfte Generation erschienen war, um die richtigen Beziehungen zum Land, zur Nation, zu Mutter Erde, zu Vater Himmel und allen Wesen wieder herzustellen. Meinem Denk-

23

vermögen sowie dem anderer der fünften Generation wurden behutsam gewisse Grundgedanken gegeben, womit wir das heilige Feuer in allen Menschen wieder entzünden könnten, um so den »Heiligen Reif« des Lebens zu erneuern. So wurden die heiligen Lehren Jahrhunderte lang geheim gehalten. Im Jahre 1969 tagten die Ältesten des Etowah-Verbundes und der Ywahoo-Familie und beschlossen, daß es an der Zeit sei, die allgemeinen Gesichtspunkte der Lehren mit all jenen zu teilen, die guten Herzens sind und der Verwirklichung des Friedens dienen. Der Ältestenrat erklärte, daß die astronomischen Lehren der Welt wiedergegeben werden sollten. Sie bilden die Grundlage, die Bewegungen der Sterne zu verstehen, denn diese bestimmen die Ordnung des zeremoniellen Kalenders, den die meisten Urvölker der westlichen Halbkugel verwenden. Die Ältesten entschieden ferner, daß die »Medizin der Zwillinge« von allen verstanden werden sollte, so daß sogar Wut oder Angst als Gelegenheiten erkannt werden könnten, das klare Feuer der Weisheit im Innern zu erkennen. Auch sagten sie, daß die allgemeinen Lehren des »Fahlen« mit anderen geteilt werden sollten, um einen neuen Tag hell werden zu lassen.

All diese Dinge geschehen im Einklang mit den Anweisungen. 1969 wurde die Sunray Meditation Society mit der Absicht gegründet, die passenden Lehren des Geschlechts der Ywahoo mit Gleichgesinnten zu teilen. Heute blühen die Sunray-Lehren, durch Studenten und Praktizierende hinausgetragen, wie Saatkörner des Lichts und richtiger Beziehungen in Gemeinschaften auf der gesamten Schildkröteninsel (Nordamerika und die Welt) auf. Und ich hoffe, daß dieses Buch durch Funken vom Feuer der Weisheit Erinnerungen in vielen Herzen entzünden wird.

Die Tsalagi-Lehren des Geschlechts der Ywahoo vermitteln spezifische Studien- und Praxisbereiche. Es gibt allgemeine Lehren mit körperlichen, geistigen und gesellschaftlichen Wertmaßstäben, die von allen Menschen angewendet werden können. Dann gibt es auch Lehren für einzelne Klans, die ausschließlich für deren Mitglieder bestimmte Verhaltensregeln, Verwandtschaftspflichten, Rituale, traditionelle Geschichten sowie Selbstschutz- und Überlebensunterricht enthalten. Ferner gibt es besondere Lehren für Staaten, Regierungsgesetze, die auf der Gesetzgebung des Klans basieren und der Erhal-

24

tung des Friedens sowie dem Einklang auf der ganzen Erde dienen. Dann gibt es noch eine besondere Trainingsmethode, die im Priestertum Anwendung findet und zehn Stufen der Entwicklung und des Beispiels enthält.

Dieses Buch enthält Lehren, die sich für jeden eignen, fundamentale Elo (Philosophie) und Übungen, um Ignoranz und Unklarheit zu bereinigen, um den Verstand klar werden zu lassen, um schmerzende Gefühle, Illusionen und Leiden zu stillen, um das Gute zu verstärken und um die Vision von Frieden und Harmonie, die im Herzen jedes Menschen schlummert, zu verwirklichen. Die Religion der Uramerikaner missioniert nicht und will niemanden bekehren. Die heiligen Lehren rufen dich auf, nicht Indianer zu werden, sondern der beste Mensch, der du sein kannst, und um dein unverwirklichtes Potential zum Wohle aller Lebewesen zu realisieren.

Ich bete, daß die Lehren deutlich vermittelt sind, zum Nutzen aller Wesen, die mit mir verwandt sind, ob sie fliegen, laufen, schwimmen oder kriechen. Ich möchte klarstellen, daß jedwede Ungenauigkeiten oder Unklarheiten hinsichtlich der historischen Chronologie auf meine eigenen Beschränkungen oder die Zerstörung beziehungsweise Unvollständigkeit der überlieferten Aufzeichnungen zurückzuführen sind. Die Lehren selbst sind wahr und bieten Mittel, um Frieden auf allen Ebenen zu erlangen.

Wir haben uns in der neunten und letzten Phase der Reinigung befunden, der neunten Höllenwelt, die den Dreizehn Himmeln folgte. In dieser Zeit hütet die fünfte Generation, die auf natürliche Weise lebt, die heiligen Gebote und träumt von Schönheit. Das Feuer ist an den heiligen Orten der Erde neu entzündet, der Gesang der friedvollen Erinnerung verbreitet sich, ein neuer Tag bricht an. Der neue Zyklus der Dreizehn Himmel begann am 30. August 1987, dreizehn Tage nach dem Ende der Fünften Welt. Nun bete ich, daß jede und jeder von euch die Botschaft des Friedens erkennen kann und genügend Willen, Mut und Mitgefühl haben wird, um sie zu verwirklichen. Mögen die Gedanken, die die innere Schönheit trüben, umgewandelt werden und den Weg zu den richtigen Beziehungen sichtbar werden lassen. Mögest auch du zum Friedenshüter berufen werden, der Zorn, Scham und Schuld abwehrt, um Harmonie und Freude in allen Beziehungen aufkommen zu lassen.

ᏚᎷᏣᎮᏴ Ꮀ ᏚᏝ

Ga lu lo hi gi ni du da

Himmel, unser Großvater

ᎫᎡᏣᎧᎷᏞᏢ

Nu da wa gi ni li si

Sonne, unsere Großmutter

ᎡᏣᎮᏴᎷᎢ

E lo hi gi ne tse

Erde, unsere Mutter

ᏚᎡᎡᎡᏚ

Ga li? e li ga

Wir sind dankbar

ᏏᏴᎯᏢᏣ

Si gi ni gé yu

Wir lieben einander

ᎤᎡᏢᏚ

O sa li he li ga

Wir sind dankbar

1

DAS VOLK DES FEUERS

TSALAGI ELO – unsere Philosophie, unsere mündliche
Überlieferung – erzählt, wie das Hauptvolk, das Ani Yun
Wiwa, im Sternbild des Siebengestirns entstand, wo zuallererst
der Funke des individuellen Denkens erglühte.
Aus dem geheimnisvollen Nichts erging ein Ton, und der
Ton wurde Licht, und das Licht war Wille, die Absicht zu sein,
geboren aus der Leere:»Schöpferwesen«, der Urton des uni-
versellen Gesangs, der allen Manifestationen vorangeht. Mit-
fühlende Weisheit entstand, als der Wille das unverwirklichte
Potential von hervorströmendem Geist erkannte. Wille und
Mitgefühl gebaren gemeinsam das Feuer der erschaffenden
Intelligenz. So entstand das heilige Dreieck, aus dem alle
Materie stammt: das Drei in Einem. Wir nennen es ein Myste-
rium.
Die ersten»Gedankenwesen«, tla-Wesen, Träger des reinen
Lichts des Geistes, existierten wie Zellen in einem Körper,
von gleichem Willen und Streben beseelt, die Geheimnisse des
Geistes zu erforschen. Bei der Verschmelzung an den zwölf
Wirbeln des Schaffens, elementaren Energie- oder Kraftli-
nien, nahm der Geist Form an. Der Eine wurde die Vielen.

27

Die Sternfrau fiel zur Erde und öffnete den Weg für Sternwesen, auf der Erde das Licht des reinen Geistes Wirklichkeit
werden zu lassen. Die »Drei Alten-Feuer« gingen den Planeten und den Tieren voran, während die Menschen Traumkinder der Engel waren, deren Träume mit dem Urton auf-
stiegen.
Jeder der zwölf ursprünglichen Stämme der Tsalagi-Nation
verkörperte einen speziellen Wirbel des Schaffens, eine besondere, kreative Energie. Ihr Tun war harmonisch.

Stamm Aktivität/Energie

1   Qualität des Willens. Kristallhüter, die Gedanken und
    Rituale rein halten, um die Ordnung der Form zu bewah-
    ren. Zeitmesser, Trommler.

2   Die Heiler, Pfleger, hohen Lehrer; der Friedenshäupt-
    ling, der nie Blut vergießt.

3   Diejenigen, die geheiligte Geometrie und Astronomie
    verstehen, die Beobachter des Himmels, die den richtigen
    Bau von Häusern überwachen.

4   Maurer, Erbauer der Form, die von den Drei vorgege-
    ben wird. Verwalter auf lokaler Ebene, die für das gute
    Zusammenleben der Klans und Gemeinden sorgen.
    Kunsthandwerker, die Gegenstände von Schönheit für
    das Gebet, die Meditation und den Gebrauch schaffen.

5   Die Wissenschaftler, Meister und Lehrer der Weisheit
    der Einzelheiten, die Musterbildung und mögliche zu-
    künftige Entwicklungen studieren.

6   Große Pfleger der Tempel und heiligen Gärten, wo die
    geheiligte Nahrung für die Gemeinden wächst. Hüter
    und Bewahrer der rituellen Formen.

7   Heilige Krieger, die Ignoranz bekämpfen. Die Aufrüttler,
    Umwandler, Erschaffer von Lebenskraft, Hüter des rich-
    tigen Handelns.

8   Botschafter zu anderen Ebenen, die Zugang zum Be-
     wußtsein haben. (Hierfür sind die Ani Gadoah besonders
     bekannt. Sie haben in großem Ausmaß Zugang zu ande-
     ren Ebenen). Weltumfassendes Verständnis, Unterstüt-
     zung des Weltwettersystems, die Verteilung von Energie
     zum Wohle aller Lebewesen.

9   Kommunikation mit den Sternen, das Schaffen von Erfin-
     dungen zur klaren Verständigung. Sie können neue Pflan-
     zen hervorbringen, um das Volk zu ernähren. Sie bringen
     eher ätherische Manifestationen des bewußten Schaf-
     fensvorgangs zum Ausdruck, der in der dritten Energie-
     linie zu sehen ist. Sie magnetisieren, formen die Welt.

Über die zehnte, elfte und zwölfte Energielinie sprechen wir
nicht, denn ihre Funktionen liegen jenseits sprachlicher Erfassung; sie können nicht begriffen werden.
   Diese Sternwesen kamen zur Erde auf Elohi Mona, fünf
Inseln im Atlantischen Ozean, die später Atlantis genannt
wurden.
   Vor der Ankunft der Sternwesen war das Land von großen
Wassern bedeckt, und das Männliche und Weibliche existierte
gemeinsam im gleichen Körper. Es gab emotionale Natur,
aber noch nicht den Geist, der die Absicht, die Erde einen Ort
des Lernens und Erträumens vom Guten werden zu lassen,
verwirklichen konnte. Zweck der Individualisierung des Geistes und des Herabstiegs von den Sternen war also, Leben auf
der Erde zu beschleunigen. Die Sternenergie kam, um das
Feuer des Geistes zu entfachen, so daß alles zum Mysterium
zurückkehren möge. Der Mensch ist mit dem Lachs vergleichbar: Wir alle entspringen dem See des klaren Geistes. Wir
schwimmen hinaus in das Meer der Erfahrungen, mit seinen
vielen Lektionen, Gelegenheiten und Illusionen. Und so wie
der Lachs wieder den Strom findet, der ihn zurück in sein
Laichgebiet führt, so müssen auch die Menschen den Strom
suchen und ihm folgen, damit er sie wieder in das unendliche,
reine Licht bringt.
   Die Sternkinder, die Heiligen Sieben, primäre Vermittler
von Energie, wurden von den Kindern der Sonne begrüßt, die
schon auf der Erde, den amerikanischen Kontinenten, lebten.

Sie waren bereits durch Kristall und Klang darauf eingestellt, den einströmenden reinen Geist zu empfangen, den die Sternwesen brachten. Die Sonnenkinder waren das wirkliche Volk der Erde, da sie als erste auf dieser Welt, als Traumkinder der Sternwesen, individuellen Geist erfuhren. Die ersten, die aus dem Siebengestirn hervorkamen, waren die Adawees, große engelartige Wesen. In der Betrachtung der Form, im Träumen, schufen sie in Übereinstimmung mit dem großen Prinzip der Schöpfung die Vorstufe der Erde und ihr Leben. Auf diese Weise wird gelehrt, daß alles menschliche Leben auf den amerikanischen Kontinenten entstand, und daß die Heiligen Sieben als Saatkörner reinen Geistes aus einem anderen Sternsystem hervorkamen.

Damit die Saat des reinen Geistes fest auf der Erde wurzeln konnte, beschlossen die Adawees, die »Sieben Vor Dem Himmlischen Thron«, daß diejenigen, die von den Sternen kamen, sich mit den Sonnenkindern verbinden und Kinder hervorbringen sollten. Die Menschen der Erde würden zu gegebener Zeit ihre volle Blüte erreichen. Es war bekannt, daß im Verlauf dieses Vorgangs Zeiten großer Bedrängnis und Chaos kämen, bis der Geist, das heilige Feuer in allen Menschen, klar erkannt war.

Wie wir heute sehen, erfüllt sich diese Prophezeiung. Diejenigen, die an die Vorherrschaft des Materiellen glauben, sind bemüht, das Feuer des klaren Intellekts und Geistes zu manipulieren und zu drosseln. Trennendes Denken und beherrschendes Denken haben Völkermord auf der ganzen Welt ausgelöst: die Inquisition und den Nazi-Holocaust in Europa, die Vernichtung von Ländern, Kulturen und Völkern in Asien sowie die Entwicklung von Waffenarsenalen mit der Fähigkeit, alle Menschen auf der ganzen Welt zwanzigmal zu töten. Gemäß den Lehren der Tsalagi ist solch enormes Elend unnötig. Es ist die Konsequenz von Stolz, der Vorstellung, daß ein Mensch besser oder wichtiger als ein anderer sei. In Wirklichkeit, im Kreise richtiger menschlicher Beziehungen, gibt es keine Höheren oder Niederen, kein Innen oder Außen; alle Menschen gehören gemeinsam dem heiligen Kreis an.

Also vermählten sich die Heiligen Sieben mit den Sonnenkindern, dem Volk der Erde. Ihre Nachkommen in Nordamerika sind die Tsalagi, Creek, Choktaw, Yuchi und andere Rote Nationen der südöstlichen Vereinigten Staaten. Jede Nation hat eine besondere Funktion innerhalb des Reifs des Lebens. Die Inseln und die Zivilisation von Elohi Mona wurden später durch die Arroganz und Ignoranz derjenigen zerstört, die die heilige Kraft mißbrauchten, danach trachteten, andere zu versklaven. Durch Triebhaftigkeit und Gier wurden einige Überbringer der Sternensaat in die materielle Welt verstrickt. Statt sich damit zu befassen, die Menschen zu lehren und zu erleuchten, suchten sie zu unterdrücken und zu manipulieren. Solche Denkmuster standen jedoch im Widerspruch zu dem fundamentalen Konzept, das die Menschen und die Inseln verband. Für das Konzept wurden sie unhaltbar, denn sie verstießen gegen das zusammenhaltende heilige Gesetz. Also bröckelten die Inseln über einen Zeitraum von zehntausend Jahren auseinander, und die Wanderungen der Menschen begannen. Auf diese Weise gingen fünf der ursprünglich zwölf Stämme verloren. Ihre Saat verstreute sich unter den übrigen sieben Stämmen (oder »Menschentypen«). Aus den sieben Stämmen heraus können heute viele Menschen in Nordamerika eine gewisse Verbindung mit der Nation der Tsalagi feststellen.

Die Menschen machten ihren Weg durch Süd- und Mittelamerika und stießen irgendwann auf Menschen, die in der Gegend wohnten, welche heute das Four Corners Gebiet genannt wird.[1] Viele Völkerwanderungen folgten. Ähnlichkeiten der Ursprachen auf beiden Kontinenten Amerikas weisen auf gemeinsame Ursprünge und Kontakte unter den Völkern hin.[2] Vor dem Eintreffen der Europäer gab es alleine in Nordamerika mehr als 587 verschiedene Indianernationen und -sprachen. Im 17. Jahrhundert lebten rund sechzig Millionen Ureinwohner auf dem Gebiet der heutigen Vereinigten Staaten; gegenwärtig sind es um die zwei Millionen. Dies ist das Ergebnis der absichtlichen völkermörderischen Vernichtung von Leben, Land, Sprache, Wissenschaft und Religion; eine Folge davon, was geschieht, wenn Menschen das natürliche Licht der Weisheit ignorieren oder bekämpfen und vergessen, daß alle Menschen miteinander verwandt sind und wir alle füreinander zu sorgen haben. Auch für unsere Mutter, die Erde.

Im Verlauf vieler Wanderungen ließen sich Gruppen von Menschen an verschiedenen Orten nieder. Dennoch können die gemeinsamen Wurzeln erkannt und geachtet werden. Vor langer Zeit waren zum Beispiel die Tsalagi und die Irokesen ein Volk. In der Tsalagi-Sprache ist das ursprüngliche Algonkin noch erkennbar. Die Tsalagi und Maya hatten die gleichen religiösen Bräuche. Die Saat der Maya sowie ihr Edelmut entstammten auch den Sternwesen. Die beiden Völker trieben auseinander, als die Azteken Blutopferriten einführten und diese der friedfertigen Religion und Lebensart des Hauptvolkes aufzwingen wollten. Solche Praktiken gehörten nicht zu den ursprünglichen Lehren. Ein großer Teil der Gemeinschaft der spirituellen Verwandtschaft und des Austausches unter diesen Völkern endete, als die Azteken die Maya »eroberten«.

Auch die Hügelbauer, die Tempelhüter des amerikanischen Kontinents, verfolgen ihre Wanderungen zurück zum Lande Elohi Mona. In Nordamerika schufen sie eine starke, kreative Kultur und Zivilisation, die von den südöstlichen und südwestlichen Teilen der heutigen Vereinigten Staaten bis nach Kanada hinein reichte. Die Gesellschaft der Hügelbauer, oder Tempelgesellschaft, bestand aus vier Schichten von Menschen. Die Sonnenmenschen waren die Herrscher, da sie deutlich das Licht des klaren Intellekts zum Wohle aller in sich trugen. Danach kam der Adel, das übliche Volk und die »Stinker«. Diese hatten wahrscheinlich die Klarheit des Denkens nicht geachtet oder es dem Feuer nicht erlaubt, hell zu brennen. Sie verrichteten wohl Arbeiten wie Schlachten, Gerben und ähnliches mehr.

Damit sämtliche zukünftigen Generationen an klarem Denken teilhaben konnten, waren alle Sonnenmenschen verpflichtet, Stinker zu heiraten, um so sicherzustellen, daß der Funke des Feuers der Weisheit alle Gesellschaftsschichten durchzog. Diesem heiligen Zweck wird noch heute in der Weise Genüge getan, in der die Tradition der Ywahoo fortgesetzt wird. Es gab einmal einen Familienstamm, der in sich erhebliche Macht ansammelte. Die Familie brachte große Zauberer hervor, die sich über die Rechte der Menschen hinwegsetzten. Doch das Volk erhob sich und vernichtete und zerstreute diese Familie. Danach wurde beschlossen, die Funktion des Stammhalters nicht mehr auf den erstgeborenen Sohn oder die Tochter übergehen zu lassen, sondern auf ein dafür geeignetes Familienmitglied, unabhängig davon, ob die Verwandtschaft durch Heirat oder auch Adoption zustande gekommen war. In dieser Weise wurde das Amt des Stammhalters von Eli Ywahoo auf seinen Schwiegersohn Eonah Fisher übertragen, meinen Großvater. So wird die heilige Pflicht, das Licht zu verbreiten, weiterhin erfüllt.

Die Tempelgesellschaft existierte bereits vor der Zeit Christi. Als De Soto im Mississippital eintraf und die sauberen, schönen Städte der Tsalagi wahrnahm, begehrte er ihren Reichtum und nahm ihre Anführerin gefangen.[3] Eine durchschnittliche Stadt der Hügelbauer hatte nur 18.000 bis 25.000 Einwohner (außer zu Zeiten von Zeremonien, wenn sich alle Menschen dort aufhielten), weil man es für sehr wichtig hielt, kein Gebiet zu sehr zu belasten. Obwohl der Niedergang der Sonnentempel mit der Ankunft der Europäer begann, blieb die Theokratie bis zu den Zwangsumsiedlungen der 30er Jahre des 19. Jahrhunderts in Kraft. Die bestehenden Tempel wurden bis zu dieser Zeit erhalten, obwohl es scheint, daß keine neuen gebaut wurden nach dem Ältestenrat, welcher vor der Ersten Hölle im Jahre 1531 tagte.[4] Einige Tsalagi hielten an den alten Bräuchen fest, sogar bis zur heutigen Zeit. Sie bildeten die Kituwa-Gesellschaft und die Etowah-Gruppe und einige kleinere traditionelle Gemeinden in Oklahoma.[5]

Als ich ein kleines Kind war und den Erwachsenen zuhörte, wenn sie von der wahren Geschichte Nordamerikas erzählten, stand ich mit meinen Füßen fest auf dem Boden der Gegenwart und war mir bewußt, die Erwachsenen gaben große Wahrheiten wieder. Ich fand es merkwürdig, daß Leute diese Wahrheiten nicht kannten, nicht verstanden oder nicht glaubten. Heute finde ich das genauso merkwürdig. Diese wahre Geschichte wird wieder auftauchen und allen Menschen bekannt werden. Indianische Wissenschaftler studieren und rekonstruieren heute unsere Geschichte[6]. Uralte Dokumente und Bücher unserer Völker, die diesem Land gestohlen wurden, sind in den Archiven des Vatikans und spanischer Museen aufbewahrt. Sie wurden von denen dorthin gebracht, die die Enthüllung des Ausmaßes der Zerstörungen fürchteten, die sie vollbracht hatten. Wenn die Alten von diesen Dingen sprachen, geschah dies bei den Schilderungen von Gewalt und Ausrottung nie mit Bitterkeit oder Schuldzuweisungen. Sie erzählten lediglich, was geschehen war, um die Wahrheit bekannt zu machen.

Unsere Alten erzählten mir auch, daß lange bevor der Weiße Mann an den Ufern der Schildkröteninsel landete, andere Besucher dagewesen wären. In der großen, längst vergangenen Zeitspanne waren schwarze Menschen aus Afrika gekommen. Sie kamen, um zu erkunden, aber auch, um zu erobern. Doch fanden sie Völker vor, die eigenständig waren und keine Herrschaft brauchten. Sie konnten sie nicht erobern. Auch wurden sie abgewehrt von den Energien der Uk-kuk-a-duk oder Ukdena, den großen Drachen, die dieses Land früher beschützten und welche nun in andere Dimensionen übergesiedelt sind.

Die Verbindung zwischen diesen Drachen und dem menschlichen Verstand ist für unser Verständnis dieser wechselhaften Zeiten von Bedeutung. Die Drachen waren Energie, die sich in den Bahnen der Erdenergie bewegte. Sie folgten dem Willen der großen Medizinleute, die sie unter Anwendung gewisser Kristalle anriefen, um bedrohliche Vorgänge abzuwehren. Es gab jedoch zu wenige Medizinleute, um die Drachen richtig zu führen. Diese wurden immer schwächer. Viele von ihnen wurden in den Bergen festgehalten, und die Klugen unter ihnen nutzten ihre eigenen Schwingungen, um sich in eine andere Dimension zu versetzen. Der letzte Drache wurde in den Smoky Mountains im 18. Jahrhundert gesichtet.

Im Kern ist der Drache das Unterbewußtsein jeder Nation, die ungezähmten Energien von Zorn und Angst, die darauf warten, in das Licht des klaren Denkens geholt zu werden. Bis die Menschen ihren eigenen Verstand begreifen, wirkt der Drache gefährlich. Wenn die Emotionen gezähmt sind, wird der Drache zu einem beflügelten, engelhaften Wesen.

Also ist es nicht der Drache, der böse ist. Es ist nicht schlecht, die eigene wahre Macht zu erkennen sowie die Tätigkeit des klaren Geistes im eigenen Wesen. Übel ist gedankenloses Handeln, tun, was anderen schadet. Übel wächst im Herzen der Ignoranz und in dem Verlangen nach Vorherrschaft. Daher lehren wir die Jungen, daß nichts höher oder niederer ist; der Anführer und die Gesellschaft befinden sich in andauernder Wechselbeziehung zueinander. Unsere geehrtesten Lehrer und erhabensten Führer sind vergleichbar mit dem Gehstock. Sie stabilisieren das Volk gleich dem Menschen, der sich auf einen Stock stützt, damit er seinen Weg sicher gehen kann. Und dennoch ist es das Volk, das führt. Die Konföderation der Sechs Nationen basiert auf diesem Führungskonzept[7]. Es wurde den Lehren des Friedenstifters entnommen, um der Verfassung der Vereinigten Staaten als Grundlage zu dienen. Wir wären gut beraten, erneut in unseren Herzen nach der wahren Bedeutung von Führerschaft und richtigen Beziehungen zu suchen. Ein Führer soll nicht beherrschen, vielmehr soll er, wie der Gehstock, führen. So können sich die Nationen und alle Menschen sicher auf dem Wege der guten Beziehungen bewegen.

Die Geschichte von Nordamerika, so wie sie von Nicht-Indianern geschrieben wurde, ist unvollständig, denn sie wurde von denjenigen geschrieben, die sich für Eroberer hielten. Der Eroberer ist ein Mensch, der bestrebt ist, außerhalb seiner selbst Ordnung zu schaffen, statt in sein eigenes Denken Klarheit zu bringen. Daher basiert alles, was er sieht oder sagt, auf den Lügen des Stolzes und auf Durcheinander. Die Urvölker, und besonders die Tsalagi, besaßen bereits eine feste Philosophie und eine Schriftform ihrer Sprache, als die Völker Europas wahrscheinlich noch in Höhlen lebten. Der Kalender der amerikanischen Kontinente ist der älteste der Welt, und einer der genauesten. Die ersten Menschen, die die Bedeutung von Null begriffen, waren Ureinwohner Amerikas. Sie erreichten dies durch gewissenhafte Meditation und Betrachtung des Universums.

Medizin war und ist eine hochentwickelte Kunst bei den Urvölkern. Neunzig Prozent der gesamten Pharmakologie entstammt der Medizin der Roten Völker der westlichen Halbkugel. Mehr als 130 Nahrungsmittel, die rund um die Welt verzehrt werden, wurden zuerst auf den amerikanischen Kontinenten kultiviert; im Lande des Kolibri, dem Amazonasbekken, begann es und hoch in den Anden. Mais, Tomaten, Bohnen und Kürbis, sie alle entstanden hier. Die Menschen pflegten Gärten. Auch heute noch werden von diversen amerikanischen Urvölkern geheiligte Samen von Mais, Bohnen und Kürbis aufbewahrt, bis die richtigen Menschen erscheinen, um sie zu pflanzen, sie zu pflegen und an andere zu verteilen. In der traditionellen Lebensführung war Gärtnerei ein zeremonielles Ereignis für alle, eine Gelegenheit, nicht nur von der Erde Gaben zu erhalten, sondern ihr auch etwas zu geben. Die Saat guter Nahrung ist gleichfalls die Saat guter Beziehungen, und die Pflege des Gartens ist ebenfalls die symbolische Umsorgung aller Lebewesen. Ein Garten kann eine Opfergabe an alle sein.

Die Urreligion stellt eine umfassende Lebensart dar, die darauf basiert, daß alles harmonisch miteinander verbunden ist. Die heiligen Riten dienen dem Zweck, die Energieströme von Sonne, Mond, Erde und dem gesamten Universum in ausgewogenem Einklang zu halten, so daß sich die Fülle der Saat entfalten kann. In der Betrachtung dieses geordneten, harmonischen Universums gelang es unseren Vorfahren vor zehntausend Jahren, Mathematik und Astronomie bis hin zu ihren höchsten Ebenen zu entwickeln. Erst heute fangen Archäologen an, diese Dinge zu begreifen.

Es ist gut, daß diese Wahrheiten wiederentdeckt und bekanntgemacht werden, denn die Weisheit unserer Ahnen ist ein Geschenk an alle Kinder dieser Erde, damit auch wir weise und großzügig in der Erschaffung einer guten Zukunft für die noch Ungeborenen sein mögen.

DIE LEHREN DES »FAHLEN«

Die Zeitalter der Finsternis stellen Gelegenheiten für die Menschen dar, die Gabe des Geistes und das kreative Potential unseres Denkens zu verstehen, unsere Gedanken und Handlungen zu korrigieren, uns für das Gute zu entscheiden und den Pfad der Schönheit zu beschreiten. Im Jahre 873 v.Chr., als das Volk begann, einige weise Lehren zu vergessen, kam in das Gebiet der Smoky Mountains, zum Volk der Tsalagi, wieder derjenige, den wir »Den Fahlen« nennen. Er war hellhäutig, von einer Frau geboren, die keinen Mann gekannt hatte. Ihre Großmutter träumte von Wundern, die geschehen würden, und sie warteten und sahen dann, daß die Enkelin ein Kind im Leibe trug, obwohl sie abgeschieden lebten. Sie wußten, daß sie besonders gesegnet waren, daß das Kind der Saat der Sterne entstammte. Diese kehrte wieder, um das Zustandekommen von richtigen Beziehungen in den Herzen aller Menschen zu beschleunigen. Viele Himmelswesen kamen, um die Geburt dieses Kindes zu feiern. Mit großem Wohlwollen und Fürsorge wurde es auf dieser Welt empfangen und in besonderer Weise erzogen.

»Der Fahle« entzündete erneut die heiligen Feuer und führte dem Volk die grundlegenden Prinzipien der Schöpfung wieder vor Augen. Die Tempel sollten immer erfüllt sein vom Licht des klaren Geistes, damit die Menschen im Einklang mit der Erde und einander leben konnten. Er hinterließ viele Prophezeiungen und wunderbare Lehren. Einige seiner Prophezeiungen beziehen sich auf unsere Epoche, die im Meso-Amerikanischen Kalender und dem der Tsalagi die neunte und abschließende Phase der Reinigung genannt wird. Nach diesem uralten Kalender befinden wir uns jetzt am Ende der Fünften Welt und bereiten uns darauf vor, in die Sechste Welt einzutreten; eine Welt klarer Beziehungen und wirklichen Verständnisses, in der sich jeder um den anderen kümmert und der heilige Klang herbeiführt, was das Volk benötigt.

Bevor dieser Tag anbricht, haben wir alle die Pflicht, unsere Zweifel zu verwerfen, unsere Ignoranz abzulegen und wieder zu begreifen, daß der Funke des klaren Geistes, das kreative Prinzip, das Große Mysterium, in uns selbst liegt. Dieses Mysterium ist unverwirklichtes Potential, die Leerheit, das Inhaltslose; dargestellt im heiligen Kalender durch das Zeichen des Ovals in der Mitte. Es bedeutet auch Null. Mit dem Verständnis der Null entstand wieder das klare Verhältnis zur Kraft des Geistes, denn aus der Leere heraus entsteht dein Traum, durch den Wirbel des Klanges, durch die Energie des Willens, durch die Kraft der klaren Absicht, durch die Weisheit der Ausgeglichenheit und des Mitgefühls, durch richtiges Handeln, das aufbaut und Vorgänge eindeutig abschließt. Diese drei aufbauenden Feuer haben wir alle in uns, als sich ewig drehende Spiralen aus Energie, die ebenso ewig die Früchte unserer Absichten und Verlangen hervorbringen. Sie sind die Gnade des Asga Ya Galunlati, des Schöpferwesens, die sich in uns rührt, den Geist belebt und der Form Bewegung gibt.

»Der Fahle« erinnerte die Menschen daran, wie sie harmonisch mit diesen grundlegenden Wahrheiten der Schöpfung zu leben hatten. Er unterrichtete sie in den fünf heiligen Ritualen, die alle Urvölker Amerikas gemein haben, Wege der Reinigung des Denkens. Rauchopfer klären die Gedanken und das Umfeld; im Rauch werden Gebete und Handlungen dem Wohlergehen aller gewidmet, und der Rauch verbreitet Gebete überall hin. »Der Fahle« unterrichtete die Menschen besonders in der Anwendung von Tabak und Zedernnadeln als Opfergaben. Rituale des Fastens und Schwitzens sind dargebrachte Opfer zur Reinigung von Geist und Körper und zur Behebung der Ignoranz und Leiden der Menschen. Durch geheiligte Nachtwache hütet man das Feuer der Weisheit und bittet um Vision, um den Mut und das Mitgefühl, den Pfad der Schönheit zum Wohle aller Dinge gehen zu können. Die religiösen Praktiken der Urvölker gehören heiligen Beziehungen an. Teil davon ist auch die gebetsmäßige Verbindung mit den natürlichen Elementen und Kräften, zu denen auch die Adawees gehören, jene Engelwesen, die die Richtungen und Pforten des Bewußtseins hüten, wie auch die gemeinschaftlichen Zeremonien, die auf den Zyklen der Sonne und des Mondes und den Bewegungen der Sterne basieren.

Die Praxis heiliger Beziehungen überträgt sich gleichermaßen auf alle Beziehungen innerhalb der gesamten Lebensfamilie. Daher gab »Der Fahle« den Menschen sieben Leitgedanken, so daß alle der Einheit des »Reifs« gegenwärtig sein und ihn achten mögen:

1. Was immer läuft, schwimmt, fliegt oder kriecht, steht in Beziehung zu allen anderen Wesen. Die Berge, Ströme, Täler und alle Dinge haben eine Beziehung zu den Gedanken und Handlungen jedes einzelnen Menschen.

2. Was in dir und um dich herum geschieht, spiegelt deine eigene Gedankenwelt wider und zeigt dir den Traum, den du webst.

3. Drei Prinzipien des wachen Geistes leiten erleuchtetes Handeln: Der Wille, das Mysterium so zu sehen, wie es ist; die Absicht, das eigene Ziel zum Wohle aller zu verwirklichen; der Mut, das zu tun, was getan werden muß.

4. Großzügigkeit im Herzen und Handeln bringt allen im Kreise Frieden und Wohlergehen.

5. Achtung vor den Älteren, dem Klan, dem Land und der Nation beflügelt Handeln im Einklang mit dem heiligen Gesetz sowie gewissenhaften Umgang mit erhaltenen Gaben.

6. Handlungen, die dem Land und Volk über sieben Generationen dienen, formen das Bewußtsein des Hüters des Planeten, welcher die noch Ungeborenen erträumt und die Entfaltung des Lebens sorgsam überwacht.

7. Sich in guten Beziehungen zu befinden, Muster der Trennung umzuwandeln, gegensätzliche Gefühle zu beruhigen, heißt, die innere Weisheit zu erfahren, den stillen See des Mysteriums.

Aus diesen Lehren gehen die neun Regeln im Kodex der Richtigen Beziehungen hervor:

1. Sprich nur Worte der Wahrheit.

2. Sprich nur von den guten Eigenschaften anderer.

3. Sei vertrauenswürdig und verschwiegen.

4. Schiebe den Schleier des Zorns beiseite, um die Schönheit im Inneren jedes Menschen freizugeben.

5. Verschwende von der Fülle nichts, und begehre nichts.

6. Achte das Licht in jedem Menschen. Mache keine Vergleiche, sondern betrachte alles für sich allein.

7. Respektiere sämtliches Leben. Entferne die Ignoranz aus deinem eigenen Herzen.

8. Töte nicht und trage keine zornigen Gedanken in dir, die den Frieden wie ein Pfeil vernichten.

9. Tue es jetzt. Wenn du erkennst, was getan werden muß, tue es.

»Der Fahle« ist ein zyklisch wiederkehrendes Wesen.[8] Er erscheint, wenn die Menschen ihre heiligen Wege vergessen haben, bringt ihnen Erinnerungen an das Gesetz und ruft alle zu richtigen Beziehungen zurück. Er wird bald wieder erwartet und könnte bereits leben. Es ist gut.

DAS PRIESTERTUM

Von Anfang an haben die Tsalagi eine Tradition des Priestertums gehabt. Die Hauptaufgabe der Priester und Priesterinnen war, die Gedankenform der Harmonie und Ausgewogenheit für alle Dinge zu bewahren, selbst für die Felsen und Bäume, für alles, was diesen Traum mit uns teilt. Ein solcher Mensch vergießt kein Blut und hegt keine zornigen Gedanken.

Traditionell lebten viele der Priester und Priesterinnen in sogenannten Weißen Dörfern oder Friedensdörfern, Stätten des Asyls, in denen Hände nie blutbefleckt waren. Dieses Konzept des Asyls ist in unserer Zeit von großer Bedeutung, denn die Energie des Asyls zu verstehen und neu zu beleben heißt, in sich selbst Vergebung zu erfahren.

In jenen Tagen, bevor der »Reif« der Nation zerbrochen wurde, herrschte kein Bedarf an Gefängnissen oder Anstalten für Geisteskranke, weil die heiligen Regeln und Prinzipien sowie die Fürsorge der erweiterten Familie und der Nation das Leben der Menschen mit Harmonie erfüllte. Wenn jemand die Grenzen der Gesetzmäßigkeiten überschritt oder sich verirrte, waren alle Verwandten und Freunde zur Hand, um ihn zu leiten. Sogar die schlimmsten Verbrecher konnten eine Stätte des Asyls, ein Friedensdorf, aufsuchen. Dort konnten sie dann ein Jahr mit Zeremonien und spirituellen Übungen verbringen, um die negativen Denkmuster auszulöschen − jene auf Stolz beruhende Illusion. Dann konnten sie wiederkehren, um von allen Menschen als heil und ganz akzeptiert zu werden.[9] Die Geisteskrankheit heute, kurz vor dem Jahr 2000, nährt sich von der Vorstellung, daß die Erfindung, das vom Menschen Erschaffene, mächtiger sei als der Mensch selbst. Doch alles beginnt im Geist. Die Pflicht, die Gabe und die Verantwortung, die der Mensch in dieser Zeit hat, ist, die Dinge wieder richtig werden zu lassen, ihnen wieder Klarheit zu geben. Auf diese Weise kann jeder von uns ein heilbringendes Asyl in der eigenen Gedankenwelt schaffen, im eigenen Leben, und alle mit uns Verwandten zum erleuchteten Handeln zurückrufen.

Jeder Klan hatte seine Priester und Rituale. Die Priester trugen dem Klan gegenüber, dem sie dienten und den sie vertraten, unmittelbare Verantwortung. Die Weisheit innerhalb jedes Klans (oder Schule heiliger Lehren) wird verglichen mit den sieben geweihten Hölzern, die im Aufbau des heiligen Feuers verwendet werden. Daher ist ein Priester, der dem Geschlecht eines Klans angehört, einer der Menschen, die für die gesamte Nation verantwortlich sind. Im Geschlecht der Ywahoo hat der Stammhalter immer die Pflicht, für alle Wesen aller Welten zu sorgen, indem er klare Gedanken fördert und die Lehren verbreitet, die Menschen befähigen, Aggressivität umzuwandeln, Frieden und richtige Beziehungen zu verwirklichen.

Der Friedenshäuptling ist jemand, der in der Schulung und durch sein Handeln bewiesen hat, daß er die Fähigkeit besitzt, weise zu führen. Es ist seine oder ihre oberste Pflicht, gedankliche Klarheit zu kultivieren. Durch das Erlernen von Klangformeln und ritueller Bewegung können Körper und Geist von Illusionen und Verblendung gereinigt werden. Mit dem Beherrschen der grundlegenden Formen der spirituellen Ausübung von Meditation und Tanz entsteht eine Fähigkeit, den Körper Licht ausstrahlen zu lassen. Der Friedenshäuptling ist oftmals auch Priester.

Es ist die Pflicht des Priesters, den heiligen Kristall zu hüten, welcher das klare Licht des werdenden Unverwirklichten wiedergab. Viele Pflichten des Priestertums basieren auf der Freisetzung von Energie. Kinder, die bereits im frühen Alter Anzeichen davon erkennen lassen, daß dies ihr Weg ist, erhalten spezielle Nahrung und ein besonderes Training, damit ihr Nervensystem sensibel und stark genug wird, die mentale Energie zu leiten. Ihr Geist wird in offener Beziehung zur Pflanzen-, Tier- und Mineralwelt hin geschult, so daß sie jenes anrufen können, was das Volk braucht – sei es Regen oder Büffel. Durch die Einhaltung des zeremoniellen Zyklus', Riten der Reinigung und gemeinschaftliche Feiern arbeiten Gruppen von Priestern und Priesterinnen mit Kristallen. Sie erzeugen damit ein sichtbares Lichtfeld, das der Gemeinde zu der Erkenntnis richtiger Beziehungen zur Umwelt verhilft. Die Rituale stellen sicher, daß die Winde stark, die Gewässer rein, die Ernten üppig und die Menschen in guter Beziehung zueinander und zu ihrem Land sein werden. Traditionell waren die Tempelhüter auch fähige Mathematiker, die alle Zyklen beherrschten – die der Sonne, des Mondes, der Sterne und Planeten –, die den heiligen Kalender und damit den zeremoniellen Zyklus ausmachten, so daß die harmonischen Handlungen der Menschen der Energie im Erdinneren zugute kam. Die Grundlehren des Priestertums werden den dafür Infragekommenden bereits in der Kindheit gezeigt. Die Einführung in weiterreichende Lehren hängt von der Feststellbarkeit gewisser Eigenschaften ab, wie Mitgefühl, Aufrichtigkeit, besondere Aufmerksamkeit oder auch Träume der Älteren über das Potential der Kinder. Die Ausbildung zum Priestertum wird in zehn Hauptphasen und sechzehn Nebenphasen vollzogen:

1. Entwicklung der nervlichen und muskulären Sensibilität und Geschmeidigkeit. Das Trainingsziel dieser Phase ist, die angeborenen Lichtströme unverfinstert bleiben zu lassen. Ernährung, Bewegung, Sprechgesang und Visualisierung sind die Mittel, die dazu führen, daß sichtbares Licht von den Augen und dem Körper ausgestrahlt wird.

2. Konzentration auf Ausgeglichenheit und die Entwicklung der Fähigkeit, mit Tieren, Bäumen, Flüssen und der restlichen Naturwelt zu kommunizieren. Heilen mit pflanzlichen Mitteln.

3. Den Intellekt einsetzen, um durch Gebet und Rituale zu erfassen, was dem Wohlergehen der Gesellschaft dienlich wäre (z. B. Regen oder eine reiche Ernte).

4. Das Erlernen von Gesängen und Ritualen, um damit eigene sowie gemeinschaftliche Konflikte zu lösen; Umwandlung der Energie des Zorns in solche, die Beziehungen dient.

5. Besonderes Verständnis der Schwingungen von Gedanken und Klängen, die einen befähigen, die Saat der guten Sache zu pflanzen. Affirmatives Denken, das durch das Verständnis der Klangimpulse verwirklicht wird, und so nutzbringende Formen annimmt.

6. Treue gegenüber den Idealen, wie sie zum Ausdruck kommen im Gesang »Mutter Kristall«. Von Zweifeln befreites Handeln, auf eins gerichtet, im Einklang mit den ursprünglichen Anweisungen.

7. Energie, um verwirrte Gedankenströme in klares Denken umzuwandeln.

8. Einklang mit den planetarischen Ley-Linien,[10] die in Wechselwirkung mit den Kindern der Erde Segen bringen. Die Harmonisierung nationaler und weltweiter Denkmuster durch Meditation. Hilfe nimmt die Form an, die den Bedürfnissen des Wahrnehmenden entspricht. Elternsein für alle im Traum von Mutter Erde Befindlichen. Hüter des Kristalls.

9. Kommunikation in der solaren Matrix. Rot und Blau werden zu Weiß, in jedem Moment neu geboren.

10. Das Selbst, verloren im unbegreifbaren Mysterium. Unerschaffen, erschaffend, jenseits des Denkens liegt das Mysterium.

Sechzehn subtile Stufen führen zu dem Tempelhof, sechzehn Nullen, leer und auch voll. Man kann »alles« begreifen in einem bis sieben Leben, um sich danach dafür entscheiden zu können, Mutter/Vater von allem in Gestalt eines Planeten oder eines Sterns zu werden.

Wenn jemand nach vielen Jahren des Unterrichts und des Trainings bereit ist, Priester oder Priesterin zu werden, gilt es, Prüfungen zu bestehen, besonders die der Fähigkeit, Licht für die Menschen auszustrahlen. Die uralten Tempel hatten keine inneren Lichtquellen. Sie wurden erleuchtet von sieben oder zwölf Weisen, die sich darin befanden. Auch heute noch kann Energie so manifestiert werden. Unsere spirituelle Aktivität läßt ein Energiefeld des Lichts entstehen, so daß wir Beziehungen in vielerlei Dimensionen erkennen können. Mutter/Vater für das Volk zu sein, eine Insel für Bedürftige, das ist der Sinn und Zweck der Ausbildung zum Priestertum. Meine Großmutter, Nellie Ywahoo, war eine Priesterin, ausgebildet von ihrem Vater. Sie erleuchtete die Welt und ist jetzt ein Planet. Sie ist eine Insel für die, die sich in Not befinden.

Das Tempelvolk lebte in einer sehr geordneten, fürsorglichen Weise. Während es wanderte, errichtete es die heiligen Hügel und heiligen Räume, um die Beziehung zu der Familie der Sterne immer intakt zu halten. Bis heute gibt es im ganzen

Amerika eine große Anzahl umfangreicher Gebilde in Formen wie die der Schlange, die von einer hohen Warte aus gesehen werden sollten. Meine Alten sagten mir kürzlich, daß es früher wesentlich mehr »Himmelsgänger« gegeben hätte, und daß wir jungen Menschen uns üben sollten, wieder den Himmel begehen und unsere Verwandtschaft mit den Wesen der Sterne erneut entzünden zu können.

So haben von Anfang an die Tempelhüter, die Priester und Priesterinnen, die Zielsetzung des Lebens und des Geistes zum Wohle aller vor Augen behalten. Die Sonnentempel existierten noch bis weit in das 17. Jahrhundert hinein. Die geheiligte Institution des Priestertums blieb ohne Unterbrechung erhalten und ist auch weiterhin eine lebendige Tradition.

Bis zum heutigen Tage brennt das heilige Feuer der Tsalagi, das von dem »Fahlen« neu geweiht und vom Volk Jahrtausende gehütet wurde. Die Tsalagi und die Hopi sind die Hüter des heiligen Feuers auf der westlichen Halbkugel. Das Feuer brennt, seitdem es das Volk gibt, es erlosch nie. Gewissenhaft wurde es auch auf dem »Weg der Tränen« mitgetragen und gehütet. Dieses Feuer ist der Atem des Lebens, es ist die Manifestation des reinen Geistes, es ist das klare Licht der Dinge in ihrer wahren Essenz. Das Feuer ist die Stärke des Volkes, ein Symbol des Feuers der Weisheit, das hierher vom Siebengestirn gebracht wurde. Seine Bedeutung – die Tatsache, daß es ohne Unterlaß weiterbrennt – ist die Energie, die diesen Planeten zusammengehalten hat. Wissenschaftler können Feuer immer noch nicht erklären. Es ist das manifestierte Mysterium, Denken, das sich hin zum Handeln bewegt. In der jüngeren Vergangenheit wurden weitere Feuer vom Hauptfeuer der Tsalagi entzündet. Es ist für uns alle von großem Wert, daß dieses Feuer andernorts entzündet und gehütet wird, denn es ist ein Funke unserer reinen Natur, der uns zu erleuchtetem Handeln aufruft. Das Feuer des klaren Geistes ist in jedem Menschen. Jene Dinge zu entfernen, die seine Klarheit verdecken, ist Pflicht aller Menschen in dieser Zeit, damit in uns Erinnerungen wach werden und wir alle wieder den Weg zum Ursprung unseres Seins finden mögen.

Wir sind die Tempelhüter. Unsere Priesterschaft ging in den 80er Jahren des vergangenen Jahrhunderts in den Untergrund. In den Familien wurde die heilige Weisheit bis zu diesem Moment aufbewahrt, in dem alle Menschen sich entscheiden, in dem Bestreben nach Frieden vereinigt zu sein. Daher sprechen wir jetzt wieder von dem heiligen Werk und weben ein Muster der Schönheit. Jeder Mensch trägt die Saat der Wahrheit in sich, und unser gemeinsames Leben ist der Garten, in dem die Saat ausgebracht wird und gedeihen soll.

Die heiligen Lehren der Tsalagi umfassen eine Zeitspanne von hunderttausend Jahren, in denen vier große Umwälzungen des Lebens auf der Erde stattfanden. Die erste war eine Veränderung der Erdbahn sowie der Ausrichtung ihrer Pole, ausgelöst von der Nähe eines großen Kometen, dessen radioaktive Strahlung viele Lebensformen vernichtete oder sie mutieren ließ. Die zweite Umwälzung wurde von gewaltigen Stürmen verursacht, ausgelöst vom konfusen Denken und Handeln der Menschen. Die Erdhülle verwarf sich. Es war während dieser zweiten Umwälzung, daß die Wesen, die einst das Männliche sowie Weibliche in sich vereinten, zu zwei Einheiten wurden, die bis heute nach ihrer fehlenden Hälfte suchen. Die dritte Umwälzung wurde durch Vulkanausbrüche eingeleitet, deren Ursache die Zerstörung eines Planeten unseres Systems war, der sich zwischen Mars und Jupiter befand. Die Vulkanausbrüche zwangen die Menschen, Generationen lang unter der Erde zu leben, wo sie sich von durchsichtigem Fisch und Pilzgewächsen ernährten. Die vierte Umwälzung geschah durch Wasserfluten, als die diversen Menschentypen versuchten, geistige Kraft und Emotionen zu integrieren. Das war die Zeit der Zerstörung von Atlantis, Elohi Mona, ein Zeitalter, in dem sich nur diejenigen ins hochgelegene Land retten konnten, die der Stimme der Wahrheit folgten. Nach der Tsalagi-Zeitrechnung befinden wir uns jetzt in der Fünften Welt, der neunten und letzten Phase der Reinigung, und gehen in die Sechste Welt über, der Zeit der erneuten Reintegration der Menschen und des Landes.

So befinden wir uns momentan auf der Schwelle zu einer neuen Welt. Dem Urkalender der westlichen Halbkugel folgend, verließen wir den letzten Zyklus der neun Höllen am 16. August 1987 und traten am 30. August 1987 in den ersten neuen Zyklus der Dreizehn Himmel ein. Dieser Kalender ist höchst genau; er berücksichtigt die Bewegungen von Venus, Mars und Erde um die Sonne sowie die von Sirius und dem Siebengestirn.[11] Diese Gestirne geben kristalle Stimmen von sich, die durch alle Welten hindurchsingen und uns dazu ermahnen, in den Kreis der wahren Gemeinschaft zurückzu-kehren. Sternengesänge rufen eine Vision des Friedens her-vor, wobei der Morgenstern an das Versprechen des Friedens-stifters erinnert, daß alle Wesen ihren Ursprung zu dem Gro-ßen Baum des Friedens zurückverfolgen können. So wie Saat kräftig keimt, wenn sie nach den Zeichen der Sterne gesät wird, so hat auch die gedankliche Saat des weltweiten Friedens Wurzeln bekommen. Möge sie in den Himmel hinauf wach-sen. Jeder Mensch möge eine Geisteshaltung der Verantwort-lichkeit entwickeln, seinen Mitmenschen gegenüber wie auch gegenüber der Erde selbst. Bedenken wir die Wirkung unseres Handelns auf die nächsten sieben Generationen. Auf diese Weise beginnt ein neues Zeitalter.

Den Menschen ist Gelegenheit beschert, die kreative Kraft des Geistes anzuwenden. Manche Erfindungen der Menschen waren Irrläufer, die daneben gingen. Erfindungen wie Waffen und Umweltgifte bedrohen das Leben. So, wie solche Erfin-dungen zunächst als destruktive Gedanken von Macht und Herrschaft entstehen, so kann auch dein Geist kreative Mittel hervorbringen, zur Versöhnung und Umwandlung. Du be-stimmst den Unterschied. Du mußt wissen, daß gerade das, was deinen inneren Frieden stört, auch eine Gelegenheit dar-stellt, den Geist zu klären und Störmuster umzuwandeln im Interesse aller. Ersetze deine Verärgerung durch Fürsorge. Entschärfe potentiell destruktive Energien, indem du in dei-nen eigenen Gedanken und Beziehungen die Konflikte klärst. Durch die Kraft der Resonanz wird Klarheit deiner eigenen Beziehungen auf deine Familie, deine Gemeinde, die Nation und den Planeten übertragen.

Ein neuer Tag bricht an, ins Leben gerufen durch unsere Gedanken und Handlungen – Saatgedanken des Friedens, gepflanzt durch Liebe, bewässert durch richtiges Tun, die Uneinigkeit gejätet durch Standfestigkeit. Die Ernte wird eine Fülle der Freude sein, von der zukünftige Generationen zeh-ren können. Der Erste Himmel öffnet seine Pforten all denen, die bereit sind, erleuchtetes Handeln zu pflegen.

ᎠᏓᏪᎯ ᎠᏁᎮᏁᎭ
A da we hi   a ne he ne ha

Weise Beschützer geben

ᏙᎯᎤᎠᏳᏂ
Do hi u a iu ni

Ruhe ertönt wieder

O lo - hi a li ga lu lo hi u nah ta

Mutter Erde und Vater Himmel geben

ᎦᎵᏍᎵᎦ
Ga li? e li ga

Ich bin dankbar

ᎤᏕᏓᏛ
O sa da dv

Es ist gut

2

STIMMEN UNSERER AHNEN

ELO, die fortlaufende mündliche und schriftliche Überlieferung und Philosophie des Volkes der Tsalagi, besteht aus Schöpfungsgeschichten, in denen das Werden der Materie und die Entwicklung der Lebewesen erklärt wird. Es sind Geschichten richtiger Beziehungen und spiritueller Pflichten, ausdrückliche Anweisungen für geistige und körperliche Entwicklung sowie für Rituale und Zeremonien, in denen Klang- oder Gesangformeln und Methoden enthalten sind, die allen Wesen nutzen.

Schöpfungsgeschichten werden in der Stille von Winterabenden erzählt, so daß alle den kontinuierlichen Schöpfungsvorgang und die Rolle erkennen können, die unsere Gedanken und Handlungen in der Entfaltung der Welt spielen. In Zeiten, in denen die Menschen die ursprünglichen Gebote vernachlässigten, erschienen Lehrer wie»Der Fahle« und der Friedensstifter, um das Feuer des klaren Intellekts neu zu entzünden und das Volk an seine spirituelle Verantwortung zu erinnern.

Den Lehren der Tsalagi zufolge sind wir aus dem Reich Galunlatis, dem Reich des Lichts, durch die Gnade der Sternfrau herabgeschwebt, die zur Erde fiel.

Asga Ya Galunlati, der Vater von Allem, hatte eine geliebte Tochter, deren Schönheit wie ein Stern leuchtete. Eines Tages hörte sie im außergewöhnlichen Garten ihres Vaters Trommeln unter einem kleinen Baum. Aus Neugier grub sie unter dem Baum. Durch das dabei entstandene Loch fiel sie aus dem Siebten Himmel hinab auf die Erde. Die Wesen, die auf der Erde lebten, waren zu tiefen Gefühlen fähig, besaßen aber noch nicht das Feuer des klaren Geistes. Sie warteten auf die Eingabe des geistigen Funkens. Die Welt war damals von Wasser bedeckt, und die Wesen schwammen unsicher darauf. Als das Sternmädchen in einer langsamen Spiralenbahn herab zur Erde fiel, beobachtete ihr Vater den Fall. Er konnte sie nicht zurückrufen, also entsandte er hilfreiche Winde und veranlaßte die Kreaturen der Erde, ihr zu helfen. Die Kreaturen sahen sie im langsamen Fall sich drehen und empfanden:»Wir müssen etwas für sie tun, wir müssen einen Ort finden, auf dem sie landen kann, denn dies ist sicherlich eine große Gabe.« Die Schildkröte sagte:»Auf meinem Rücken kann sie landen. Wir müssen ihn stark und fest für sie machen.« Viele Kreaturen tauchten in das Wasser, um Befestigungsmittel vom Meeresboden zu holen. Ein Wesen hatte Erfolg, die Wasserspinne, die tief herabtauchte und etwas Erde in ihrer tusi-Schale, die sie mit den Beinen bildete, hoch holte. Sie tauchte an der Oberfläche auf, und mit ihrem letzten Atemzug legte sie das Geschenk auf den Rücken der Schildkröte. Einige Menschen meinen heute, daß die Befestigungsmittel von der niederen Moschusratte hochgeholt wurde. Ob durch die Wasserspinne oder die Moschusratte, das bißchen Erde auf dem Rücken der Schildkröte wuchs und wuchs und wuchs. Der Große Geier schlug mit den Flügeln und formte so Berge und Täler, und viele angenehme Plätze entstanden. Nachdem sie viele Tage ihres Sturzes von der Welt des Lichts hinter sich hatte, landete die Sternfrau auf dem Rücken der Schildkröte. Von ihr stammt das Leben, so wie wir es heute kennen. Ihre Brüste gaben Mais, Bohnen und Kürbis. Ihre Tränen wurden Flüsse des frischen Wassers. Alle Menschen können ihre Herkunft zurück zur Mutter von Allem verfolgen, der Sternfrau. Durch ihren Segen wurde der Funke des Geistes in uns als ein heiliges Feuer geprägt, so daß das Mysterium des Lebens verstanden werden kann als das Viele in dem Einen.

Diese Geschichte ist sehr wichtig, weil sie klarmacht, daß

wir Beziehungen zu vielen Gedankenwelten haben, und daß
das, was wir im Moment wahrnehmen und feste Realität nennen, erst durch unser Denken bestimmt und geformt wird.
Denken webt die Muster, das Bild dessen, was wir alle leben.
Wir alle haben eine einzige Mutter und sind daher alle miteinander verwandt.

In der Leere ihres Leibes trug die Sternfrau zwölf potentielle Charakteristika der Menschheit. Die folgenden Kristalle
stellen die Qualitäten der zwölf ursprünglichen Klans dar:

Quarz	Wille
Rubin	Mitgefühl
Topas	Aufbauende Intelligenz
Orangejaspis	Manifestation schöner Form
Smaragd	Weisheit in Einzelheiten und Wissenschaft
Rubbelit & Rosenquarz	Energie der Beständigkeit bei der Verwirklichung des Idealen
Amethyst	Energie der Umwandlung
Perle	Leuchtender planetarischer Geist
Feueropal	individualisierter Geist, hellwach im Solarstrom
Turmalin	Erwachtes Bewußtsein der Beziehungen jenseits der Ringe des Sonnensystems
Azurit	Energie der Versöhnung
Aconit	Vollendung des Zyklus', Systeme lockern sich, kehren in die Leere zurück

Die Mutter Erde umwehenden und das Licht abschirmenden Winde schwängerten die Sternfrau, bis ihre Söhne das Feuer der Inspiration einfingen, das sich als Blitze manifestierte, hervorgehend aus den Flügeln des Donnervogels. Die Sternfrau gebar zwei Söhne von entgegengesetzter Natur. Der eine, dessen Gesicht aufsteigendem Licht ähnelte, wurde auf natürliche Weise geboren. Der zweite Sohn, dessen Gesicht der anbrechenden Nacht glich, wehrte sich und bekämpfte den natürlichen Gang der Dinge. Er wurde aus der Achselhöhle seiner Mutter geboren, wobei sie starb. Aus ihrem verwesenden Körper kamen Gräser, Getreide, Bohnen, Kürbis und weitere nahrhafte Pflanzen, die das Volk essen konnte. Und ihre Tränen aus der Zeit der Geburt wurden frisches Trinkwasser.

Der Bruder des Hellen Gesichts machte sich auf den Weg, Licht zu sammeln und Plätze zu finden, die für das Wachstum der Menschen geeignet wären. Die erste Völkerwanderung begann mit dieser Reise. Der Bruder des Dunklen Gesichts fing den Blitz ein und hütete ihn am Meeresufer, während er auf den von seiner Reise in den Westen wiederkehrenden Bruder mit dem Hellen Gesicht wartete. Die Kreaturen der Erde hießen den Bruder des Hellen Gesichts als Überbringer des Geistes willkommen. Während er seine Reise fortsetzte, in sich die Gedanken seiner Mutter tragend[1], beseitigte er die Wolken der Verdunkelung, die auf dem Planeten lagen, und das Licht fing an, sich auf der Erde zu verbreiten. Die Sonne, der Mond und die Sterne waren bislang nur eine Idee, die darauf wartete, daß die richtigen Rituale das entfernte, was sie verbarg. Der Bruder des Dunklen Gesichts hielt das Feuer am Ufer lebendig. Er sang den Schöpfungsgesang, der von dem Großen Kristall stammte, in Erwartung der idealen Welt, die sich in Raum und Zeit verwirklichen würde.

Diese Geschichte wird den jungen Leuten auf vielerlei Weise erzählt, damit alle ihre eigenen Gedanken und Handlungen verstehen können, begreifen, wie diese auf andere Wesen wirken und wie unsere Gedanken zu uns zurückkehren. Der Bruder des Dunklen Gesichts stellt die negativen Gedanken dar, die in allen Menschen aufkommen. Von ihm stammt die Nacht, von der die Sonne verfolgt wird. Doch sogar seine negativen Handlungen enthalten das Saatkorn des Guten, denn nachdem er das Feuer des Blitzes gefangennahm, hütete er es und wartete auf die Wiederkehr seines Bruders. Jeder Mensch fühlt sich heute manchmal zwischen der Neigung zum Guten oder Bösen hin- und hergerissen. Auch der schlimmste Mensch trägt die Saat des Guten in sich, und auch der positivste Mensch macht aus der Saat der Ignoranz heraus Fehler. Daher erinnert uns diese Geschichte daran, Harmonie in unseren Gedanken, Äußerungen und Taten zu pflegen. Die Zwillinge zeigen uns auch, daß negatives Handeln der Ursprung der Verwirklichung des Guten sein kann. Aufgrund dieses Verständnisses beinhaltet die Urtradition keinen Glauben an dauerhafte Sünde. Auch der übelste Mensch kann die Saat des Guten kultivieren und zu Einklang mit der natürlichen Welt gelangen, indem er eine »Aussage« der Reue macht, sein Handeln bereinigt und besseres Handeln bejaht. Das Beste, was man über einen Menschen sagen kann, ist, daß er oder sie von einem Herzen beseelt ist. Das bedeutet, Ausgewogenheit zu kennen und gute Beziehungen zu haben.

Bis zum heutigen Tage ist des Menschen heilige Pflicht, das Ideal der richtigen Beziehungen zum Wohle aller Wesen zu verwirklichen. Das Ideal, der rhythmische Puls, die Hauptsache, um die sich alle Fäden des einzelnen und kollektiven Schicksals drehen, heißt, das Mysterium des Geistes, die Beziehungen zwischen Bekommen und Geben wahrnehmen.

Der Primärton, der Gründungsstein aller Welten, wird vom Quarzkristall gesungen. Es heißt, daß der Quarzkristall weder fest noch flüssig ist. Er vibriert 786.000 Mal pro Millisekunde. Sein Kontinuum bewegt sich schneller als das Licht, seine Schwingungen sind die Achse des Universums. Ein Aspekt der spirituellen Übungen des Volkes der Tsalagi ist, zu beobachten, wie sich diese Energie in den Beziehungen von Einzelpersonen und Gruppen und mit der Erde manifestiert. Heilige Gesänge und Formeln der Harmonie erklingen zu den Urklängen, die durch den Quarzkristall verstärkt werden. Das Tempo und die Tonlage dieser uralten Gesänge variieren je nach geophysischer Beziehung des Volkes zu seiner Erde. Man kann zum Beispiel feststellen, daß ein Gesang der Tsalagi, ein Volk der Wälder und Berge, in einer tieferen Tonlage und mit langsamerem Tempo von den Lummi, einem Salish-Volk der nordwestlichen Küste[2], gesungen wird.

Jeder Mensch enthält das Potential des reinen Geistes, der helleuchtend brennen wird, wenn die Wolken des Durcheinanders, des Zweifels und der Entfremdung in richtiges Handeln umgewandelt sind. Die Möglichkeiten der Verwirklichung des Geistes, so wie in der Struktur und dem Gesang des Kristalls enthalten, sind die Wegkarten, die wieder zum Unendlichen führen, der Quelle allen Seins. Jedes Wesen sammelt Informationen über die Einzelheiten des Seins und kehrt dann in den unveränderlichen Strom zurück. Da Materie weder geschaffen noch zerstört wird, ist es die Verbindung des Geistes mit Begierde und Handlung, welche die Formen des Schicksals bestimmt. Geist, der entlang dem Gefüge der Absicht fließt – wie in Kristallformen dargestellt –, bestimmt die Form, die Gestaltung des eigenen Lebens. In dieser Weise sind wir alle Verwandte in dem Traum des Lebens.

Unsere Pflicht als Einzelperson ist, durch Verständnis unserer eigenen Natur und unseren Beziehungen zu anderen, das noch nicht verwirklichte Potential an Frieden hervorzubringen. In der Betrachtungsweise der Urvölker Amerikas ist es unsere erste Pflicht, zu fließen im Einklang mit den ursprünglichen Geboten, wie sie von dem Kristall aus dem Reich Galunlatis ausstrahlten, dem Reich der idealen Formen: Die Saat des klaren Geistes und der richtigen Beziehungen zu allen Wesen hüten. Indem das Eine, um das Potential zu verwirklichen, die Vielen wurde, ist es unsere grundsätzliche Pflicht, unseren Geist zu verstehen und die Vision des Himmels auf Erden Wirklichkeit werden zu lassen.

Alle Wesen bewegen sich entlang eines ausgewählten Pfades. Der Pfad der Schönheit ist einer des richtigen Handelns, der Rücksicht auf zukünftige Generationen nimmt. Der Mensch, der seine Gefühle, Gedanken und Handlungen nicht bereinigt hat, geht einen verwirrten, destruktiven Weg, reagiert auf jeden Impuls oder Stimulus, auf jeden Schatten, der seinen Weg kreuzt, ohne sich um das Ergebnis seines Tuns zu kümmern. Der Mensch, der die Natur des Geistes und die der Beziehungen untersucht hat, der die Energie von Zorn, Gier, Neid und Angst bereinigt, der seine Handlungen dem Wohle aller Wesen widmet, dieser Mensch beschreitet den Pfad der Schönheit.

Jeder Mensch hat eine spirituelle Pflicht und besondere Gaben, um bei der Erneuerung des »Reifs« mitzuwirken. Diese Gaben zu erkennen, verlangt Aufmerksamkeit, um hinter die Illusionen der eigenen Erwartungen und derjenigen von anderen zu blicken, um zu erkennen, was wirklich ist. Durch unsere individuellen wie kollektiven Gedanken, Äußerungen und Handlungen formen wir unser Morgen. Wir pflanzen Saat, die dementsprechend in unserem Leben erblühen wird. Also empfiehlt es sich, das Unkraut des Zorns, der Habgier, des Neides und des Zweifels auszumerzen, um Frieden und Wohlstand für alle zu schaffen.

DREI FUNDAMENTALE WAHRHEITEN

1. Dem Mysterium entsprang alles. Alle Manifestationen befinden sich im Einklang mit diesem heiligen Gesetz; nichts befindet sich jenseits davon.

Weisheit ist ein Strom, der vom Großen Mysterium ausgeht, unerfaßbar in Vorstellungen, Worten oder Formen.

Am Anfang war die Leere. Dann kam ein Klang als Licht hervor, der alles gebar, was wir in dieser und in allen Welten wahrnehmen – der Licht-Klang, das heilige Wort, das Unverwirklichte, das Wirklichkeit wird. Die Absicht des Schöpfers begründet alles Sein. Jeder Mensch ist auf diese heilige Absicht durch die Energie des Willens ausgerichtet und formt die Ergebnisse mit seinen Gedanken, Worten und Taten.

Der Wille zu sein, der Wille zu wissen – das heilige blaue Feuer ist eine Farbe, ein Ton, der uns an den Sinn des Lebens erinnert: die Natur des Intellekts zu verstehen. Als dieses Licht sein Strömen betrachtete, nahm es die Absicht zu sein wahr. Sein nichtverwirklichtes Potential erzeugte einen Strahl der Weisheit. Mitfühlende Weisheit, das rote Feuer des Gleichmuts und der Großzügigkeit betrachtete sich selbst und brachte die Saat der aktiven Intelligenz hervor; die Mittel, das Unverwirklichte Wirklichkeit werden zu lassen, das gelbe Feuer des kreativen Intellekts, die Weisheit des Erfolges.

Von diesen »Alten-Feuern im Himmel« stammen alle Phänomene; ein Geist, der sich selbst auf vielfältige Weise untersucht. Dieser kreative Vorgang findet weiterhin auf allen Ebenen des Lebens statt.

Das Dreieck und die drei Feuer bilden ein Symbol der Einheit, des dreifältigen Geistes. Der Wille zu sein ist Absicht, die sich als Handlung verwirklicht. Danach schwimmen Wesen in Reaktion. Der See ist still, ein Kiesel fällt, Zyklen der Energie breiten sich aus. So entsteht Leben aus Absicht und läßt ein Ausstrahlen geschehen, das zum Tanz um das Rad des Lebens wird. Der schlafende Geist sieht die Kreise als Herausforderungen des Lebens; der wache Geist nimmt sie als Wellen auf einem See wahr. Menschen haben die besondere Gelegenheit, die aufsteigende, kreative Natur des Geistes zu erkennen und jene Gedanken und Handlungen zu entwickeln, die der Harmonie und der Ausgewogenheit dienlich sind. In diesem Leben können wir alle Welten kennenlernen, das Leiden überwinden und Konflikte umwandeln, um eine Welt des Friedens und der Schönheit zu verwirklichen.

Das Erste Heilige Feuer: Wille, die Absicht zu sein

Der Wille ist die unterschwellige Strömung, das Feuer, das hervorbringt, was wir als unsere Wirklichkeit wahrnehmen. Viele mögen glauben, daß Wille eine Kraft oder Energie ist, um sich selbst, andere und die Umwelt zu beherrschen. Doch ist Wille das erste aufbauende Feuer, die reine Absicht zu handeln. Wir können den Willen, Gutes zu tun, in Harmonie zu leben, bejahen, oder wir können uns der kreativen Kraft des Willens in unserem Leben nicht bewußt sein.

Unseren Willen in Einklang mit dem heiligen Gesetz zu bringen heißt, den Sinn des Lebens zu verstehen. Warum bin ich hier, welche Gaben besitze ich? Das menschliche Leben ist eine großartige Chance. Jeder Mensch hat besondere Gaben, spielt eine einzigartige Rolle in dem Kreis. Bewußter Wille manifestiert sich, wenn wir unsere Gaben dem Wohle der Familie, des Klans, der Nation und allen Wesen widmen.

Aus der Leere entwickelte sich Licht und Klang in einer Spirale hervor, und die Absicht zu sein war die Spitze des Dreiecks, die Pforte, durch die alle Verwirklichung geschieht. Der kluge Praktizierende kultiviert das Prinzip des Willens, um Gewohnheiten des Konflikts und der Uneinigkeit zu überwinden, und ergänzt den Willen mit der Weisheit des Mitgefühls und der Stimme der Bejahung. Der kindliche Intellekt besitzt Bewußtsein. Doch kann man früh im Leben durch Angst, mangelndes Verständnis, Mißbrauch und aus anderen Gründen das heilige Prinzip des Willens aufgeben oder die Verbindung dazu verlieren, und dann werden Entscheidungen unbewußt getroffen. Wenn ein junger Mensch hört, daß Erwachsene sagen:»Wir werden«, und sie es dann nicht tun, kann der Eindruck aufkommen, daß externe Faktoren ihre Wirklichkeit bestimmen. Ein Gefühl der Ohnmacht und Willensunfähigkeit wird dadurch hervorgerufen. Glaube, an einen heiligen Plan, an göttliches Gesetz, ist der Wind, der die Flammen der Willenskraft entfacht, um das zu verwirklichen, was gut ist. Durch spirituelle Praktiken erwecken wir erneut die klare Beziehung zum Prinzip des Lichts, pflanzen wir bewußt gute Saat zum Wohle aller. Kombiniert mit der Weisheit des Gleichmuts, der Betrachtung aller Dinge in richtiger Beziehung, schafft der Wille Entscheidungen, die das verwirklichen, was sieben Generationen nützen wird. Also berücksichtigt das heilige Prinzip des Willens alles; es erkennt und bejaht, daß alle in Beziehung zu einem selbst stehen, und es ruft Frieden und Einklang im gesamten Kreis des Lebens hervor.

2. *Die Weisheit des Gleichmuts erkennt alle Dinge als in Beziehung zu den eigenen Gedanken und Handlungen stehend. Er belebt das Feuer der Großzügigkeit und der guten Beziehungen, des Einklangs mit Nachbarn, Freunden, der Familie, Kollegen und der Tierwelt.*

Das Medizinrad des Lebens ist ein Kreis, und alles existiert innerhalb dieses Kreises. Der Kreis heißt Leben und stellt eine kostbare Chance dar. Der Kreis ist 0 (Null), die Ausgewogenheit von Positiv und Negativ. Alle Kreaturen, die den Kreis begehen, erfahren Geburt, Schmerz, Alter und Tod; niemand ist darüber oder darunter. Wenn die Zeit zu sterben kommt, geht jeder alleine, ohne daß Reichtum oder Freunde den Vorgang angenehmer machen könnten. Geburt in jeder Form ist mit Mühen behaftet. Alle Menschen wünschen sich Frieden, die Annehmlichkeiten eines sicheren Zuhauses und einer gesunden Familie. Alle jungen und alten Menschen brauchen

Fürsorge und Unterstützung. Hier entstehen Beziehungsmuster, die Ordnung schaffen, wo sonst Chaos herrschen könnte. Linien und Kreise wirken ausgleichend und berühren alle Lebewesen. Die erste Linie des Kreises befindet sich zwischen Leben und Tod, eine Linie vom Himmel zur Erde, von Norden nach Süden: Der Wille, zu sein. Vom Süden aus steigt eine Linie zum Norden hoch und vervollständigt den Weg von Geburt, Leben und Tod. Die gefrorenen Seen des Nordens spiegeln eine Verheißung dessen wider, was noch kommen wird; warme Winde befreien das Potential von Intelligenz und senden von Osten nach Westen ein Licht durch den Kreis. Aus dem Westen kommt eine Linie der Veränderungen und vollendet die Vierteilung des Kreises. Die Winde der Weisheit drehen sich; das Kreuz und der Tanz des Lebens sind eins.

Die Kreislehren stellen den Zyklus aller Dinge dar. Sie bewegen sich in Spiralen im nie ruhenden Universum, befinden sich in einem Prozeß andauernder, subtiler Veränderungen der Harmonien. Daher bewegt sich jeder von uns ohne Unterlaß spiralenhaft innerhalb des eigenen Kreises von Zeit und Raum durch Gedanken, Worte und Handlungen, hin zur Verwirklichung des Ganzen. Der Kreis stellt vollkommene Harmonie und Ausgewogenheit dar. Er wird unser Medizinrad.

Jeden Gedanken, jedes Handeln, das die Wahrnehmung des Kreises trübt, umzuwandeln, ist der Menschen Pflicht. Wo trennende Gedanken auftreten, Gedanken von »uns« gegenüber »jenen«, sollen wir uns daran erinnern, daß wir alle gemeinsam an dem Kreis des Lebens teilnehmen.

Jede große Religion hat ihre Prophezeiungen darüber, was eintreten könnte. Sie dienen uns als Mahnungen, harmonisch zu leben, wenn nicht destruktive Energien auf der Erde losgelassen werden sollen. Die Grundlehren der spirituellen Praktiken erinnern uns daran, Fürsorge für das Leben und für uns gegenseitig zu pflegen.

Viele Menschen spüren heute die Kraft des Friedens in uns selbst und wissen, daß unser Bewußtsein tatsächlich den weltweiten Gedankenstrom beeinflußt. Als verantwortungsbewußte Wesen wollen wir einer Welt gegenseitiger Problemlösungen zustimmen. Wir können die verschiedenen Teile des Ganzen erkennen, uns unterschiedliche Ansichten und Perspektiven anhören und wissen, daß unsere Ansicht nicht die eines anderen ungültig macht. Wir sind Menschen, und unsere Wahrnehmung der gleichen Realität – die Farbe einer Flamme oder die Bewegung eines Kornfeldes – kann völlig verschieden ausgedrückt werden, je nach Sprache, Kultur oder Erfahrung. Ist etwas scharlachrot oder kirschrot? Denkgewohnheiten sind das Filter, durch das die Welt geformt wird. Das Zusammenkommen von Gedanken und Mustern, die wir für uns selbst halten, wird zu dem Gefühl einer Stadt, dem Gefühl eines Landes. Jede Nation dieser Erde erhält ihre Form aus den Herzen und Stimmen des Volkes heraus. Einzelpersonen bilden eine Gruppe, und sie bilden Staaten und Nationen.

Was immer wir für religiöse oder philosophische Ansichten vertreten mögen, wir alle können unsere Wurzeln zum Großen Baum des Friedens zurückverfolgen. Wie immer wir uns nennen mögen, es läuft auf das gleiche hinaus – wir sind Menschen und bewohnen gemeinsam den Planeten Erde. In dieser Zeit ist es unsere Pflicht, die Hürden der Vorurteile, die als »ismen« bekannt sind, umzuwandeln. Wir wollen trennende Ideen beiseite tun, denn was auf einer Halbkugel geschieht, werden die Winde mit Sicherheit auch zur anderen Halbkugel tragen.

Der wunderbare Schöpfungsprozeß hat die Gabe des menschlichen Lebens hervorgebracht, mit unendlichen Möglichkeiten, seine Geheimnisse zu erforschen. Wir wiederum haben die Verantwortung, die Saat der guten Beziehungen zu kultivieren, und können uns über die Chance, die das Leben bedeutet, freuen. Einige der ersten Lektionen, die mir meine Großeltern beibrachten, lauteten: »Du hast die spirituelle Pflicht, glücklich zu sein.« Und: »Sprich gut von anderen, denn bis du nicht zehntausend Meilen in ihren Mokassins gegangen bist, weißt du nicht, was sie ertragen mußten.« Sieh die Dinge so, wie sie sind, im Prozeß andauernder Veränderung, ohne dich auf Störungen des Gleichgewichts zu fixieren. Sieh das Potential und rufe es hervor. Indem wir den natürlichen Kern der Vollkommenheit jedes Menschen, den inneren Kristallgesang, anerkennen, können wir das Beste innerhalb unserer Familie, der Nation, auf unserem Planeten zur Entwicklung bringen.

Wenn Irrtümer in Gedanken, Äußerungen oder Handlungen stattfinden, gleicht das Ergebnis dem eines erloschenen

Kamins. Von der Weisheit bleibt eine schwache Glut, die tief in der Asche konfuser Gedanken und widersprüchlicher Gefühle begraben liegt. Der aufmerksame Feuerhüter reinigt seinen Geist. So, wie man einen Kamin ausfegt. – Er fegt jeden Zweifel fort, daß es das Feuer gibt, die Angst, daß man es vielleicht nicht am Leben erhalten kann, den Neid, daß ein anderes Feuer heller brennt, den Zorn auf das feuchte Holz. Alle Gedanken, Worte und Handlungen, die das Licht der Weisheit verdunkeln, sind Fehler oder unausgewogene Handlungen. Spirituelles Handeln öffnet den Schlot und läßt die frische Luft der Inspiration und Einsicht hinein, die das Gleichgewicht erneuert und erhält.

Irrtümer in Gedanken, Worten oder Handlungen sind es, die einem die Harmonie nehmen, die im geordneten Fluß der universellen Liebe Zorn, Angst, Neid und Zweifel aufkommen lassen. Ein Mensch, der glaubt, er sei »nicht gut genug«, um Frieden und Großzügigkeit zu kultivieren, übersieht die wunderbare Gabe des Lebens. Du lebst, also bist du »gut genug«. Du lebst, also ist dein Wert ein solcher, daß du ein entscheidender Faktor sein kannst.

Ein kleines Kind freut sich, wenn es Blätter sieht, die glitzern, als würden sie am Baume tanzen. Der Erwachsene sagt: »Blätter tanzen nicht.« Zweifel können dann in dem Kind aufkommen, ob ein Gefühl der Freude berechtigt ist. Das Feuer des freudvollen Ausdrucks wurde durch eine unüberlegte Äußerung gedämpft. Das Entstehungsmuster von Freude kann grundlegend verändert worden sein. Unausgewogenheit könnte aufkommen. Durch den Meridian des Herzens fließt der Fluß der Freude, und dieser Fluß kann durch harte, teilnahmslose Worte eingedämmt werden.

Mißgunst oder Neid gegenüber Erfolg, Glück, Wohlstand oder gutem Aussehen eines anderen ist ein Fehler, denn es stört das Gleichgewicht des Geistes und blockiert die Absonderungen der Leber, was die Synthese und Wertschätzung der Errungenschaften im eigenen Leben beeinträchtigt. Neid vergiftet Gruppenbemühungen, denn »ich möchte« wird bedeutender als »wir können«.

Man kann sich Christ oder Buddhist nennen, dieses oder jenes, und dennoch die Saat wütender Gedanken gegenüber den Auffassungen eines anderen in sich tragen. Sektiererische Anschauungen behindern den Frieden. Nach den großen Lehren zu leben heißt, den Kern der Wahrheit, der allen großen Religionen zugrunde liegt, erkennen.

Zorn entsteht durch gedankenlose Worte und Handlungen. Er beeinträchtigt die geistige Ausgewogenheit und löst eine Kette von Reaktionen aus. Worte und Handlungen, die dem Zorn entspringen, zerstören wie Geschosse. Zorn ist ein brennendes Feuer, das die Verdauung und den inneren Frieden vernichtet. Laß keine Feuersbrunst durch deine eigene Nachlässigkeit entstehen.

Angst vor dem, was kommen könnte, besteht aus Gedanken, die auf Möglichkeiten basieren. Die Angst zu versagen behindert jeden Beginn. Was weißt du mit Sicherheit? Daß du einatmest und ausatmest und der Rauch vom Feuer hochsteigt. Baue dein Sicherheitsgefühl auf, indem du die Zyklen der Natur beobachtest.

»Der, Der Denkt, Der Atem Erschafft« ist in einigen alten Gesängen der Tsalagi die Bezeichnung für den Schöpfer. Der Atem trägt Gedanken rund um die Welt. Durch Beachtung des Atems können geistige Fehler umgewandelt werden. Er ist der Blasebalg, der das Feuer der Weisheit belebt. Weiser Mensch, sei auf der Hut, denn deine Gedanken, Worte und Taten von heute lassen Wolken über den morgigen Himmel ziehen.

Weit weg im Siebten Himmel, dem Reich des Galunlati, singen Wesen aus Kristall. Ihre Gesänge geben dem Chaos Ordnung. Sie heißen Adawees, die Weisen Beschützer. Hi la hi yu – vor langer Zeit – beschlossen die himmlischen Wesen, denen auf der Erde zu helfen, auf die der Funke der Weisheit noch nicht übergesprungen war. Sie singen für alle, die hören wollen, von Welten in Harmonie. Das Ideal singt in jedem Menschen in Form der heiligen DNS-Spirale, die dem Verlangen die Form und das Muster verleiht. Die Spirale entzündet das Feuer des Willens, des Mitgefühls und des Handelns und läßt das Leben fruchten. Unsere Gedanken und Handlungen beeinflussen die heilige Spirale, lassen Ausgewogenheit und Wohlergehen aufkommen oder Unausgewogenheit und Krankheit. Deshalb halten unsere dankbaren Gebete den idealen Gesang tonrein. Wachsamkeit und Reinigung kultivieren den reinsten Gesang, erhalten den Körper und erneuern den »Reif« der guten Beziehungen. Jeder Mensch trägt zu dem Gesang bei, alle können etwas dazugeben: Richtige Gedanken, richtiges Handeln, die Wertschätzung des Landes, das Teilen mit denen, die in Not sind.

Das Zweite Heilige Feuer:
Affirmation, die Weisheitsenergie des Mitgefühls

Zustimmung und Großzügigkeit entstehen aus der Weisheit der Ausgeglichenheit, dem Betrachten aller Dinge im Zusammenhang und der Entscheidung, in geheiligter Weise zu leben und sich zu äußern. Durch Affirmationen geben wir unserer Vision des erleuchteten Handelns Energie.

Unsere Alten lehrten, daß Vergebung eine große Linderung sei, die allergrößte Medizin, die von Schmerzen befreit. Wir können beten und nach außen hin Gutes tun. Doch bedeutet das wenig, wenn wir uns selbst und anderen nicht für das vergeben, was hätte sein können oder sein sollen.

Jeder hat eine gewisse Vorstellung von den Fehlern und Lastern des Nächsten und dessen, was da verbessert werden sollte. Es geht jedoch darum, das eigene Bewußtsein klar werden zu lassen, in sich selbst eins mit dem Strom des reinen Geistes zu werden, so daß man in der Gegenwart handeln kann, statt auf Geschehnisse der Vergangenheit zu reagieren. Einmal im Jahr halten wir ein Ritual ab, bei dem alle zum Flußufer gehen und sich dort siebenmal Wasser über den Rücken schütten. Hierbei waschen wir all die Gedanken und Handlungen weg, von denen wir erkennen, daß sie für unser weiteres Wachstum und unsere Evolution nicht mehr erforderlich oder günstig sind. Wir waschen weg, was uns von klarer Kommunikation getrennt hat, die Illusion der Einsamkeit, so daß wir die Stimme der Wahrheit wieder in unserem Herzen wahrnehmen können. Zu diesem Zeitpunkt verzeihen wir jedem, der uns gegenüber ein traurig machendes oder schlechtes Wort geäußert hat, und wir beginnen ein neues Jahr. *Autohuna* ist eine Zeremonie des Freundschaftschließens. Wir rufen dazu einen geheiligten Kristall an, einen, der nur für diese Zeremonie hervorgebracht wird. Wir halten den Kristall gegen den Schein des Feuers, damit wir das Licht der Wahrheit in uns selbst sehen und betrachten können, wie unsere Handlungen das anbrechende Jahr gestalten. Wir singen, beten und bringen

Opfergaben des Vergebens in unseren Herzen und kommen wieder dahin, die Vollkommenheit unserer Natur zu begreifen. Wir legen die Illusion des Krankseins beiseite wie auch die Illusion von Streit. Reue für unsere negativen Handlungen. Die Affirmation, daß wir Verfinsterung umwandeln mögen. Das sich verpflichten, Muster der Entschlossenheit hervorzurufen und die Bereitschaft, Vergebung mit anderen zu teilen, so daß Freundschaften erneuert werden – das ist die Medizin, die Beziehungen heilt.

Als wir kleine Kinder waren, wurde uns eine Geschichte erzählt, um uns zu zeigen, wie die universelle Energie der Liebe verzeiht und jedes Wesen erneuert, das guten Herzens ist. Vor sehr langer Zeit lebte ein wunderbarer junger Jäger in den Smoky Mountains, westlich des Oconaluftee-Flusses. Von einem Meister der Jagd hatte er gelernt, wie ein Vogel, ein Reh, ein Bär, ein Truthahn oder ein Fisch zu denken und alle Zeichen der Wälder zu verstehen. Als ganz kleiner Junge konnte er regungslos wie ein Baum stehen und von der Natur und den Tieren, die sich darin bewegten, lernen. Als er heranwuchs, lehrte ihn der Meister seiner Gruppe, Holz zu veredeln, um daraus Bogen und Pfeile zu machen; dem Truthahn, der seine Federn gab, eine Opfergabe darzubringen; seine Dankbarkeit für die Gaben der Wälder zu zeigen. So lernte der Jäger die Lehren des Waldlandes sehr genau. Er erlegte nicht das erste Tier, das er sah, sondern ehrte es vielmehr. Er bot ein Opfer an und betete, daß andere seiner Gattung erscheinen würden, damit sein Volk zu essen hätte. Sein Name war »Geht im Wald«.

Als »Geht im Wald« zum Manne heranwuchs, verschaffte er seiner Gruppe viel Nahrung und Häute und Federn für Kleidung. Seine Großzügigkeit war wohl bekannt. Einmal waren da zwei alte Leute, die die Medizin der Bärengalle benötigten. »Geht im Wald« sagte, er wolle diese Medizin beschaffen. Als er sich auf den Weg machte, spürte er, daß diese Jagd ganz anders als die bisherigen sein würde. Der Wald war außergewöhnlich still; sogar die geschwätzigen Bäche flüsterten an diesem Tag. Er ging durch den Wald und rief den Bären. »He! Hayuyá haniwá, hayuyá haniwá. Eyonah, yo ho, yo ho, yo ho!« Bald hatte er die Spur eines Bären entdeckt. Er machte sein Nachtlager nahe dem alten Baum, bei dem der Bär vor einiger Zeit geschlafen hatte, und aß etwas von dem Trockenmais, den er mit sich trug. Am vierten Tag sah er den Bären. Er schoß einen Pfeil ab, der das Tier in der Schulter traf, doch der Bär ging weiter. »Geht im Wald« folgte dem Bären weitere drei Tage lang. Nun hatte er nichts mehr zu essen und begann zu begreifen, daß dies kein gewöhnlicher Bär und diese Jagd sehr heilig war. Am siebten Tag saß »Geht im Wald« auf einem Felsvorsprung, fastete und betete, um die Bedeutung der Botschaft verstehen zu können, die ihm der Schöpfer nahebrachte. In dieser Nacht sah er am Himmel einen Stern, der auf die Erde fiel, und er konnte auch viele Tiere hören, die sich in seiner Nähe bewegten. Er meinte, daß auch sie Wache hielten.

Als die Sonne aufging, sah »Geht im Wald« vor sich einen großen, seichten See und hörte den Flügelschlag von Tausenden von Vögeln und die Geräusche von unzähligen Tieren. Dann sah er, wie der Bär, in dessen Schulter der Pfeil noch steckte, zum Wasser ging und den Pfeil herauszog, wonach er wie neu geschaffen war. Am anderen Ufer des Sees sah »Geht im Wald« alte Wölfe, die zum Wasser krochen, lahmende Hirsche und viele Arten von verwundeten Tieren. Als sie sich dem Wasser näherten, wurden sie erneuert und wieder gesund. Die Räuber griffen ihre übliche Beute nicht an, denn sie wußten, daß dies ein geheiligter Ort war. Wer immer den Weg zu den Wassern des Atagahi, des Zaubersees, schaffen konnte, wurde erneuert, und Wunden der Vergangenheit waren geheilt.

Dann hörte er eine Stimme des Himmels: »›Geht im Wald‹, du hast ein starkes und reines Herz. Erinnere dich gut an dies. Alle, die ihren Weg hierher machen, werden lange leben und für ihre Art von großem Nutzen sein. Sage deinem Volk, an diesem Ort nicht zu jagen, denn hier ist ein heiliger Platz für alle Lebewesen.«

»Geht im Wald« verstand und machte sich auf den Heimweg. Er nahm etwas Gras mit sich, das er am Seeufer gepflückt hatte. Während er sich seinem Dorf näherte, wurde das Gras zu der Bärengalle, die von den alten Leuten gebraucht wurde. Alle fragten: »Wo ist der Bär?« Er antwortete: »Etwas Wunderbares ist geschehen«, und er gab ihnen die Medizin und erzählte dem Volk, was er gesehen hatte. Alle erklärten sich bereit, den heiligen Ort zu achten. Nur die reinen Herzens können dorthin gehen, die Spiegelung des Himmels im Wasser sehen und ihr Wesen erneuern. Allen anderen erschien der Ort nur als riesige Grasebene.

Genauso leicht wie der Geist Formen des Schmerzes und des Krieges widerspiegelt, können wir Elemente der gegenseitigen Übereinstimmung verwirklichen. Wir befinden uns jetzt in einer Übergangsphase der Bewegung rund um die Spirale, wo solche Lösungen möglich sind. Ein Schritt, den wir alle machen können, ist, uns auf das zu konzentrieren, was klar ist, statt auf das Unklare, wenn wir Zorn in uns spüren oder uns mit jemandem verständigen wollen und merken, daß Worte zu wenig sind. Es empfiehlt sich, eine »Fastenzeit der Negativität« im eigenen Verstand abzuhalten, der wir unser Denken, unsere Beziehungen und besonders unsere Äußerungen unterziehen. Äußerungen, die wir über uns selbst und andere machen. Wenn wir eine Anti-Haltung einnehmen, stellen wir eine Polarität her und schaffen einen Grund zu streiten. Betrachten und erkennen wir jedoch das, was ist, so herrscht ein Gleichgewicht, ein Fluidum. Es gibt dann einen Weg hin zur Lösung.

Also wollen wir uns selbst und anderen für das vergeben, was hätte sein können oder sein sollen, und die Asche sorgsam aus dem Kamin der Weisheit kehren. Betrachte den Geist und sieh, wie neue Welten des Friedens aufsteigen.

Das Umstrukturieren von einschränkenden Gedanken und das Öffnen von Kanälen des Geistes, um neue Formen zu schaffen — das geschieht durch Affirmation der Stimme. Erkenne, daß du dich in einem Geschehen befindest, gewisse Muster verbessert werden müssen. »Bin ich das Muster? Wenn es fehlerhaft ist, werde ich es verbessern.« Und wie? Der erste Schritt ist die Affirmation: »Innerlich bin ich vollkommen, bin ich vollständig.« Die Kraft der Affirmation fängt an, so etwas wie Liebe in deinem Verstand freizusetzen. Du denkst Gutes von dir selbst, und dein Körper entwickelt größere Vitalität. Sie fließt um dich herum. Der vitale Mensch, der den Gedanken »ich lebe und es geht mir gut« wirklich annimmt, hat eine äußerst belebende Wirkung auf seine Mitmenschen. Durch das Einwirken deiner Natur beginnt ein anderer Mensch, der sich vielleicht unglücklich fühlt, sich an etwas zu erinnern, worüber er glücklich sein kann. Dieses ist eine der Schlüsselmethoden der gegenseitigen Lösungsfindung, die Suche nach dem Element in dir selbst, das Freude bringt.

In dieser Zeit sprechen viele von »Konfliktlösung«. Es ist gut, sich mit Lösungen zu befassen. Doch ist bereits die Vorstellung von »Konflikt« eine Illusion. Alles ist Schwingung, und was den Anschein von Konflikt hat, kann besser erfaßt werden als Mißklang oder Dissonanz – Energien, die eine harmonische Lösung suchen. Wie erkennt man Dissonanz in sich selbst, im eigenen Umfeld, in den eigenen Beziehungen? Sie löst Disharmonie und Krankheit aus. Der Körper kann sich unwohl fühlen, der Verstand mag endlos streiten und plappern, Beziehungen können mühsam und unbefriedigend werden, das Umland kann erschöpft sein und weniger Nahrung hergeben. Die Elemente reagieren auf unsere Gedanken. Vielfalt und Gelassenheit in und um sich herum wahrzunehmen, die Flamme der Gewißheit aufmerksam zu schüren, das öffnet den Kanal, durch den Dissonanz sich natürlich löst und in Harmonie übergeht.

Untersuche deinen Atem in dir selbst. Strömt er frei, erfüllend und belebend? Wenn nicht, schaue nach innen: Wo wird diese Lebensenergie aufgehalten und blockiert? Durchlüfte deinen Geist-Körper bewußt mit Gedankenformen des Lichts. Während der Atem aufgefordert wird, natürlich zu strömen, verdeutlichen sich vielleicht störende Gedanken oder Gefühle, die eine Schlüsselrolle beim Verständnis der Ursache der Verkrampfung oder Dissonanz im eigenen System darstellen. Bei Freunden, Familienmitgliedern und Kollegen ist der Vorgang ähnlich. Betrachte, was vor sich geht. Sei dankbar für klare Wahrnehmung und die Chance, Beziehungen wieder bereinigen zu können. Erkenne Handlungen, die unpassend sind und Disharmonie verursachen, und gelobe dir, anders zu handeln. Erkenne das Licht, das ungehindert zwischen euch strömt. Bejaht die Vorstellung, die euch in harmonischer Beziehung und Kommunikation darstellt. Vergegenwärtigt euch die Heiligen Drei Feuer des Willens, der Affirmation und des Geschicks, alles umzuwandeln, was den Blick auf den klaren Geist im Innern trübt.

Innere Mißklänge drücken Gedankengänge oder Handlungen aus, die dem eigenen heiligen Ziel zur Zeit nicht entsprechen, den Kristall des klaren Geistes nicht spiegeln. In dieser beschäftigten Welt entwickeln wir manchmal die Krankheit der Zweiherzigkeit. In der Vorstellung der Urvölker ist dies die schlimmste Krankheit, die man haben kann. Es ist ein

Zustand, in dem man etwas tun will, es auch tun könnte, aber es nicht tut, und mit sich selbst darüber streitet. Es ist gut, einer Überzeugung und eines Herzens zu sein, und alle »wenn« und »aber« und Möglichkeiten nur als Denkmodelle zu sehen, ohne mit ihnen verbunden zu sein. Das Ziel, alles zu sein, was man sein kann, klar vor Augen zu behalten, das Mysterium zu verstehen und die Wahrheit so zu sehen, wie sie ist. Die Essenz dessen, was ist, zu erkennen, den Einklang wahrzunehmen und danach zu leben, heißt, ein »gutes Leben« erreicht zu haben.

Wenn Gleichmut im Menschen wächst, empfindet man, daß die Beziehung zu allen anderen Wesen kostbarer wird. Durch dieses Gefühl des Zusammengehörens erwächst der Kern der Freigebigkeit; wir überlegen, wie wir helfen könnten, und teilen miteinander. Ein glückliches Kind hat immer etwas, was es mit anderen teilen kann — Spielzeug, ein Lächeln, Einsichten. Auch in der ärmsten Hütte des Stammes ist immer genug im Topf, um einen Gast satt werden zu lassen. Freigebigkeit ist das Ausströmen des Atems. Wir empfangen, wir geben. Die größte Freude empfinden wir, wenn wir miteinander teilen. In der Art der Urvölker feiern wir unsere Freude mit Festen und mit Geschenken. Auch wenn wir etwas verstehen wollen, halten wir ein Fest ab und geben Geschenke. Besitz kann Gift sein. Das glückliche Herz verschenkt das Beste. Zu wissen, wie man etwas entgegennimmt, ist auch eine sehr wichtige Gabe, die Freigebigkeit in anderen hervorruft und den Zyklus des Lebens stark hält. Wenn das Herz nicht mit anderen teilen kann, sei es ein Lächeln, Freude, Kostbarkeiten, Nahrung oder ein Zuhause, dann ist das Herz vom Empfangen ausgeschlossen und verschließt den freien Fluß der Großzügigkeit anderer. Dies wird als Krankheit angesehen, weil man dann die innere Weisheit nicht wahrnimmt. Geben, Annehmen — ein Atemzug. Das Feuer des Geistes schwindet durch Selbstsüchtigkeit, doch lodert es hell auf, wenn es der Wind der Großzügigkeit anfacht.

3. Disziplin, Fleiß und aktive Intelligenz schaffen Wogen der Gnade für das Land und das Volk, über sieben Generationen.

Das Dritte Heilige Feuer:
Verwirklichung, geschickte Mittel

Das Feuer der Verwirklichung vereint das Ideal mit der Realität im Einklang mit dem heiligen Willen und der Energie des Mitgefühls. Zusammen bilden diese drei Feuer ein Dreieck, von dem aus Ideale durch einen Prozeß der festen Absicht, des konsequenten Handelns und der Rücksicht auf alle Wesen verwirklicht werden. Durch das dritte Feuer werden die Absicht des Schöpfers und die Beziehung der einzelnen Menschen zu dieser Absicht wirklich. So kann zum Beispiel ein glaubensstarker Mensch sogar in einer Herausforderung, wie dem Verlust des Broterwerbs, aufgrund seines Glaubens und seiner Fähigkeit, Dinge durch konsequentes Handeln zustande zu bringen, die gewünschten Ziele verwirklichen. Die geschickte Handhabung besteht aus dem Fleiß, der konsequenten Hingabe und der eigenen Bereitschaft, klares Denken sowie ethisches und moralisches Handeln anzuwenden, um das Lebensideal zu verwirklichen.

Geschickte Mittel werden durch das Wirken altruistischen Denkens entwickelt, indem man sich selber sagt, daß man der beste Mensch sein wird, der man nur sein kann, um sich selbst zu nützen, der Familie und allen Wesen, mit denen man verwandt ist. Dann sammelst du die Lehren, um hinderliche Denkgewohnheiten zu klären. Der erste Schritt ist, positive Gedanken und Äußerungen zu kultivieren, den Verstand durch Beachtung des Atems zu stabilisieren und die Kraft des Glaubens in Gebet und Meditation zu realisieren. Im Gebet aktivieren wir die Kraft des heiligen Klanges, das kreative Wort. Wir bestätigen die Fülle, die wir bereits erhalten haben, und bekunden, daß wir mehr erhalten werden. Das wird allen unseren Verwandten zum Wohle verhelfen. Affirmation ist ein geeignetes Mittel zur Energieumwandlung. Sie beginnt mit dem Unterlassen von negativen Äußerungen über einen selbst und andere. Eine negative Äußerung läßt einen in Raum und Zeit erstarren, ohne Platz für Harmonie. Als zum Beispiel die Tsalagi auf die ersten Siedler stießen, beschrieben sie diese mit einem Begriff der bedeutet:»Gibt sich wie ein böser Mann«. Sie sagten,»gibt sich wie«, nicht»ist«, so daß nicht der Charakter der Bösartigkeit erstarrte, sondern Platz blieb, in dem sich die essentielle Vollkommenheit manifestieren konnte.

Also wird das Feuer der Verwirklichung genährt von dem Holz der idealen Form wie auch dem Holz der geschickten Mittel (verstehen, welche Handlung zum Ziel führt), dem Holz der Treue gegenüber dem Guten, dem Holz, das Illusionen von Hindernissen umwandelt, dem Holz des planetarischen Einklangs und dem Holz des universellen Geistes, der erkennt, daß der Himmel, die Erde und das Mysterium der Schöpfung in allem manifest sind.

AFFIRMATION

Um sich vollständig zu verwirklichen, muß eine Affirmation unzweideutig sein, eine einfache, klare Darstellung der eigenen Absicht. Um eine Affirmation klar werden zu lassen, dankt man zuerst dafür, daß man menschliches Leben besitzt und über die Fähigkeit verfügt, erleuchtetes Handeln überhaupt in Betracht ziehen zu können. In dem Heiligtum des eigenen Geistes erwägt man dann die derzeit möglichen Mittel und überlegt die Ziele, die erreicht werden sollen – in drei Tagen, drei Monaten, drei Jahren, einem Leben –, um dem Wohle der Familie, des Klans, der Nation, des Planeten und zukünftigen Generationen zu dienen. Affirmation befähigt unser latentes Potential, auf folgenden Wegen Wirklichkeit zu werden:

1. Anerkenne das kreative Prinzip in dir selbst. Betrachte dich im Spiegel und begrüße dich: »Hallo, wie geht es dir?« Bejahe: »Ich lebe, ich bin dankbar, und heute werde ich zum Wohle meiner selbst, meiner Familie und aller Wesen, diese drei Dinge erreichen...« Wiederhole diese Affirmation dreimal. Du kannst auch sagen: »An diesem Tag werde ich auf Zorn oder jede Art der Frustration mit Mitgefühl reagieren«, oder: »An diesem Tag werde ich zuhören, ohne zu unterbrechen.« Man nennt unmißverständlich eine Absicht, die einer klaren Beziehung entspricht.

2. Bejahe: »Ich werde meine kreativen Gaben verwirklichen«; wiederhole auch diese Affirmation dreimal. Und

visualisiere dabei vor deinem geistigen Auge die Erfüllung solcher Zielsetzungen. Wenn du dir zum Beispiel wünschst, eine bessere Beziehung zu deinen Kollegen zu haben, visualisiere euch alle im Kreis sitzend, umgeben von rosafarbenem Licht, bei einer herzlichen Aussprache, die Großartiges bewirkt. Es ist wichtig, den eigenen Worten zu glauben und Vertrauen aufzubauen, daß du deine heiligen Gaben in diesem Leben verwirklichen wirst. Ein weiteres Beispiel: Angenommen, du bist süchtig nach Tabak, Alkohol, Kaffee oder ungesunder Nahrung. Als erstes bestätige, daß es sich um etwas handelt, das abgelegt wird. Bejahe dann:»Ich bin frei von meinem Verlangen nach...« Wiederhole das dreimal. Stell dich dir selbst vor, umgeben von Licht, glücklich, gesund, aktiv, suchtfrei. Das, woran du gebunden warst, ist fort aus deinem Leben, deinem Denken.

Realisieren heißt, durch geheiligte Praktiken, große Hingabe, Konsequenz und harte Arbeit das Ideal zu verwirklichen. Realisieren heißt, eine Vision des Friedens für das Volk und das Land Wirklichkeit werden zu lassen. Es ist das Geschehen und das Tun. Verschaffe deinem Denken Stabilität durch Dankbarkeit, Gebet und Meditation. Die Realisierung deiner Vorstellung − sei es die Befreiung von Rauschmitteln oder der Bau deines Hauses − wird bekundet, wenn du das beiseite tust, was dich fesselt, oder anfängst, Entwürfe für dein Haus zu Papier zu bringen. Das ist das Erwachen von klarer Energie, die deine visualisierten Ziele und dein kreatives Potential hervorbringt. Ein weiteres Beispiel: Du hattest gehofft und dafür gebetet, daß sich deine Familienbeziehungen reibungsloser gestalten würden. Deine Vision von Familieneintracht, die durch deine Gebete verstärkt wurde, deine Affirmation und dein Tun, um Frieden herzustellen, verwirklicht sich bei einem Familientreffen, das ohne die vorherigen Spannungen stattfindet. Durch den Prozeß des Potenzierens und Realisierens von dem, was für alle vorteilhaft ist, werden Verhaltensmuster, die der Klarheit des Denkens und der Beziehungen im Wege standen, immer weniger besitzergreifend. Sie werden immer transparenter, bis sie sich letztlich auflösen. Die Realisierung ist das wunderschöne Ergebnis, das durch die geschickten Mittel aus dem dritten Feuer hervorgeht.

Wille ist das Neutron, Mitgefühl das Proton, und die Energie der Realisierung die Elektronen des äußeren Ringes: Weisheit, die sich durchsetzt, die Verbindungen guter Beziehungen. In deinem Leben ist die klare Absicht, deine heiligen Gaben zu verwirklichen, dein kreatives Potential hervorzubringen und gute Beziehungen aufzubauen, das Neutron deines Willens. Da sind wir also und weben Muster in einem Traum.

MEDIZINRAD, MANDALA, SPIEGELKLARER GEIST. MÖGE DER »HEILIGE REIF« IN DIESER ZEIT ERNEUERT WERDEN.

Der Zeremonienkalender der Tsalagi basiert auf dem Kalender der Maya (der allgemein den Azteken zugeschrieben wird), in dem die Zeitabschnitte in Beziehung zu den Bewegungen von Venus, Mars, dem Siebengestirn und Sirius stehen. Die Elo besagt, daß der Kalender von einem Land stammt, das im Meer versank. Mathematische Formeln aus dem mystischen Verständnis der Null und die Beziehungen der Sterne wurden als der Weg betrachtet, auf dem alle Völker das klare Licht der Weisheit verwirklichen konnten. Mit der Welle von Sternwesen, von denen alle Tsalagi abstammen, wurde die Mathematik vom Siebengestirn zur Erde gebracht.

In diesem heiligen Kalender besteht eine »Welt« aus 22 Zeitabschnitten von je 52 Jahren. Jede Welt enthält neun Höllen, Zeiten der Verdunkelung des Feuers der Weisheit, und dreizehn Himmeln, Zeiten, in denen erleuchtetes Denken und Handeln zum Wohle aller Wesen aufblühen. Jeder vollständige Zyklus, jede Welt, umfaßt 1.144 Jahre; und 25 Welten, 28.600 Jahre, bilden eine Ära. Wir haben soeben die Fünfte Welt verlassen und befinden uns am Beginn der Sechsten Welt, einer neuen Ära.

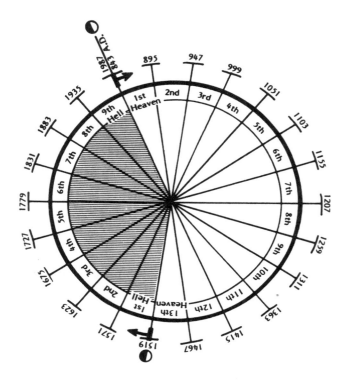

Als erstes bringt der Himmel neue Gelegenheiten, die Erde als lebendiges Wesen zu verstehen und Systeme zu entwickeln, den Abfall umzuwandeln, statt die Umweltverschmutzung weitergehen zu lassen. In den Tsalagi-Lehren des Kreises, der Medizinrad-Lehre, sehen wir die Gestalt des Bären, der auf Angst und Ignoranz tanzt, sogar den Tod und die Gifte unheilvoller Erfindungen umwandelt und das hervorbringt, was dem Leben dient. Dieses Buch in deiner Hand begann als Idee. Die Idee konstruktiver, umweltfreundlicher Erfindungen entsteht in einem stabilen Geist. Sie kommt durch die kooperativen Handlungen jener zum Tragen, die sich als die Ahnen noch ungeborener Generationen betrachten. Erfindungen, die aus dem kreativen Fluß der Mutter/Vater-Energien entstehen und von der Inspiration des Glaubens beschleunigt werden, sind Gaben, die dem Volk dienen, statt es zu versklaven.

72

Jeder Mensch besteht aus Elementen der Mutter und des Vaters. Sogar die Vollkommenheit dessen, »was nicht erklärt werden kann«, existiert innen drin. Diese wunderbare Vollkommenheit steigt als freudvolle Wertschätzung aller Wesen sowie kreative Intelligenz zum Wohle aller auf, wenn Mutter/Vater in deinem Herzen erkannt werden: Das Verständnis der Mutter, wortlos, alles umfassend; die Geschicklichkeit des Vaters bei allen Dingen, die gemacht werden müssen – dieser spielerische Tanz entfaltet das Rätsel deines Lebens. Von der Erde steigt Energie auf, die durch den Nabel nährt; himmlische Einsicht windet sich spiralartig durch die Schädeldecke hinab. Himmel und Erde treffen sich in deinem Herzen und befreien die Entscheidungsfähigkeit zu handeln und die Stimme dazu – man selbst, der Kreis, der alle Möglichkeiten enthält; der Fluß zur Erde hin, die Absicht; der Fluß zum Himmel hin, die Energie zur Verwirklichung. Die Winde der Inspiration wehen von Osten nach Westen und bringen Freude, verdeutlichen die Gaben, die geteilt werden sollen. Von Westen nach Osten hin schüttelt der »Wind der fortweht, was nicht mehr gebraucht wird«, seinen Zauberstab der Blitze. Realisiert wird die Vision durch das Kreuz. Die Vierteilung des Kreises begrenzt das Unendliche, Weite, und gestaltet die Form nach Oben und Unten, Osten und Westen.

Die Swastika und das Kreuz sind uralte Symbole der Manifestierung von Energie. Die gleichen Prinzipien der Weltbildung treffen für das menschliche Leben zu. Empfange Lebenskraft vom Himmel und von der Erde; laß Mitgefühl spiralenförmig von deinem Herzen ausströmen. Erkenne, daß alle Menschen Verwandte in diesem Traum sind. Das Blut wird durch den Körper gepumpt, so wie die Gezeiten vom Mond getrieben werden. Gedanken geschehen, während Blitze entlang den Bergkuppen tanzen. Die Schöpfung ist ein andauernder Prozeß. Deine Gedanken bringen die Winde der Veränderung.

Wenn nicht die Stimmen der Kristalle die feinen Härchen beschichten würden, könnten wir nicht einmal unsere gegenseitigen Stimmen wahrnehmen. Der Kristall ist ein Verstärker der immer gegenwärtigen Stimme der Schöpfung in uns. In unserer Welt der Erfindungen haben die Kristalle in Radios unsere Begierden verstärkt, indem sie sagen: »Kauf dies, kauf das«. In Wirklichkeit singen die Kristalle: »Laßt uns die Saat des Friedens pflanzen, laßt uns trennendes Denken beiseite tun.« Es sind diese subtilen Schwingungen, die die Herzen von so vielen Menschen hin zu friedvoller Aussöhnung bewegt haben. Die Kristalle, die tief in der Erde vergraben liegen, singen ein Lied des planetarischen Einklangs.

Im Licht des Kristalls gibt es zwei Strömungen: Vaterenergie zieht spiralenförmig hoch, Mutterenergie vergrößert sich nach außen. Alle Dinge dieses Universums werden von diesen beiden heiligen Strömungen zusammengehalten. Ohne diese Vater- und Mutter-Strömungen, ohne die geheiligte Symmetrie der DNS-Doppel-Helix in unseren Körpern selbst wären wir nicht auf dieser Erde. Hier haben wir den Segen des Lebens. Es liegt an uns, die richtigen Handlungen zu unternehmen, die Wahrheit als eine Strömung zu erkennen und Weisheit als eine Stimme der Wahrheit zu begreifen, die in jedem von uns ist.

Alles steht in Beziehung zueinander. Schließe in deiner eigenen Natur Frieden mit den Strömungen von Mutter/Vater und nimm das Geschenk des Lebens an. Die Erde befindet sich in einer Übergangsphase der geistigen Entfaltung. In der Vergangenheit erwarteten wir von unseren Alten, unseren Verwaltern, daß sie die Ordnungsprinzipien des planetarischen Friedens hielten und weitergaben. Im heutigen Zeitalter ist es die Pflicht jedes Einzelnen von uns, jene Ordnung zu halten. Was bedeutet es, das Ordnungsprinzip der planetarischen Einheit zu halten? Es bedeutet, den Gesang der Versöhnung zu singen, die einheitlichen menschlichen Ziele zu bestätigen – reines Wasser zum Trinken, eine Vielfalt an Nahrung für die Familie und gute Nachbarn haben.

Wie schaffen wir es, dieses Rad des Lebens zu durchlaufen? Wir fangen mit dem Willen zu sein an, der mit dem ersten Atemzug bejaht wird. Wenn ein Baby geboren wird, kennt es bereits einige seiner besonderen Gaben. Wenn es lächelt, reagieren alle. Mit dem Willen, gegenwärtig zu sein, können wir bereits viele Sachen und viele Bereiche in Bewegung versetzen. Uns bieten sich viele mögliche Zukunftsbahnen an, und wir entscheiden uns für den Weg, der unser Leben sein wird. Es ist unsere Entscheidung. Oftmals hören wir verwirrte Vorstellungen von »Karma«, daß wir in diesem Leben leiden mögen und in einem weiteren Leben Wohlergehen ernten. Wir erfahren in diesem Moment Gutes, und wenn wir unser

Herz gegenüber der Fülle an Freude schließen, erfahren wir in diesem Moment Schmerzen. Es ist eine einfache Wahl, sich nach dem heiligen Lebensstrom auszurichten, und in unserer Ausrichtung zu erkennen, daß das Leben ein Prozeß der Veränderung ist, daß jeder von uns den Frieden auf der Welt fördern kann, indem er zuerst Frieden in sich selbst schließt. In der Erkundung unseres eigenen Bewußtseins kehren wir zum heiligen Feuer des klaren Geistes und zu der Erkenntnis zurück, daß Weisheit ein Strom ist, der ewig wäscht, ewig erneuert. Der innerste Funke des klaren Geistes wird nie besudelt. Gedanken und Handlungen mögen unrein sein, doch bleibt das kreative Prinzip des Lebens immer heilig.

Krankheit ist eine Illusion. Daß wir getrennte Nationen und getrennte Völker sein sollen, ist auch eine Illusion, die darauf wartet, aufgelöst zu werden, denn ohne Zweifel trinken wir das gleiche Wasser, atmen von der gleichen Luft. Durch die Fasern unseres Denkens, unsere Denkvorgänge, weben wir unsere Realität. Jeder von uns trägt durch Gedanken, Wort und Tat zum Morgen bei. In uns selbst Frieden schließen, uns selbst und unseren Verwandten für das zu verzeihen, was hätte sein sollen oder können, und uns so anzunehmen, wie wir sind, das ist ein vorrangiger Schritt auf dem Pfad der Schönheit. Das Ablegen von Denkmustern des Anhaftens und Erwartens befähigt uns, im Jetzt zu handeln. Wenn wir diesen Schritt einmal gemacht haben, bleiben wir immer auf dem Pfad der Schönheit.

Zu erkennen, daß unsere Handlungen und Hoffnungen das Morgen formen, ist ein spirituelles Mittel. Als ich klein war, besuchten mich in meinen Träumen die Alten und baten mich, gewisse Dinge zu tun. Phantasie schafft eine Welt der Träume. Bevor du einschläfst, entscheide dich für gewisse Dinge und bejahe sie: »Ich werde mich an alles erinnern, was ich im Traum erlebe.« Damit beginnen die Fäden der Verbindung zwischen dem individuellen Geist und dem, woran wir alle teilhaben, fester zu werden. Einfache Worte, eine Affirmation: »Ich erkenne den heiligen Strom des Lebens an, so daß meine Worte immer wahr sein mögen, und ich auf die innere Weisheit der Menschen eingehen kann.« So begreifen wir, daß sich die gedankliche Saat des Friedens als guter Wille in unserem Leben verwirklicht.

Wer in der Tradition des Heilens tätig ist, kann auf Menschen treffen, deren Körper äußerlich Krankheit ausdrücken. Es ist an dem Heiler, die Form der Ausgewogenheit und Gelassenheit zu wahren und tief in den Menschen hineinzusehen, um die Vollkommenheit zu finden. Wie sehen wir? Mit unserem Herzen, unserem geistigen Auge. In unseren Jugendjahren hörten wir häufig die imaginäre Stimme eines Spielgefährten oder die Stimme des Windes. Im Verlauf unserer Erziehung haben wir uns vielleicht immer weniger um dieses subtile, freudige Spüren gekümmert, bis es zu einem Geheimnis wurde, das vor uns selbst verborgen war. Jetzt, als Erwachsene, haben wir Gelegenheit, die Weisheit des Kindes in uns selbst zu erforschen, tief in uns selbst hineinzublicken, der Stimme der Wahrheit in unserem Herzen zu lauschen.

Wachen

Um die Stimme der Weisheit wahrzunehmen, stabilisiert man zuerst den Geist. In der Tradition der Tsalagi wird das Herbeiführen der geistigen Stabilität Wachen genannt. Wachen beginnt, während man den tanzenden Feuern eine Zeitlang zusieht, meistens im Freien. Man kann fasten oder reinigende Bäder nehmen, bevor man die sieben heiligen Hölzer sammelt, um das Feuer zu bauen. Dann bringt man dem Feuer eine Opfergabe von tsalu (Tabak) dar, und widmet das Wachen der Hilfe für alle Kreaturen, ob sie gehen, kriechen, schwimmen oder fliegen. Man dankt für die Gelegenheit, die das Leben darstellt, und »ruft nach Vision« des Lebenszwecks und der Möglichkeiten, Menschen zu helfen. Die eigene Familie, der Klan, die Kollegen und die Nation werden dem Kreis jener beigefügt, denen dieser Vorgang helfen soll. Das Feuer bei jeder Wetterveränderung am Brennen zu halten, erfordert und stärkt die Entschlossenheit, erfolgreich zu sein. Eine faule Einstellung wird alsbald nur zu erkennbar und ermöglicht Umwandlung. Wenn sich ein gewisser Rhythmus einstellt, brennt das Feuer problemlos. Es erlaubt dem wachenden Menschen, die Gedanken auf die Flammen zu konzentrieren. Während man dasitzt und zusieht, können viele Gedankenbilder vor einem auftauchen.

Das Feuer ist eine Pforte zur Weisheit. Indem man es betrachtet, erkennt man deutlicher, welche Gedankenmuster erfolgreichen Beziehungen im Wege stehen. Wenn arrogante oder ängstliche Gedanken erscheinen, kann man diese Fäden des Konflikts wie ein Weber herausziehen und Arroganz durch Demut ersetzen. Betrachte, wie klein die Vorstellungen des Selbst sind, verglichen mit der Weite des Himmels. Ersetze Angst vor Mißerfolg, Angst vor dem Leben durch den entschlossenen Mut zum Erfolg. Tue dies im Interesse derer, die du liebst. Sollte Liebe nicht offenbar sein, so kultiviere Dankbarkeit für das Geschenk des Lebens. Der größte Reichtum sind gute Beziehungen zur Familie, zu Freunden und Nachbarn. Solltest du Liebe anzweifeln, so kultiviere Liebe für das Kind, das in dir lebt. In dieser Weise kann man anfangen, die Illusion des Getrenntseins zu heilen.

Wir können nicht ohne einander leben. Es ist sehr schwierig zu leben, ohne sich selbst und andere zu lieben. Der erste Schritt auf dem Wege zur planetarischen Heilung ist, auf die Schönheit des eigenen Ichs zuzugehen, die Schönheit im eigenen Herzen anzuerkennen, den Vorstellungen zu vergeben und die Gedankenformen zu verbessern, die das wahre Feuer der Weisheit in deinem Geist verhüllen. Wie soll ein Gedanke geändert werden? Wie entfernt man einen Konflikt aus dem eigenen Herzen? Sitze eine Weile lang und beobachte. Wir nennen dies die Visionssuche. Es kann sein, daß wir viele Tage lang dort sitzen werden, so lange wie eben benötigt wird, bis der Frieden wieder in unser Herz einkehrt.

Wie legt man verdüsterndes Denken ab, den ganzen Bereich des Zweifelns, damit wir uns wieder vollständig an die Schönheit der Schöpfung erinnern? Indem wir Danksagen. Die Gebete der Tsalagi bitten um nichts, sondern danken für alles, was ist. Wir leben, wir atmen. Die Herausforderungen von Krankheit, Trennung von unseren Geliebten, Frustrationen bei der Arbeit: Sie bilden Gelegenheiten, gedankliche Muster wegzubrennen, die der Schönheit des Feuers der Weisheit im Wege stehen. Also ist die aufgehende Sonne Grund genug, um dankbar zu sein, da ein neuer Tag anbricht. Laßt uns die Schönheit in uns selbst und anderen erkennen. Wenn wir uns treffen, wollen wir uns in die Augen sehen, das Schlagen des anderen Herzens hören, nur das Beste über uns und andere sprechen, wissen, daß wir uns alle im Prozeß der Veränderung befinden.

Wir können erkennen, was verbesserungsbedürftig ist, und

gewillt sein, solche Änderungen zu vollziehen. Die Vorstellung von Schwäche ist eine Illusion, die Vorstellung, daß man etwas »nicht kann« ist eine Illusion. Gemeinsam haben wir diesen Traum gewebt, gemeinsam werden wir ihn zu einem harmonischen Ergebnis bringen. Innerlich ist alles bestens, doch überlagert vom Staub der Ignoranz. Laßt uns die Einschränkungen von Kaste und Klasse beiseite legen und erkennen, daß wir alle Menschen sind. Wenn wir als Menschen weitermachen wollen, müssen wir unsere Köpfe zusammmentun und unsere Erfindungen etwas werden lassen, das von Nutzen ist. Wenn wir eine Handlung überdenken, dann soll die Überlegung sieben künftige Generationen mit einbeziehen. Überlege, was es ausmacht, ob ich in diesem Moment unwirsch oder sanft spreche. Laßt uns überlegen, was unsere Worte all jenen bedeuten, deren Wege wir kreuzen, denn unsere Worte weben das Morgen. Wenn du auf dem Weg zur Arbeit aufgebracht bist, werden deine Beziehungen zu anderen Menschen an diesem Tag auch gestört sein. Wenn du dein Zuhause als besonderen Ort der Ruhe betrachtest und darin einen speziellen Ort für Gebete des Dankes hast, dann kann dich das, was dir draußen begegnet, für den Moment ablenken. Doch wirst du immer wieder zu friedvollem Verständnis zurückfinden.

Es liegt innerhalb der Fähigkeit der Menschen, die Bäche, Flüsse und Meere wieder rein werden zu lassen. Es liegt innerhalb der Kraft unserer Herzen, sogar diesen Planeten zu erneuern. Die Vorstellung von Staaten im Krieg kann beiseite gelegt werden, wenn wir das Geschenk des Lebens als Liebe annehmen und wissen, daß wir ihrer würdig sind. Der Körper, der uns gegeben wurde, ist eine Fülle des Reichtums. Wir sind aus dem Meer des Mysteriums gekommen, um die vielen Aspekte dieses Mysteriums zu erforschen, und wir werden in das Meer zurückkehren, so, wie der Lachs an den Ort seiner Geburt zurückkehrt. Jeder von uns wird eine große Botschaft mit zurücknehmen:»Dies lernte ich im Leben, dies lernte ich auf der Erde. Wenn wir uns wieder sehen, dann als Freunde und Verwandte.« Es sind Botschaften, die vom Strom des Geistes getragen werden, um in einer zukünftigen Zeit zu fruchten. Während wir im Strom des Lebens sind, können wir Trennung erfahren. Der Fluß, der über die Felsen fließt, kann zerrissen und zu Gischt werden, und doch bleibt er ein Fluß, der zum Meer zurückkehrt. So ist es mit uns.

Wir sind die Kinder des Lichts, die Stimme der Schöpfung, hinausgerufen, als Klang Licht wurde. Wir sind hierher durch die Illusion der Trennung gekommen, um alle Wunder dieser Schöpfung zu erforschen. Während wir forschen, erkennen wir uns selbst als Mitschöpfer dieses Universums, deren Gedanken und Handlungen das Morgen gestalten. In unseren Herzen erkennen wir einen Strom der Weisheit, der sich richtigen Handelns immer bewußt ist.

Richtiges Handeln ist das, was Leiden lindert, niemandem schadet und andere zu selbstloser Fürsorge inspiriert. Richtiges Handeln befähigt uns, das Feuer des klaren Geistes in anderen zu würdigen, ohne ein Über oder Unter, ein Mehr oder Weniger zu sehen. Richtiges Handeln erkennt die Zyklen der Beziehungen und schafft Ordnung im eigenen Verstand, erlaubt diszipliniertes Tun, das frei von dem Verlangen ist, zu beherrschen oder beherrscht zu werden. Der Geist, der richtiges Handeln pflegt, sieht, daß wir die Ahnen der noch nicht Geborenen sind, und überlegt die Auswirkungen von Gedanken, Worten und Taten bis hin zur siebten Generation − jeden Moment heiligend, das Morgen bereits in sich tragend. Am besten, wir sprechen gütig und handeln gewissenhaft, da das Morgen sonst Angst enthalten kann.

Spirituelle Praxis

Es ist unsere spirituelle Pflicht, morgens und abends zu beten, Menschen mit Freude zusammenzurufen, miteinander zu essen, zusammen glückliche Menschen zu sein. Viele von uns haben diese Dinge in der Vergangenheit getan; wir können uns daran erinnern, daß wir in unseren Jugendjahren da waren, wenn unsere Nachbarn Hilfe brauchten. Heute haben wir zuviel zu tun. Wir haben vergessen, daß die Erfindungen Kreationen unseres eigenen Denkens sind, und daß sie begonnen haben, jeden Moment unserer Zeit aufzufressen. Wir müssen diszipliniert sein und immer wieder sagen: »Diese Maschinen entstammen unseren Gehirnen, wir wollen sie mit klarem Denken dirigieren.« Laßt uns die Weisheit des Tages sehr gewissenhaft untersuchen und jene Ideen und Erfindungen fördern, die tief im Boden der Harmonie verwurzelt sind. Wollen wir vor Augen behalten, daß alles, was wir tun, das heilige Rad umlaufen und uns wieder berühren wird. Wie der in den Bach fallende Kiesel, lösen unsere Gedanken und Worte viele Wellen aus. Dieses ist die Kraft der Stimme: Bejahen, daß Frieden herrschen wird. Halten wir an dem Gedanken der Ganzheit unseres Planeten fest; laßt uns die Kinder würdigen, die künftige Generation. So schaffen wir Frieden. Wenn wir um uns herum die Geschehnisse auf der Welt betrachten, sehen wir vieles, das Angst aufkommen läßt, Gedanken von »die« und »wir«. Doch es gibt keine »die«, wir alle gehören zusammen. Was im Norden geschieht oder im Süden, es geschieht jedem von uns. Im Osten steigt die Sonne auf, und ich erkenne: »Ich bin was ich bin. Ich bin ein Mensch mit einer Gabe, ein Mensch mit einem Ziel.« Die Gabe mag verborgen sein, doch wird sie sich offenbaren. Einem Menschen ein Freund sein, ein Herz zur Klarheit hin bewegen, das ist eine spezielle Gabe. Allzuoft mögen wir meinen, die Gabe sei etwas anderes, etwas, das von außen kommen muß. Die Gabe, geben zu können, ist in jedem von uns vorhanden. Als erstes richten wir uns nach der Vollkommenheit in uns selbst aus, bringen Geist, Körper und Gefühle in Einklang mit dem kreativen Prinzip des Lebens. Wir können das auf verschiedene Weise tun: Durch Einkehr in uns selbst, dadurch, daß wir etwas mit den Händen herstellen, durch Tätigkeit in unserer Gesellschaft. Wir kultivieren friedvolles Denken, und bald reagieren wir immer weniger auf die Ideenform von Konflikt. Dann steigt in uns das Bewußtsein auf, daß alle auf der Erde miteinander verwandt sind.

Morgens singe ich ein einfaches Lied des Dankes, wie es mir meine Großeltern beibrachten. Ich singe für alle meine Verwandten, für alles, was lebt und atmet, sogar die Steine, denn die Kristalle leben und wachsen genauso wie wir. Durch unsere Lebenserfahrung, durch unsere Interaktion untereinander lernen wir, Zorn abzulegen und sehen Wege der Kommunikation, finden wir Mittel zur Auflösung. Die heilige Spirale des Lichts vereint alle Wesen. Meine Großeltern sagten: »Vergiß nicht, daß du von dem Ort der Sieben Tänzer kommst, dem Siebengestirn. Daher stammt unsere Nation.« Also visualisiere ich sieben Sterne über meinem Kopf und spüre die »Drei Heiligen Feuer« tief in meiner Wirbelsäule und sitze und höre zu, wie sie ein sehr einfaches Lied singen. Mögest du dich an diese heilige Spirale des Lichts erinnern,

Asga Ya Galunlati, Großer Geist, der uns alle vereint. Durch alle unsere Kulturen, alle unsere Religionen zieht sich ein Faden, wächst ein Baum. Laßt uns diesen großen Baum wahrnehmen, laßt uns jenes klare Licht der Vernunft erkennen, das Feuer der Weisheit, durch das wir alle unsere Wurzeln zu dem Großen Baum des Friedens zurückverfolgen können. Als kleines Kind war das ein erster Schritt auf dem Weg der Schönheit. Alleine zu lernen, den Dankgesang des Morgens zu singen, dann einfach ruhig zu sitzen und zu begreifen, daß sich tatsächlich Licht durch diesen Körper bewegt, verlieh den Worten meiner Großeltern tiefere Bedeutung in meinem Herzen. Ich verstand, daß sich Licht wirklich durch unsere Körper bewegt, wenn wir atmen: Wir besitzen Geist, und er wird vom Atem getragen. Dann kam eine weitere Frage auf, als ich das Licht erkannte: »Beeinflußt der Geist tatsächlich die Pflanzen, die Feldfrucht, die Umwelt? Werde ich wie unsere Alten sein, das, was gebraucht wird, mit einem Gebet aus meinem Herzen herbeiführen?« Die Saat war gepflanzt, daß viele den Gesang von Frieden und Fülle singen würden, so wie es die Alten taten. Nach dem heutigen Lebensstandard würde das Leben, das sie führten, ärmlich erscheinen. Wenn sie Wasser haben wollten, gingen sie hinaus und pumpten es; wollten sie Butter, so stellten sie diese her. Es war gut so. Viele von uns suchen wieder einfache Lebensweisen, ein würdigeres Leben, das uns nicht in Lohnarbeit versklavt, um Dinge bezahlen zu können, die wir eigentlich nicht brauchen und uns immer abhängiger von Technologien machen, die die Erde verschmutzen. Es ist gut, Feuerholz zu hacken und im Freien zu kochen. Einfacher zu leben heißt, ohne Anhaftung sehen zu können. Unser Status und unsere Stellung werden nicht von der Arbeit bestimmt, die wir nach außen hin verrichten, sondern von der Arbeit in unseren Herzen und wie wir anderen beistehen. Das Bemühen, die Wahrheit zu erkennen und zu sprechen ist die größte Leistung, die wir vollbringen können. Es bedeutet, die Kraft des klaren Geistes anzuerkennen und das Beste in allen Menschen hervorzurufen, mit denen wir den Pfad des Lebens teilen. Wenn wir so leben, fühlt sich unser Herz an, als könnte es vor dem Gefühl der Liebe und der Anerkennung zerspringen, frei von allen beschränkenden Ängsten.

Nimm dir die Zeit, morgens mit deinen Kindern zu beten. Das ist von wesentlich größerer Wirkung für deine Familie und unseren Planeten, als dein geschäftiges Arbeitsleben. Die Kraft unserer Stimmen nach richtigem Handeln ausgerichtet sowie die Bereitschaft, aufrichtig zu sprechen und zu leben und unsere Herzen freudvoll ausgewogen zu halten, ist der Pfad des Einklangs. Jeder von uns ist bemüht, sich der heiligen Weisheit zu verbinden. Gemeinsamkeit, Kommunikation, Gesellschaft – Wörter, die aus der Sehnsucht unserer Herzen das Verlangen spiegeln, gemeinsam um den heiligen Kreis zu stehen, die Wahrheit in uns selbst und allen unseren Verwandten zu achten.

ZEHN HEILIGE STEINE

Als Lernhilfe zeichnete mein Urgroßvater, Eli Ywahoo, gerne ein Dreieck auf die Erde und legte dann zehn Steine hinein. Er sagte:»Der Quarz ist der Wille. Er erinnert uns an den heiligen Strom. Die roten Steine, versteinerte Korallen, sollen dich an die Weisheit der Liebe erinnern. Das Gelb des Topas' erinnert dich an den richtig eingestellten Verstand, wodurch dein Denken aktiv hervorbringen mag, was jetzt für das ganze Volk und auch für zukünftige Generationen gut ist.« Dies sind die Steine des heiligen Dreiecks, die drei Flammen des reinsten Intellekts.

Wenn das Dreieck stark gemacht wird, erkennst du die heilige Energie des Quadrats und beginnst nach einem heiligen Ort zu suchen, wo sich Menschen als Familie und Freunde begegnen können. Der Stein, der dich daran erinnert, ist gelber und orangefarbener Jaspis. Dieser Stein befreit den Körper von Schwellungen und Schmerzen und erinnert uns daran, daß unser Gefühl des Getrenntseins vom Ursprung der gesamten Natur durch die richtigen Beziehungen zur Familie und zu Freunden überwunden werden kann.

Der fünfte Stein ist grün, Jadeit oder Smaragd. Es ist der Stein, mit dem du Gleichgewicht vom Bereich der idealen Form hin zum jetzigen Moment herstellst. Durch Wissen und Praktizieren wirst du die Heilmittel finden, die das Volk am besten stärken. Der fünfte Stein versinnbildlicht die Praxis.

Rosenquarz ist der sechste Stein und zeigt das offene Herz, das gibt und entgegennimmt. Mit der Zeit werden sich die Menschen an die heilige Kraft erinnern, die dieser Stein besitz, um Herzen zu stärken, die von Trauer überwältigt sind. (Heilmittel werden aus diesem Stein sehr behutsam hergestellt, und manche Präparate benötigen zwölf Jahre, bis sie vollendet sind.) Die Bemühung, große Schönheit zu enthüllen, offenbart ihre Wellen. In einem solchen Moment rufst du die Energie des siebten Steines an, des Amethysts, den Stein der Umwandlung. Dieser verhalten lilafarbene Quarz beschleunigt den Vorgang der Umwandlung in uns selbst. Was bislang ein Hindernis war, wird zum Herzen des Feuers der Weisheit.

Nach innen blickend rufen wir die Weisheit des achten Steines an, der einfachen Süßwasserperle, um uns an unsere Vollkommenheit und unsere vielen Schichten zu erinnern, und an das ewig reflektierte Licht. Wir haben eine Ahnung, eine Erinnerung an das Licht unseres Ursprungs, und Achtung für alle, die im Traum der Erde enthalten sind.

Während wir uns immer mehr des Lichts erinnern, und uns gegenseitig in der Interaktion von Mitschöpfern sehen, kommen wir zu der Weisheit des Opals. Er ist der neunte Stein, der des universellen Geistes. Sein erwachtes Feuer bringt Gedanken hervor, denen erleuchtetes Handeln folgt. Eine Tür unserer Natur kann geöffnet werden, wenn unsere Aura das milchige Licht des Opals reflektiert.

Der zehnte Stein wird in jedem von uns gebildet. Er ist ähnlich dem Lapislazuli, jedoch lichtdurchlässig. Er ist unser Wille in Anpassung an den des Schöpfers und den Zweck dieses Planeten, der diesen Stein auf der Erde verwirklichen wird. Die Erde produziert ohne Unterlaß neue Elemente, die an die Oberfläche gelangen, wenn wir uns verändern und umwandeln. Dieser Stein des Wissens wird sich in unseren Herzen als eine Blüte des Wissens entfalten. Wir müssen die Schönheit hervorrufen. Wir müssen erkennen, daß die Erde selbst ein Halter der Form ist, und wir alle an dem Geist dieses Wesens teilhaben. Man könnte sagen, daß dies unser planetarischer Garten ist, und wir innerhalb dieses Gartens planetarischen Geist entwickeln.

Zehn heilige Steine, zehn Spiegel des innerlichen Feuers der Weisheit.

Diese Steine enthalten eine Botschaft wie unsere Herzen auch. Die Symmetrie der Kristallstrukturen weist auf die Symmetrie des Universums hin. Wie in der Musik bewegt sich in der Schöpfung alles, und ihr Fluß ist ein Gesang des Jubels. Wir befinden uns jetzt in dem Prozeß, von einer Tonart in eine andere überzuwechseln. Die Menschen sind nun zu dem Gesang der innewohnenden Freude, der Wertschätzung des Lebens, erwacht und erkennen, daß der Gesang in diesem Moment voll erklingen kann. Der Klang des menschlichen Denkens und der Tanz des Planeten verändern sich.

In der heutigen Zeit ist der Kristall die Nabe unseres Kommunikationsrades, das viele Gedanken verstärkt, Wünsche nährt und Handlungen hervorruft. Kristalle aktivieren die Startknöpfe von Waffensystemen, und die Rufe des Verlangens werden durch Werbechöre verstärkt, die singen:»Kauf dies, du brauchst das.« Und dennoch sind es die Kristallnetze, die die Bedrängnis unserer Nachbarn auf der anderen Seite der Erde vermitteln, das Singen der Kristalle in Funk und Fernsehen, das uns mitteilt, daß alle Menschen die gleichen Sorgen und den gleichen Planeten miteinander teilen. Vernichtung oder Frieden: Es liegt an dir, welche Botschaft verstärkt wird. Erkenne die Gedanken, die in dir aufsteigen. Jäte die Gedanken der Habgier und des Zorns aus dem Garten deines Denkens; kultiviere das, was nützlich und freigebig ist. Das kristallene Herz der Erde singt:»Hilf mir, die Wellen und die Atmosphäre zu erneuern.« Du kannst dabei helfen, indem du deine Gedanken, Worte und Handlungen bereinigst.

Ein Kristall ist ein lebendiges Wesen, das mit mehr als Lichtgeschwindigkeit vibriert. Es ist nicht feste Masse; vielmehr ist es gefestigter Klang, Äther. Ein Kristall ist ein bewußtes Wesen, das eine gewisse Form angenommen hat, um den Urklang der Schöpfung wiederzugeben. Der klare Quarzkristall ist eines der tieferen Mysterien der Tsalagi. Mit dem Quarz geht man in alle Dimensionen. Er ist auch der Schlüssel zur Heilung, da er den richtigen Ton verstärkt, wodurch der Körper seine Schwingungen dem Klang der Schöpfung anpassen kann.

KRISTALLMEDITATION

Setze dich an einen ruhigen Ort mit einem klaren Quarzkristall, deinem Freund, hin. Du kannst einen einfachen Schrein errichten, in dem du den Kristall zentral aufstellst, eine Kerze davor und Schalen mit frischem Wasser und Maismehl zu beiden Seiten daneben, als Erinnerungen an die Reinheit und Freigebigkeit deines natürlichen Geistes. Bringe ein Rauchopfer aus Weihrauch dar und widme dein Gebet dem Wohle der Erde und allen Wesen. Sitze entspannt, aber gerade, auf einem Kissen oder Polster (oder auf einem Stuhl, mit beiden Füßen auf dem Boden), atme tief und natürlich und rufe das kristallene Licht des reinen Geistes an, um dich und alle Wesen mit dem klaren Wissen der Ganzheit und des Sinnes zu erfüllen, und um das wunderschöne Licht des Friedens über den gesamten Planeten auszustrahlen. Lies, sprich oder singe diese Meditation laut vor dich hin, und meditiere dann in Stille.

Klarer Quarzkristall singt einen klaren Quarzklang.
Dimensionen treffen sich, Achsen drehen sich.
Lebendes Wesen, bewußtes Denken
Singen einen Kristallgesang
Schneller als Lichtgeschwindigkeit.
Eine sich bewegende Flüssigkeit, die ruhig erscheint,
Siliciumdioxid, Paarung der Formen.
Kristall verstärkt
Das Lied, das ist.

Kristall ist ein Lebewesen,
Ein Freund im Rad des Lebens –
Der ewig das heilige Lied singt,
Dir Wege zeigt, umzuwandeln.

Licht des Vollmondes, Licht des Neumondes,
Zeiten der Widmung.
Tanze das spiralenförmige Licht.
Neumondlicht, Vollmondlicht,
Widme den heiligen singenden Stein,
Widme deinen Zweck,
Um klaren Geist hervorzubringen.

Hast du gehört
Den Pulsschlag der Erde?
Atme ein, atme aus
Träume des Friedens.

Ha ha ha ha
Ho ho ho
(Viermal wiederholen.)

Tanze, tanze, tanze,
Den Kristallgesang
Heute Nacht.
Gib Dank, gib Dank
Für die Gabe des Lebens.

Ha ha ha ha
Ho ho ho
(Dreimal wiederholen.)

Tanze den heiligen Spiralentanz,
Singe ein heiliges Lied heute Nacht.
Energie tanzt vom Norden
Die Kristallweisheit in sich spiegelnd.
Das lange Gesicht des Kristalls
Nach Norden ausgerichtet,
Siehe da das Gesicht, das du trugst
Früher, früher.
Und immer.

Ho!

Bete darum, die kreative Energie erkennen zu können, die
deinen Körper durchzieht, während du sprichst und den Kristall durch den Weihrauch führst. Singe diesen speziellen
Gesang und spüre, wie die Spirale der Schöpfung in deinem
Körper aufsteigt und sich senkt. Betrachte den Kristall aufmerksam, halte ihn nahe an dein Herz und spüre die Energie,
die zwischen euch strömt.

Es ist gut, den Kristall an einem speziellen Ort im Hause
aufzubewahren, dort, wo du täglich sitzen kannst, um Gebete

und Zedernrauch darzubringen und die Vorgänge in deinem Geist wahrzunehmen. Den Geist zur Ruhe zu bringen ist sehr wichtig, damit du dich wirklich kennenlernen kannst. Ein Schrein, ein Ort der Zuflucht, ist ein Anziehungspunkt für die heilende Energie, die der Planet braucht. Jeder von uns, der in seinem Herzen und seinem Zuhause einen Tempel errichtet, trägt dadurch zum Wohlergehen des Planeten bei, indem er ein Feld des Gleichmuts entstehen läßt. Nach der überlieferten Weise werden folgende Dinge in den Schrein gelegt: Mais; der heilige Kristall; ein Beutel mit beliebigen Duftstoffen, wie Salbei oder getrocknete Rosen; eine Schale mit Wasser, um dich an den Fluß zu erinnern, der uns alle verbindet, sowie etwas Salz als Symbol des Segens der Erde. Es scheint nur ein kleiner Vorgang zu sein, doch in den Traditionen der Vergangenheit hatte jede Mutter ihren Herdschrein, und jedes Heim hatte seinen besonderen Altar. Vielleicht verlangt gerade jetzt dein Herz nach einer Erneuerung heiliger Tradition innerhalb deines Familienlebens. Richte einen Platz her, an dem du sitzen und der Stille lauschen kannst, wo du Worte der Weisheit studieren kannst, wie sie in den Familien deiner Vorväter gelehrt wurden. Gute Saat braucht einen Garten, in dem sie wachsen kann.

Wenn du in Verbindung mit dem Kristall trittst, entsteht ein Resonanzfeld, ein Zyklus der Kommunikation erwacht zwischen deinem Geist und dem des Kristalls. Es ist die Energie des Bewußtseins des Geschehens, die einen befähigt wahrzunehmen, Denkmuster zu entstricken und neu zu weben. Licht bewegt sich in Wellen und Partikeln, wie auch die Energie des Geistes. Der Quarzkristall ist einmalig. Einmalig deshalb, weil er ein Bündel Energie empfängt und es in sich zu zwei Bündeln werden läßt. Die Zellen des heilenden ätherischen Netzes, das alle Formen durchzieht, sind sechsseitig, wie der Quarzkristall. Ein Energiebündel, das bei deinem Denkprozeß und Handeln deinen Körper durchzieht, bewegt sich um dieses Netz herum, und während es die Ecken des Hexagons berührt, wird auch es zwei. So ist auch der Mensch ein Generator, ein Verstärker. Unser Potential ist unbegrenzt.

DIE REGENBOGENBRÜCKE

Jeder von uns ist der Regenbogen. Wenn wir vom »Wiederaufbau der Regenbogenbrücke« sprechen, meinen wir, die beiden Hirnhälften wieder in Harmonie zu bringen, den Strom unseres intuitiven Intellekts und den Teil unseres Denkvermögens zu erneuern, der aus wiederholten Handlungen gelernt hat. Der Körper weiß, was für ihn gut ist, er atmet ein und aus. Unser Hirnstamm überwacht diese Funktionen. Wenn wir die angeborene Weisheit dieses zentralgelegenen Hirns akzeptieren, integrieren wir die Weisheit des dreifaltigen Hirns, der beiden Hirnhälften und des limbischen Systems, die zusammen harmonisch funktionieren.

Mein Urgroßvater sagte mir: »Wenn du den Regenbogen siehst, ist das ein Zeichen dafür, daß der heilige Geist dank korrekt abgehaltener Zeremonien stark in den Körpern der Menschen vorhanden ist.« Wenn es nach der Zeremonie keinen Regenbogen gab, bedeutete dies, daß irgendwie die Verbindung in uns zwischen links und rechts, Mutter und Vater, Sonne und Mond unvollständig war. Wir können sie vervollständigen, indem wir die Schönheit unserer mütterlichen Natur ehren, wenn wir männlichen Körpers sind, und die Kraft unserer väterlichen Natur, wenn wir einen weiblichen Körper tragen. Alles, was wir sind, jede Form beinhaltet die Energie der Mutter und des Vaters, die Saat des Regenbogens.

In diesem neuen Zeitalter, dem Wechsel der Tonarten, sind wir es, die die Zukunft bestimmen. Indem wir lernen, als Familien zu arbeiten, als Freunde und Gruppen, verbunden durch geheiligtes Gesetz, werden wir diesen Planeten und seine Gewässer erneuern. Die kreativen Elemente des Lebens sind nicht unrein geworden. Sie sind lediglich durch unser unreines Denken verdunkelt worden, und unser Denken kann die Umwandlung mit Leichtigkeit bewirken. Dies ist die Frage heute an jeden von uns: Bist du eins mit der Schöpfung? Willst du an den heiligen Fluß zurückkehren? Wirst du den Weg der Schönheit beschreiten? Ja oder nein. Wir können nicht mit »vielleicht« antworten. Wie meine Großmutter sagte: »Entweder du bist schwanger, oder du bist es nicht.« Und jeder von uns trägt bereits eine neue Welt in sich. Jeder hat in sich die

Saat einer planetarischen Einheit und eines großen Friedens, den es seit abertausenden von Jahren nicht gegeben hat. Die Saat dieses Friedens ist ein Kind, das wir alle tragen. Um diese Saat des Friedens zu nähren, müssen wir uns gegenseitig nähren. Wieder als Freunde zusammenkommen, zusammen sitzen, beten, uns gegenseitig zu essen geben – auf diese Weise können wir der Erde etwas zurückgeben. In unserem geschäftigen Leben, in den Städten, magst du dich fragen, wie du irgendetwas der Erde zurückgeben kannst. Denke an die Flüsse von Energie in deinem eigenen Körper, an die heiligen Meridiane, wie sie subtile Energien durch deinen Körper tragen. Auch sie schwingen mit der Energie dieses Planeten. Auch die Erde hat Meridiane, heilige Energieströme. Einige dieser Orte kennen wir als heilige Stätten, an anderen spüren wir einen Moment lang etwas und sagen dann: »Ist dies wohl ein Ort der Kraft?« Was ist der heilige Strom? Wie erkennen wir ihn? Die Erde ist von einem Raster überzogen, über den die Blitzenergie der Inspiration fließt, die das Wachstum der Saat beschleunigt, damit Leben wächst und Wasser aus der Erde emporkommt. Der Blitzraster ist das Nervensystem der Erde, und unser Denken beeinflußt ihn. Unsere Denkformen, unsere Einstellung zu uns selbst und zu anderen, sammeln sich in diesem Netzwerk, das den Planeten umgibt. Während wir uns in dem Prozeß der Aussöhnung bewegen, wird die letzte Angst, der letzte Hüter der Schwelle, nachgeben, und der Große Frieden wird Wirklichkeit.

Wir erfüllen jeden Bereich, in dem wir leben, mit unseren Denkformen. Manchmal trennt sich ein Gedanke ab, und wir werden ängstlich. Vor langer Zeit beschlossen wir, gemeinschaftlich zu leben. Dadurch wurde Nahrung leichter beschaffbar und wir konnten uns umeinander kümmern. In diesem Prozeß der Gemeindebildung entwickelten wir auch territoriales Denken. Als sich der Stamm ausbreitete, empfand das territoriale Denken manchmal einen Mangel. Diese Gedankenform des Mangels hat sich auf dem Planeten erhalten. Es ist an uns, die Fülle in unseren Herzen zu erkennen, so daß die letzte Illusion, die ängstlichste Trennung von der überschüssigen Weisheit der Liebe, abgetan werden kann.

Diszipliniere deinen Verstand dahingehend, daß du das Beste siehst. Zweifel ist wahrscheinlich die größte Geißel der menschlichen Natur. Die himmlische Ordnung anzuzweifeln heißt, die Würde der Menschheit zu leugnen. Ein erster Schritt ist der, nach innen zu blicken und die Gedankenform des Zweifels herauszuziehen. Begreife das, worin du sicher sein kannst: Du atmest ein, du atmest aus. Unsere Handlungen sind die Saat von morgen. Der Intellekt webt ein Bild, eines von vielen in dem großen Gobelin des Lebens. Atme ein, atme aus, die Sonne geht auf und unter, darüber gibt es keinen Zweifel. Gib, und dir wird gegeben. Teile ein Lächeln; spende Gaben und gütige Worte. So wie unsere Freigebigkeit zunimmt, stellen wir fest, daß unsere Familie das erhält, was sie braucht, um weiter zu wachsen. Es fängt in unserem Verstand an, in unseren Gedanken. Pflege die Disziplin, jeden Tag zu sagen:»Ich erkenne zunehmend das Licht der Weisheit. Ich bin Licht, ich kultiviere Gedanken der Liebe und Harmonie.« Etwas geschieht um dich herum. Wenn du mit dem Prozeß der Affirmation beginnst, wird dich alles prüfen. Kinder, die sich gut benahmen, spielen auf einmal verrückt, wenn du meditieren willst, und jeder, den du kennst, wird dich plötzlich am Telefon verlangen. Du hörst zu, empfindest Liebe, und kehrst in die Stille zurück. Mit der Zeit werden sich die Störungen legen. Unsere Familie und Freunde, sie alle spiegeln unser inneres Leben wider. Wenn wir Unsicherheit um uns herum feststellen, ist das ein Hinweis, in uns selbst Sicherheit zu kultivieren. Wir müssen wieder zu dem einzigen zurückkehren, dessen wir sicher sein können − dem Hauch des Lebens, den wir ein- und ausatmen. Durch die Erforschung des Atems und seines Weges durch den Körper können wir zentriert bleiben, auch wenn viel um uns herum geschieht, das uns von der Stille ablenken könnte. In einem können wir sicher sein: Wir leben in der Gegenwart, in diesem Moment. Unsere Gedanken werden tatsächlich Wirklichkeit. Du denkst »Hunger«, und dann ißt du.

Wir kommunizieren ständig von Herz zu Herz, von Geist zu Geist. Es gibt eine universelle Sprache, die alle Wesen verstehen. Sogar diese Worte auf einer Buchseite sind nur Trägerwellen der tieferen Verständigung, die in unserem Innern stattfindet. Unsere eigenen Gedankenformen zu erkennen, die Verantwortung für die Gedankenformen zu übernehmen, die wir schaffen, das zu sehen, was wir projizieren und empfangen, und daraufhin eine kritische Wahl zu treffen, das ist das Wichtigste.

Du bist ein Vorfahre der noch Ungeborenen. Du bist der Weg eines großen Friedens. Du kannst die Natur des Geistes betrachten, Freigebigkeit und Freude pflegen und Frieden auf der Erde verwirklichen. Mögest du die Kraft der aktiven Intelligenz in Verbindung mit der Weisheit der Liebe und dem immer gegenwärtigen Willen zu sein erkennen, dieses wunderschönste Dreieck der Schöpfung. Wenn man sitzt und den Geist beruhigt, offenbaren sich subtile Wege des Wissens im Geist, im Licht und in den Sternen. Es gibt einen Weg des Wissens, der alle Bereiche durchzieht: Um im Moment voll gegenwärtig zu sein, kann sich das, was oben ist, unten manifestieren. Das ist unsere Wahl.

Wie treffen wir diese Wahl, wenn wir im Leben so viele Verantwortungen tragen? Wie kommen wir dahin, wieder wie wirklich würdevolle Menschen zu leben? Gott ist auch auf dem Marktplatz. Alles ist Teil der heiligen Strömung. Unsere Arbeit als ein Gebet zu betrachten, als eine Gelegenheit, ein Aufleuchten von Wahrheit hervorzubringen, ist eine große Gabe. Zu begreifen, daß sogar die geschäftige Welt eine heilige Welt ist, stellt einen beachtlichen Sinneswandel dar. Und im Verlauf der Jahre wird vielen von uns das Herz vielleicht mitteilen, daß es Zeit ist, zum Land zurückzukehren, oder den Strom des Lebens in unserem eigenen Aktivitätsbereich stärker und heiliger werden zu lassen. Solange wir aufmerksam bleiben und nicht auf die Gedankenform der Einschränkung reagieren, wird alles, was wir tun, heilig sein. Sich des Moments bewußt sein, dabei Vergangenheit und Zukunft erkennen, stellt die feste Verwurzelung im Jetzt dar. Dieses ist unsere Gabe und unser Segen als Menschen: Die Gelegenheit, als Individuen zu leben und an der Evolution des Planeten teilzuhaben.

In dieser Zeit erfährt die Sonne eine Veränderung von großer Bedeutung. Für viele Ureinwohner dieses Landes bedeutet das eine Wiederbelebung unserer Sonnentänze. Die Sonne, die unseren Planeten nährt und erhält, beginnt eine neue Phase, die für uns die Tür der Kommunikation mit anderen Welten öffnet, während wir die Sonne der Realität in uns selbst erkennen. Daher sind unsere Denkvorgänge sowie die Affirmation unserer Schönheit wichtig für die Erde und für unser gesamtes Sonnensystem. Vor etwas mehr als zehn Jahren stimmten die Hüter der Schlüssel des Hauses des Jupiters und anderer Planeten einen großen Gesang der Not an, indem sie viele Medizinleute der Erde anriefen: »Werdet ihr etwas für diesen Planeten tun? Das Experiment ist nicht besonders gut verlaufen.« Was hier auf der Erde geschah, verschmutzte das ganze Sonnensystem. Jupiter war verstört, weil der Zorn, den die Erde ausstrahlte, den äußerst schönen Energiefluß zwischen ihm und seinem wichtigsten Mond, Iona, beeinträchtigte. Menschen saßen in kivas, Langhäusern und Kirchen, beteten und lauschten. Wie werden die Menschen die Form halten? Glauben wir an die Zukunft der Menschheit? Sind wir bereit, an einer Gedankenform des Friedens und weiteren Wohlstandes festzuhalten, oder müssen wir jenen Wesen mitteilen, daß das Experiment Erde ein Fehlschlag war?

Die Abrüstungsbewegung zeigt, daß Menschen fähig sind, gute Medizin hervorzurufen. Kultiviere das essentiell gute Wesen. Bejahe, daß der Frieden durch gemeinsame Entschlossenheit erhalten werden kann. Glaube daran, daß wir es wieder erreichen werden, als Familie der Menschheit, Wesen des Lichts, in Einklang miteinander zu leben. Auch du bist entscheidend. Ich bitte dich, mit der Kraft deiner Stimme den Frieden in dir selbst und die Schönheit in anderen zu bejahen. So wird das schöne Lied der Erde im gesamten Universum Freude verbreiten.

MEDITATION ÜBER KLARE ABSICHT

Sitz entspannt und aufrecht, atme bewußt ein und aus, laß die Gedanken langsamer und den Geist ruhig werden. Visualisiere dich von Licht umgeben, das Licht des Himmels am Scheitel empfangend, die Energie der Erde durch die Wirbelsäule hochsteigend. Sei dir dieser beiden Lichtspiralen, hinauf- und hinabströmend, in deiner Wirbelsäule tanzend, bewußt. Erhalte die innere Bewegung während du sitzt. Komme in Einklang mit der Urkraft des Lebens, dem Willen zu sein, der Ursache deines jetzt am Leben seins. Wille, aus dem Nichts geboren, symbolisiert durch das Ei oder den Kreis. Beachte den immerfließenden Strom des Bewußtseins − Licht, das Klang und Offenbarung hervorbringt. Das Ausrichten auf das Licht des klaren Geistes führt zu Gedanken und Handlungen im Einklang mit dem göttlichen Willen. Es befähigt einen, das

Leben in richtigen Beziehungen zu anderen und unserem Planeten zu gestalten. Erkenne, daß es in einem Universum der Fülle keine Entbehrungen gibt. Widme deine Gedanken und Handlungen dem Frieden. Während sich unser Sonnensystem in einen Bereich höherer Schwingungen begibt, werden die Menschen ein Bewußtsein des planetarischen Einsseins erfahren. Nimm in dir selbst das silberne Band wahr, das dich mit erwecktem Geist verbindet. Erleuchtung ist eine Saat in dir, die ihr herrliches Aufblühen erwartet. Die Phase der Vollendung: Licht wird in dein Wesen aufgenommen, und eine Vision der friedvollen Erde ruht in deinem Herzen. Rosafarbenes Licht strömt von deinem Herzen aus und erfüllt alle Bereiche mit Empfindungen des Mitgefühls für alle Wesen. Bleibe gleichmütig, dann wird der Geist ruhig.

Verbringe den Tag in friedvollen Gedanken und mit positiven Handlungen.

ᏓᎪᏃᎯᎵ

Da go no hi li

Auf dem Fluge hierhin

ᏓᏳᎩᏲᎯᏂ

Da yu gi yo hi ni

Tageslicht

ᏗᏰᏏᏗᏏᎩ

Di ye(s) i di si gi

Weckt sie auf

ᎦᎷᎩ

Ga? lu gi

Sie kommt

ᏬᎭᎵ ᏗᏰᏏᏗᏏᎩ

Wo ha li Di ye si di si gi

Adler wecken sie auf

3
DIE ERNEUERUNG DES
»HEILIGEN REIFS«

OHNE eine spirituelle Basis kann es keine Gesellschaft geben. Ohne spirituelle Praxis herrscht Durcheinander. Sogar das leiseste Gebet sendet spirituelle Schwingungen durch die Lüfte, so wie eine Gitarrensaite die Saiten eines Klaviers zum Schwingen bringt. Die Stimme hervorzurufen und in Freude und Einklang zu singen, die Schönheit in unseren Herzen strömen zu lassen, darüber haben die Alten gesprochen. Sie sagten: »Laßt uns gemeinsam beten, Dinge gemeinsam tun.« Menschen fanden sich nicht nur aus sozialen Gründen zum Gebet zusammen; vielmehr entwickeln vereinte Stimmen mächtige Kraft. Es ist die Kraft der menschlichen Natur, die das heilige Netz des Lichts neu webt, die Gemeinschaft bestätigt. Alles, was wir sehen, ist eine Spiegelung des Bewußtseins. Sehen zu können bedeutet, den Schleier vor den Augen zu entfernen, die Illusionen beiseite zu ziehen, die uns in Zeit und Raum einschränken; die Illusionen, die besagen, daß wir getrennt sind. Wir sind nicht getrennt, wir sind alle zusammen. Wenn wir unsere Herzen im Gebet, Gesang oder heiligen Tanz vereinen, im gemeinsamen Pflanzen von Dingen, geben wir der Erde etwas wieder, pflanzen wir die Saat der guten Sache.

Die Qualitäten des Lachens, der Freude, Trauer und unsere Gedanken und Handlungen weben den Teppich des Lebens. Spirituelle Praxis wandelt Vorstellungen von Kampf um und entwickelt die Wahrnehmung unserer selbst und des Universums als Energien, Töne, sich ergänzende Aspekte, die nach Ausgewogenheit und Entschlossenheit verlangen. In unseren Herzen, als menschliche Gemeinschaft, die eine Umwelt miteinander gemeinsam hat und mitgestaltet, steigt ein Lied auf. Es ist das Lied des planetarischen Friedens und der Kooperation. Es ruft jeden von uns auf, gegensätzliche Emotionen umzuwandeln, die innere Glückseligkeit erkennbar werden zu lassen. Sprich nur das Beste über dich und andere, erkenne Werdegänge und Veränderungen und bejahe die heilende Kraft des friedvollen Denkens. Halte die Form des Friedens fest. Begreife, daß unsere Gedanken und unser Handeln das Morgen gestalten. Jeder trägt zu dem Ergebnis der friedlichen Entscheidung bei. Unsere Herzen und das Herz der Erde sind eins.

Ideen treiben durch die Atmosphäre und werden zu Trends. Ideen von »kauf dies, kauf das« treiben als Reklame auf den Wellen des Medienzeitalters herum. Solche Gedankengänge nähren Verhaltensmuster und kulturelle Glaubenssysteme wie, »dies ist gut« oder »mehr ist besser«. Man entscheidet sich, mit welchem Trend man ziehen soll. Wirst du dich dem Trend der »ganzheitlichen Gesundheit« anschließen und ein Heiler oder eine Heilerin werden? Oder gehst du lieber mit dem Trend »materielles Wachstum« und wirst Bankangestellter? Jeder Mensch muß die eigene Reaktion auf kulturelle Erwartungen gewissenhaft auswählen. Die Medien mögen verkünden, »dünn ist in«, während deine innere Stimme singt: »Rund überlebt man besser«. Der weise Praktiker entscheidet sich, solche Vorstellungen zu verwirklichen, die unsere sämtlichen Beziehungen klären und veredeln. Während die Melodien des Lebens unser Leben durchziehen, webt jeder Mensch das Muster, das unser Morgen wird. Bejahe die Töne und Obertöne in harmonischer Entschlossenheit.

Denkgewohnheiten werden zu deiner Realität. Mögen sich Gedanken auch nur innerlich ausdrücken, so bilden sie dennoch eine Kraft, die nach Verwirklichung verlangt. Gebete und heilige Mantras zähmen den Verstand, indem sie begrenzende oder destruktive Denkmuster durch solche ersetzen, die

negative Merkmale beruhigen und das angeborene Gute bejahen. Wer andauernd denkt, »ich kann nicht«, wiederholt in
Wirklichkeit ein Mantra des Versagens. Wer jedoch den Verstand mit einem Gebetsmantra besänftigt – wie mit Gebeten,
die der Familie und der Erde helfen –, schafft eine neue Realität. So wandelt das Licht des klaren Verständnisses Konflikt-
muster um, indem Gleichmut zunimmt und auf dieses und
jenes einfach nicht reagiert wird. Reaktion schafft eine
Ladung von Anziehung und Abstoßung, Wellen auf dem stillen Wasser des Geistes.

Sei dir bewußt, daß alle unsere Beziehungen Aspekte des
Geistes sind, daß unsere Gedanken ohne Unterlaß zu den uns
umgebenden Formen beitragen. Innerhalb jedes Wesens gibt
es die Saat der vollständigen Einheit unserer Familie. Das Öffnen der großen Blüte der Weisheit des Herzens ist ein Moment
des sich Ergebens vor der gewaltigen Größe des Geistes.
Wenn wir Liebe und Vergebung als Strömung in unserem Herzen bejahen, setzen wir in unserem Körper eine große Menge
Energie frei, und der heilige Strom fließt in uns bereitwilliger
und vollständiger. In jenem Strom der Vergebung sehen wir,
daß wir uns in einem Veränderungsprozeß befinden und wir
wählen können. Unsere Äußerungen, unsere Handlungen,
sogar unser Atem formen die Faser unserer Realität. Die Felsen im Strom sind Teil unseres Traumes.

Alles, was Form besitzt, ist in Schwingung. Energie bewegt
sich entlang einer Achse, einer Energielinie des günstigsten
Flusses und des geringsten Widerstandes. Innerhalb einer kristallinen Struktur fließt Energie wie in einem Generator; um
die ursprüngliche Form zu bilden, wählt sie den leichtesten
Weg durch die Spirale. Unsere Gedanken singen in die Atmosphäre hinaus. Unser Leben selbst ist Anwendung, ohne Trennung zwischen Theorie und Praxis. Wenn du dich betrachtest,
erkennst du eine Schwingung des Lebens. Das Ablegen einiger
verdunkelnder Gedankenformen ist das Ergebnis von Meditation. Betrachte die Auswirkung deines Bewußtseins auf den
Fluß des Lebens. Entscheide dich, nützliche Gedanken zu verwirklichen.

Die Form und Bewegung der atomaren Struktur innerhalb
des Kristalls sind Bewußtsein, und die Atome des Bewußtseins
bewegen sich in uns. Wir stehen in Beziehung zu allem, was im
Universum vorgeht. Man kann sich dazu verpflichten, den

Gesang, die Schwingung, zu halten, so daß der Strom der Erleuchtung in allen Wesen in Bewegung kommt. Entscheidung ist von großer Bedeutung. Im Verlauf seines Wachstums entscheidet der Kristall in gewissen Stadien, ob er seine Form verlängert oder abstumpft; das Oktaeder kann auch zu einem Kubus werden. So wie sich der Kristall ausrichtet, wird sich das Licht in ihm bewegen. Ebenso ist es mit uns. So muß der Friedensstifter Schwingung verstehen und begreifen. Er muß begreifen, daß das Leben ein Zyklus ist, ein andauernder Prozeß. Das Ausrichten auf die Schnittpunkte der Einzelzyklen mit den großen Zyklen des Medizinrades ruft Einklang hervor. Es gibt Harmonie in deinem Herzen. Sie ist eine Gabe, die mit dem gesamten Universum geteilt werden soll. Weisheit entsteht durch das Beobachten sich wiederholender Muster im Denken und Handeln und im Verwerfen dessen, was unpassend ist. Weisheit entwickelt sich wie eine Perle: Sie entsteht in der Auster oder Muschel als eine Irritation, die dann von sehr schönen Schichten kristalliner Strukturen umgeben wird.

Veränderungsvorgänge, Zyklen und Muster zu verstehen bedeutet, die Schönheit des sich entfaltenden Moments erkennen. Es heißt, gegenwärtig zu sein. Welcher Gedanke ist es, der jenseits der Gegenwart steht, der Verhärtungen des Geistes und des Herzens aufbaut? Grundsätzlich ist es ein Gedanke der Angst. Doch kennt unsere wahre Natur nur zwei Ängste: die vor plötzlichem Lärm und die Angst zu fallen. Alle weiteren Ängste entstammen dem Geist.

Was wir als Kinder glaubten, liegt nun hinter uns. Wir befinden uns an einem Punkt im Leben, an dem es Zeit ist, zu wissen, wer wir sind und in welcher Beziehung wir zu den Dingen stehen; wir uns die eigene Entscheidungsfreiheit bewußt machen. Das Schicksal ist Sache unseres Denkens. Das Leben entfaltet sich in der Welt um uns herum, und unsere Mitwirkung daran ist Teil seiner Entfaltung. Also ist die Weltsituation nicht etwas, das einfach über uns ergeht. Vielmehr sind alle Situationen die Ergebnisse unseres kollektiven Denkens und Handelns.

Es ist wichtig, den Vorgang des sich selbst Ausbalancierens zu verstehen. Der erste Schritt ist, die Mutter und den Vater in unserem Herzen zu kennen. Um ihr Muster beizubehalten, sucht jede Form nach dem Gleichgewicht zwischen beiden.

Dann gibt es auch noch eine dritte Qualität, die hervorgebracht wird und die oftmals das Kind genannt wird oder die natürliche Weisheit. Wichtig ist, daß wir die Weisheitsenergie und ihren Fluß in unserem Bewußtsein erkennen, daß wir Frieden mit uns selbst schließen, die Weisheit der Vergangenheit annehmen und wissen, daß die Zukunft in diesem Moment in unseren Herzen existiert. Viele von uns bergen große Geheimnisse in sich, in unseren Herzen, unseren Muskeln, unserem Geist. Es ist an der Zeit, diese Geheimnisse freizugeben, alles zu werden, was wir sein können. Manche Geheimnisse können der Sicht deines Lebenszwecks im Wege stehen.

Es ist ein grundlegendes Konzept der Philosophie der Urvölker Amerikas, daß wir alle einem Zweck dienen, eine spirituelle Pflicht zu erfüllen haben. Die Religion dieser Völker lehrt, daß wir eine spirituelle Beziehung und eine Verantwortung gegenüber unserer gesamten Umwelt haben. Spirituelle Beziehung beinhaltet den Gedanken von klarem Handeln, von Menschen, die sich miteinander verständigen, harmonisch gemeinsam aktiv sind. Um das zu ermöglichen, wurde ein umfassendes System von Zeremonien und saisonalen Beziehungszyklen über Generationen hinweg gepflegt. Meine Verwandten sagen, daß wir seit mehr als 133.000 Jahren hier sind, der Zeitspanne der Entwicklung des menschlichen Denkens auf diesem Kontinent. Es gab bereits vier vorausgegangene Schöpfungen; wir befinden uns jetzt in der Fünften Schöpfung, der Fünften Welt. Die Fünfte Schöpfung, wie der fünfte Ton in der Musik, bietet die Gelegenheit, in einen weiteren Bereich überzugehen. Wir können jetzt zu dem Weg der Schönheit kommen, dem Pfad des richtigen Handelns, der guten Beziehungen und der klaren Absichten. Das ist eine Wahl, die uns freisteht, während der sechste Zyklus beginnt.

Diese Wahl zu treffen bedeutet, sich selbst zu ehren, wie auch alle Aspekte der Welt, in der wir leben, zu ehren und zu achten. Durch diese Welt erhalten wir die Gelegenheit, das Große Mysterium zu erfassen, das Eine, von dem wir alle abstammen. Dieses Mysterium zu erkennen heißt, sich selbst im Einklang der Jahreszeiten zu erkennen, ausgerichtet auf die Stimme der Sonne und die Phasen des Mondes. Heutzutage werden diese Rhythmen Biorhythmen genannt; durch sie interagieren wir mit der Erde und dem gesamten Universum.

Über die Energiezentren in unserem eigenen Körper und die elementare Energie tragenden Meridiane stehen wir in Verbindung mit der Erde und den Sternen. Unsere Gedanken und unsere Handlungen steuern kreative Vitalität bei, oder halten vielleicht etwas zurück, indem wir uns aus Selbstsüchtigkeit nicht vollständig mit der Erde verbinden. Also unternimmt man eine Visionssuche, um sicherzustellen, daß man wahrhaftig die Arbeit vollbringt, für die man hier ist – die Saat zu verstehen, die einen in diese Zeit und an diesen Ort gepflanzt hat; die heilige Energie und die engelhafte Führung zu verstehen, die einen unterstützen, die schützenden Kräfte und Engel des Lebens. Auch sie sind Elemente des Feuers des Geistes.

Maismehl ist die Gabe des Lebens. Wir sagen, es stammt von der Mais-Mutter. Der Mais wächst im Einklang mit unserem Denken und unserem Handeln. Wenn wir ihn nicht pflegen, nicht lichten und rechtzeitig bewässern, dann gedeiht er nicht gut. So ist es auch in unseren Beziehungen als Familienmitglied, mit Kollegen und unseren Freunden. Jeder von uns muß gute Saat säen. Wir müssen einen Garten bestellen, wo wir einander würdigen und achten können, und erkennen, daß wir uns im Kernrhythmus dieser Erde bewegen. Dies wissen wir alle; es ist das Ideal.

Das Reich dieses Ideals nennen wir Galunlati. In diesen Zeiten der Reinigung vergessen wir manchmal das Wie, die Mittel zur Manifestierung des Ideals. Als erstes bejahe, daß es einen Weg der Schönheit gibt. Setze deine Füße sehr gewissenhaft auf diesen Weg. Sprich mit großem Energieeinsatz und der Praxis der rechten Stimme von dem, was gut ist. Erkenne, was ist und was im Veränderungsprozeß werden kann. Wenn du von etwas sprichst, das der Veränderung bedarf, vermeide Anklagen in deiner stimmlichen Energie, damit die Dinge Ausgewogenheit und Entscheidung erreichen mögen. Dies ist eine Übung, etwas, was jeder von uns tun kann. Indem wir uns in der Stimme des Mitgefühls üben, die Weisheit der Unterscheidung aktivieren, können wir augenblicklich miteinander sprechen und begreifen, wie wir zusammenarbeiten können. Grundsätzlich wollen wir als Menschen überleben und uns miteinander verständigen. In einem tieferen Sinn beginnen wir alle, die Natur der echten Kommunikation zu verstehen. Es heißt, eine Zeit werde kommen, in der alle Menschen auf diesem Planeten eine Sprache sprechen. Diese Sprache wird aus wenigen Wörtern, aber vielen Visionen, bestehen. Das ist Saat, die in unseren Herzen bereits jetzt zu keimen beginnt. Die Kosmologie, das System der Einsichten, aus dem diese Lehren stammen, ist sehr alt. Heute sind viele von der Neugier bewegt, diese Dinge zu verstehen. Und es ist gut, daß nach der fünften Generation starker Verdunkelung, Bitterkeit und Trennung von uns selbst wir wieder als ein Volk würdevoller Menschen zusammenkommen und nach Wegen blicken, mit denen wir Frieden in diesem großen Land verwirklichen können. Wir leben gemeinsam in Nordamerika; wir leben gemeinsam auf dem Planeten Erde, wir leben gemeinsam in dieser Galaxis.

Was ist der Sinn unseres Hierseins? Die alten Menschen sagen, es geht darum, Erfahrungen zu machen und das Große Mysterium zu realisieren. Das ist der Sinn und Zweck. Und die Saat dieses Mysteriums und dieser Weisheit ist immer in uns. Das Mysterium trägt uns um den Kreis herum, um das Medizinrad. Im Norden sehen wir die spezielle Lehre unserer Handlungen. Wir werden still, so wie die Seen überfrieren. Wir begreifen eine gewisse Ausgewogenheit des Geistes, sanftes Gleichgewicht. Bewegen wir uns zum Osten hin, so gibt es das Sonnenlicht unserer Erleuchtung, die Erkenntnis:»Ich bin ja ein Mensch, der jetzt hier sitzt und denkt.« Im Süden finden wir die Saat unserer Handlungen. Wir sehen ihre zarten Keime der Fruchtbildung entgegenstreben. Und wir begreifen auch, daß wir Tradition auf dem Rücken tragen, die Gedanken unserer Ahnen. Dinge, die der Welt, in der wir leben, immer wieder Zusammenhalt gegeben haben. So wie das Wasser tropft und eine Schlucht bildet, so wirken die Muster eines Volkes. Im Westen brennt das Feuer der Umwandlung, das Tor zum klaren Licht – oder zu deiner freien Entscheidung wiederzukommen, bis alle Menschen das Mysterium realisiert haben. Und während wir weiser werden, kommen wir auf unseren heiligen Wanderungen wieder zurück zum Zentrum.

Was immer deine Tradition ist, was du praktiziert haben magst, um Einblick in die Klarheit deines Geistes zu erhalten, was immer dir Ruhe brachte, verfolge die Wurzeln dessen zurück. Denn, wenn du sie zurückverfolgst, siehst du, daß es nur eine Wahrheit gibt, eine Weisheit. Hier sagen die Völker der Schildkröteninsel:»Indem wir unsere Wurzeln zurück zu dem Großen Baum des Friedens verfolgen, können wir gemeinsam den »Heiligen Reif« wieder herstellen, und das heilige Feuer wird wieder in jedem Herzen brennen.« Das geschehen zu sehen, ist eine Vorstellung. Diese Vorstellung wird verwirklicht, indem jeder von uns die Opfergabe unserer Ignoranz im Feuer der Umwandlung darbringt. Ignoranz ist schwergewichtig, warum daran festhalten? Sie kann in die Flammen geworfen werden.

Hinweg, hinweg, oh zweifelnde Gedanken!
Hinweg, hinweg! Möge überall Frieden herrschen.

Wie soll die Stimme stark gemacht und erhalten werden, wenn du mit so vielen Aufgaben in die Welt hinausgehst? Vielleicht gerätst du in einen Verkehrsstau, ein deutlicher Hinweis auf blockiertes Fließen. »Ich muß ruhig bleiben, muß aufpassen. Habe ich das ausgelöst, diesen Stau verursacht? Nun, ich befinde mich nun mal auf dieser Straße. Sind die Ampeln verantwortlich? War es der Trupp vom Straßenbau? Nein, ich sitze hier auf dieser Straße. Also passe ich am besten auf und denke, während ich fahre und nach vorne schaue. Und am besten denke ich daran, daß ich auf dieser Straße bin, weil ich hier sein wollte.« Das ist ein großer Schritt, denn damit verschiebst du nicht mehr die Verantwortung für die Verwirklichung in deinem eigenen Leben von dem, was für dich und die Menschen um dich herum richtig und gut ist.

Da sind wir also, sitzen in dieser Welt. Wir sehen, wie Leute eine Menge Spiele mit sehr großen Raketen betreiben. Wir denken über Frieden in unseren Herzen nach. Wie kommt all das zusammen? Das Ideal unseres Lebens als planetarische, menschliche Wesen — wie sollen wir das in dieser Zeit verwirklichen, in der an allen möglichen Grenzen riesige Waffenarsenale angesammelt werden? Es ist an uns, die Grenzen in unserem Verstand zu betrachten. Es ist unsere Sache, über jene Handlungen zu sprechen, die menschenfeindlich sind. Es ist an uns, entschlossen und stark dazustehen und zu sagen, daß wir Angst und Aggression nicht dulden werden. Ein Friedensstifter zu sein, bedeutet nicht, daß man ängstlich oder feige ist. Es bedeutet, sehr deutlich zu sprechen und für das einzustehen, was man für richtig hält. Es heißt, die Form halten. Wenn wir anti-etwas sind, dann streiten wir uns noch.

Wenn wir uns jedoch als Friedensstifter sehen, bewahren wir Frieden in unseren Herzen und suchen nach Wegen, dies in einem Gruppenprozeß zu vermitteln. Warum geraten wir in Kriege? Weil jemand glaubt, es sei nicht genug vorhanden. Dies ist die Illusion des Mangels. »Nicht genug Öl« – das stimmt nicht! Wir müssen es nicht der Erde entnehmen, und das wissen wir. Du weißt also, daß du der Erde nicht mehr Öl entnehmen willst. Du willst auch nicht bei den Spielen erwischt werden, die zu Kriegen um das Öl geworden sind. Was kannst du als Einzelperson tun? Du kannst Holz hacken. Es gibt immer etwas, was wir tun können. Was sollen wir als Familie der Menschheit tun? Wir treffen uns in Gruppen, wir beten, wir rufen andere Menschen zum richtigen Handeln auf, und wir untersuchen sehr gewissenhaft, welche mögliche Zukunft solche Vorgänge bereiten werden. Haben wir eine Entscheidung getroffen? Verstehen wir uns als eine planetarische Familie? Deine Stimme hat Bedeutung. Es liegt an jedem von uns, Licht und eine starke Stimme auszusenden, die sagt:»Wir können in Frieden leben, wir sind stark in unserer Erkenntnis eines überreichen Universums.« Wenn der Reichtum bekannt ist, was gibt es dann noch zu streiten?

Die Gabe, einen Körper zu besitzen, in dieser Zeit leben zu dürfen, das bedeutet eine wirkliche Gelegenheit, am Schöpfungsvorgang teilzunehmen, eine Familie von würdevollen Menschen hervorzubringen. Durch die richtigen Beziehungen zueinander, durch Handlungen, die Gutes für die Menschen bewirken, durch klare Intelligenz sehen wir, was vor uns offen liegt. Und weise wählen wir den besten Kurs – Frieden. Wir kehren zum Weg der Schönheit zurück, indem wir in uns selbst in Schönheit gehen, und indem wir die Saat der Schönheit im anderen ehren und achten. Auf diese Art bringen wir die Weisheit der planetarischen Familie hervor. So ist es jetzt, in diesem Augenblick. Als mir mein Großvater diese Dinge erzählte, fragte ich mich:»Heißt das, daß wir vorher schon hier waren?« Und darauf sagte er: »Wir waren bereits vorher hier, doch sind wir jetzt hier, und vorher und danach; alles geschieht jetzt.« Hier und jetzt aufmerksam sein, das ist notwendig. Das bedeutet, den Weg der Schönheit gehen.

Also wollen wir den Weg der Schönheit klar und deutlich gehen. Entlang des Weges gibt es viele Hinweisschilder. Was steht darauf?»Sumpf der zweifelnden Gedanken.« Diesen

Weg wollen wir nicht einschlagen. Erkenne ihn als das, was er ist, und sei dir gewiß, daß er durch Gedanken entsteht. Wenn du Zweifel spürst, dann besinne dich auf deinen Atem. Darin kannst du sicher sein. Pflege ein gewisses Maß an Überzeugung. Begreife deine Stimme als einen Schatz und einen kraftvollen Mitschöpfer. Laßt uns lernen, richtig voneinander zu sprechen, laßt uns die gegenseitige Schönheit hervorrufen. Bejahe die kreative Kraft in uns allen. Habe den Mut, die Wahrheit zu sagen.

In dieser Menschenfamilie haben viele eine klare Entscheidung verlauten lassen. Sie finden Wege, ihre Talente mit anderen zu teilen, bestellen gemeinsam Gärten des guten Willens und der guten Saat, der Achtung sich selbst und anderen gegenüber. Viele haben sich an die Weisheit der Alten erinnert und wissen, daß alte Wahrheit, neue Wahrheit, Wahrheit überhaupt etwas ist, das im Innern wahrgenommen wird. Gemeinsam können wir es erfahren, uns durch Gedanken zu bewegen, durch Zweifel, uns als Menschen kennenlernen. Diejenigen, die gemeinsam handeln und beten, werden geistige Verwandte. So versetzen wir einen Gesang, eine Hoffnung, einen Traum innerhalb dieses großen Traums des Lebens in Bewegung. Es ist der Traum des Friedensstifters, der das Licht hervorbringt, das immer da ist, das heilige Feuer neu entfacht.

Ein weiterer Name der Tsalagi, dem Volk der Cherokee, ist: »Das Volk des Einen Feuers«. Aus einem Feuer ging alles hervor. Dieses Feuer war Licht, es war Klang. Also sagen wir, daß aus jenen Klängen heraus alles geschieht, aus den Klängen durch das blaue Feuer des Willens. Und mit diesen Energien in uns können wir meditieren, überdenken und kommunizieren. Das ist nicht nur eine Vorstellung, es ist lebendige Wirklichkeit. So wie sich die Luft in unserer Brust bewegt und das Blut durch unseren Körper strömt, so bewegt sich auch das heilige Feuer des Willens. Der Wille zu sein vereint uns in dem Traum der Menschheit. Wir sind gemeinsam hierher gelangt. Der Wille weiterzumachen, bleibt stark, bis wir vollständig gelernt haben werden, den Frieden zu verwirklichen.

Um an das Ufer unseres Wissens zu gelangen, sagen wir, daß du ein Kanu brauchst, um die andere Seite zu erreichen. Es ist gut, ein Vehikel zu haben, sich fortbewegen zu können. Dieses Vehikel ist die spirituelle Praxis, die wir gemeinsam ausüben. Es ist die Bejahung der Kraft unserer Stimme und unseres Handelns. Es ist die Erkenntnis, daß alles, was geschieht, einfach so geschieht, und unser Denken eine Beziehung dazu hat und es hervorruft. In unseren Herzen und untereinander entzünden und entfachen wir erneut die Weisheit der friedvollen und richtigen Beziehungen, so daß sie als Ordnungsform rund um den Planeten erklingen mögen. Was ist eine Gedankenform? Sie ist eine Vorstellung, eine Idee. Gestern dachte ich an Menschen, die Nahrung benötigen – heute lege ich einen Garten an. Es gibt Reiche der Ideen. Galunlati ist das Reich der idealen Form, wo unsere Potentiale im Licht tanzen. Wir beginnen, diese Ideale durch Inspiration zu manifestieren, durch das Einatmen der Strömungen des Himmels und der Erde, durch das Zusammenschließen unserer Herzen.

So oft basiert unsere Fortbewegung durch das Leben auf den Erwartungen anderer, auf ihren Visionen. Doch folgt jede Geburt einem eigenen Sinn und Muster, einer besonderen Harmonie, die vom Einzelnen erhalten wird, damit die Familie ihre Einheit verwirklichen kann. Und die Erde bittet die Menschen zu begreifen, daß die Bären, Wale, Koyoten, Bäume und Ameisen, alle Kreaturen, unsere Verwandten sind. Wir stehen in der Pflicht uns selbst und der Zukunft gegenüber, richtig mit allen unseren Verwandten zu leben, ihr Leben zu schützen, statt es zum Aussterben zu bringen. Die Umwelt reagiert auf unsere Gedanken und Gefühle. Es ist Sache der Menschen, sich bewußt zu werden, wie sich unser Denken, Reden und Handeln darauf auswirkt. Ein von Zweifeln und Zorn erfüllter Mensch kann Blumen welken lassen. Die Begeisterung eines anderen Menschen ist so groß, daß sich Schnittblumen wochenlang halten.

So wie die Saat heiligen Gesetzen folgt, um zu wachsen, so ist es auch mit dem heiligen Feuer des klaren Geistes. Wir treffen hier als Säuglinge ein, vollständig und wissend. Der Körper empfindet und vibriert mit dem Ton unseres Daseinszwecks. Als Kinder hören wir dann, wie Menschen sagen: »Das kannst du nicht, du bist zu klein.« Also steckt man etwas zurück; der heilige Schlauch, der uns mit allem verbindet, was ist, wird enger. Eingeschnürt von einem Herzen, das fürchtet und sich weigert, die Schönheit unserer eigenen Natur wahrzunehmen. Woher kommt diese Einschnürung? Schamgefühl:

»Wurde ich sündenbehaftet geboren?« Das glaube ich nicht. Schuld:»Mutter hat sich wehgetan; ich muß das verursacht haben.«Du würdest dich wundern, wieviele dieser alten Leiern noch in deinem Verstand kursieren, obwohl du längst erwachsen bist. Die Namen haben sich vielleicht geändert; heute mag es der Ehemann, der Vorgesetzte oder sonst jemand sein. Aber noch immer empfindest du Scham und Schuldgefühle. Diese Gefühle entstammen widersprüchlichen Emotionen. Sie geben nicht die Reinheit wieder, die du wirklich bist. Die Glut des wahren Lichts brennt noch und wartet auf erneute Entfachung.

MAGNETISIEREN, DIE FRIEDENSVISION REALISIEREN

Um das Mysterium zu verstehen,
beobachte den Geist.
Er stillt Angst, bewegt sich klar.
Sing ein Lied des Gleichmuts,
wach in der Gelassenheit.
Bejahe deine Stimme
und freie Entscheidung.
Magnetisiere einen kraftvollen Traum:
Leuchtende Welt,
vom Frieden erhellt.

Der verwirrte Verstand wird durch regelmäßige spirituelle Praxis beruhigt, um Gefühle klarwerden zu lassen und den Geist zu stabilisieren. Die Energie der Reinigung ist die Kraft des Klanges, des Gesangs und der Einbringung des Lichts des Regenbogens von den Sternen des Himmels. Durch die Energie des Rauchsegnens, des von Gebet begleiteten Opferns heiliger Zeder oder Salbei, reinigen wir unser Umfeld und unsere Atmosphäre von Denkgewohnheiten des Konflikts und der Trägheit. In der Tradition der Tsalagi bilden die Konzepte der Beruhigung, der Reinigung, der Magnetisierung und der Verwirklichung die vier Pfosten der Medizinhütte. Auf den vorausgegangenen Seiten wurde viel von den Energien der Beruhigung und der Reinigung gesprochen. Jetzt wenden wir uns der vierten Säule des Manifestierens zu: dem Magnetisieren der Friedensvision.

Um richtige Beziehungen zu leben, erfüllen wir diese Vision mit Energie und begünstigen das Ergebnis durch Magnetisierung. Dies ist das Prinzip der Belebung einer heiligen Vision zum Wohle aller Wesen durch Gesang, klare Vorstellung und richtiges Handeln. Dein Körper ist ein alchemistisches Gefäß. Genetische Muster bestimmen deine Gestalt und stimmen dich auf gewisse Muster der Einstellung, des Glaubens und des Verhaltens ein, wie von deinem Familienstamm vorgegeben. Der weise Praktiker, auf dem Wege zu erleuchtetem Handeln, schafft Harmonie durch disziplinierte Praxis.

Magnetisierung ist ein Prinzip der Anziehung: Mit unseren Denkmustern ziehen wir alles an unseren Lebenskreis heran, was erscheint. Durch die Erzeugung von Klangkraft, Gebetskraft und harmonischem Einklang mit dem heiligen Gesetz können wir Dinge anziehen, die allen nutzen. Unsere Tage entstehen aus den Aktionen unseres Geistes, ob wir uns der Muster von Anziehung und Abstoßung bewußt sind oder nicht. Also obliegt es jedem Menschen, der auf heilige Weise leben will, spirituelle Praxis sowie einen moralisch-ethischen Lebensrahmen zu pflegen.

Alle materiellen Formen, die wir wahrnehmen können — der Tisch, der Baum oder der Berg — existierten zuerst als Gedanken. Manche Gedanken entspringen dem Geist Gottes, andere dem der Menschen. Sämtliches Denken ist im »Heiligen Reif« vereint, da wir eins mit der Schöpfung sind. Ob wir die Zusammengehörigkeit des Geistes als Großen Geist bezeichnen, Buddha-Geist, Christus-Geist, Allah oder noch anders, die Quintessenz ist, daß eine einzige Wahrheit hinter all unseren Bemühungen steht, das Unbeschreibliche zu beschreiben. Das Telefon war eine Vorstellung. Ein Erfinder verlieh ihr Form, und heute rufen wir uns rund um die Welt an. Derselbe Denkvorgang, der Kommunikation per Telefon ermöglicht, der Geist an sich, stellt das Mittel dar, mit dem wir das klare Licht entdecken können.

Magnetisierung ist ein Prinzip, nach dem wir bewußt Gedanken des Friedens, des Einklangs und der guten Beziehungen für uns selbst, die Familie, den Klan, die Nation und den gesamten Planeten kultivieren können. Magnetisierung erscheint in vielerlei Gestalt. Ob wir uns dessen bewußt sind oder nicht: Die Art und Weise, in der wir über uns selbst denken und sprechen, zieht Ergebnisse an, und wird so zu einer sich selbst erfüllenden Prophezeiung.

In der Tradition der Tsalagi heißt es, daß ein Kind in den ersten sechs Jahren seines Lebens vollständig geformt wird und einem die Person bereits zeigt, die es werden wird. Viele Erwachsene sind immer noch von jenen Mustern motiviert, die in der Kindheit festgelegt wurden. Ein weiser Mensch ist, wer behutsam die Denkformen der Gewohnheit verändert und sich einen Pfad der Überzeugung bereitet, indem er die eigene Natur versteht, Fäden der frühen Muster herauszieht und von neuem ein schönes Gewand webt.

Der Weg, die Natur deines eigenen Geistes wahrzunehmen, ist, deine Gedanken und Handlungen zu beobachten und fest zu beabsichtigen, der beste Mensch zu werden, der du sein kannst, zum Vorteil aller. So begründest du einen Geist, der sich der Anerkennung der Wahrheit verpflichtet. Diese Verpflichtung ist notwendig, denn oft gibt es unbewußte Anker, die man aktiviert, wenn du mit der Chance konfrontiert wirst, alt hergebrachte Sicherheitssymbole und Anhaftungen hinter dir zu lassen. Manchmal ist ein solches Symbol die Äußerung: »Ich kann nicht« oder vielleicht: »Nun, mich mag sowieso niemand.« Ausnahmslos schreibt jeder sein eigenes Drehbuch – mit Unterstützung von Familienmitgliedern! Deshalb setzen feste Entschlossenheit und starker Glaube die Energie frei, erfolgreich zu sein.

Die Praxis der Meditation in Verbindung mit Visualisierung und Sprechgesang schafft ein stilles Gewässer, das deine Natur reflektiert. Wenn du mit der Praxis beginnst, huschen viele Gedanken und Gefühle über die Wasseroberfläche. Mit zunehmender Übung verringert sich diese Aktivität, dein Denken wird transparenter, Verhaltensmuster werden offensichtlicher. Wenn die Gedanken aufsteigen, beobachte sie. Du mußt nicht reagieren. Deinen Denkprozessen zuzusehen, ist der Beginn des Verständnisses. Visualisiere und singe weiter, und fange dann an, die Kanäle innerhalb deines Körpers zu klären, damit sich das heilige Feuer der Weisheit in deinem Tun ausdrücken kann. (Die Visualisierungen und Meditationen der Sunray-Praxis, die auf den Lehren des Geschlechts der Ywahoo beruhen, haben auch den physiologischen Effekt, daß sie Hormone freisetzen, die gegen Streß und Schmerz wirken, den

Blutdruck senken und weitere gesundheitliche Vorteile herbeiführen.) Muster des Denkens, Sprechens und Handelns werden offenbart, wenn du die Praxis des Singens und Visualisierens weiter betreibst. Durch Hingabe und Überzeugung wird die Auflösung disharmonischer Gewohnheiten bewirkt.

Offen miteinander über Absichten und Ziele zu sprechen und die Stimme der Einigung zu entwickeln, bereitet uns darauf vor, die große Aufgabe der Magnetisierung einer Friedensvision aufzunehmen. Klang reinigt, wie auch einfließendes Licht. Beide verdeutlichen und wandeln Gedanken und Muster um, die bis dahin im Wege waren. Lautes Beten, Danksagen und erhaltene Gaben würdigen, erneuert Geist und Körper. Den Stab des Schicksals in die eigenen Hände zu nehmen heißt, die Wirbelsäule und den Atem nach dem Puls des Himmels und der Erde auszurichten: Einatmen und ausatmen, den Geist des Verständnisses und der Freigebigkeit geben und empfangen.

Die grundlegende Ausübung der Prinzipien der Magnetisierung beinhaltet Affirmation und Altruismus, den Wunsch, sich selbst und anderen zu helfen, Leiden zu überwinden. Wir können eine »Fastenzeit der Negativität« vornehmen, um zu beobachten, wie wir uns über uns selbst und andere ausdrücken. Wenn du dich selber sagen hörst: »Die Neugier bringt mich fast um«, dann verändere das zum Positiven: »Die Neugier läßt mich richtig aufleben.« Bedenke die Wortwahl sehr genau, mit der du dich und andere beschreibst. Da Wörter Wirklichkeit werden, sprich nicht von vermeintlichen Unzulänglichkeiten eines anderen. Überdenke stattdessen, daß du und andere sich im Prozeß der Erleuchtung befinden, und bestätige das Vorhandensein der Saat der Erleuchtung.

Um den Prozeß der Affirmation zu beginnen, danke zuerst für das Geschenk des Lebens im menschlichen Körper. Wenn klar ist, daß gewisse Muster der Änderung bedürfen, gib Dank und betrachte dein Gesicht dann im Spiegel, und bejahe: »Ich werde heute friedvolles Denken verwirklichen.« Wiederhole das dreimal. Bejahe auch, daß du an diesem Tag drei spezifische Vorhaben vollbringen wirst. Indem du sie tatsächlich vollbringst, schaffst du eine Ladung von Lichtenergie, die die Schlupflöcher deines Verstandes erleuchtet. Je mehr du übst und je größer die Anstrengung dabei ist, um so stärker wird diese Kraft sein. Wenn du zu einem entschlossenen Hüter der

Erde und Menschen wirst, wird deine Affirmation zum Wohle der Menschen und des Landes bis hin zu den künftigen Generationen ein Speicher von Energie werden. Einer Energie, die sogar Aggression, Habsucht, Wollust und Neid überwindet. Wenn du diese Macht der Gebetsenergie schaffst, immer unter den Vorzeichen des Dankes und des Nutzens für dich und andere, wandelt sie Gedankenformen des Durcheinanders sogar in der Umwelt um. In der Tradition der Tsalagi heißt es, daß eine kleine Anzahl von Menschen, die ein Bestreben und einen Zweck verfolgen und völlig auf die heiligen Prinzipien ausgerichtet sind, die Welt umwandeln und das herbeiführen können, was benötigt wird, um Leiden zu lindern und allen Wesen zu dienen.

Verständigung von Herz zu Herz, von Intellekt zu Intellekt, die Anerkennung des heiligen Gewebes, das uns alle in diesem Strom vereint, ist eine weitere Grundpraxis der Magnetisierung. Der Gärtner, der seine Pflanzen achtet und pflegt, erntet am meisten. Eine Nation, die ihre Bauern ins Abseits wirft, beschwört Dürre und Entbehrung herauf. Unsere individuellen und kollektiven Handlungen wirken sich auf unsere Umwelt aus.

Kurz gefaßt, Magnetisierung erfordert eindeutige Absicht, eine klare Vision, die sich nach dem heiligen Willen ausrichtet, dem Gesetz des Universums, mitfühlende Weisheit und die Stimme der Affirmation. Hingabevolle Praxis schafft die Kraft, zieht das Ziel der erleuchteten Handlung an sich und bewirkt ihre Verwirklichung.

Manche Menschen haben in ihrer Kindheit schlimme Schmerzen erlitten, während andere eine überaus glückliche Kindheit genießen durften. Die Schönheit oder Härte der frühen Jahre kann Gewohnheiten bestimmen. Ein Mensch mag »vernarbt« sein und Angst haben, zu lieben. Für einen anderen kann die Sorglosigkeit des Heranwachsens jede Motivation erstickt haben, Großzügigkeit zu empfinden. Einige Menschen meinen, daß sie das Einfließen des reinen Lichts in sich beendeten, als sie in die Schule kamen oder ein gewisses Ereignis in ihrem Leben stattfand. Vorstellungen des Selbst und Beziehungsmuster lassen sich jedoch umformen und neu gestalten. Nehmen wir als Beispiel jemanden, der bei diversen Pflegeeltern aufwuchs und sich nie als Teil des Lebenskreises fühlte. Dieses Muster kann sich im Erwachsenenleben fortsetzen, indem sich derjenige außerstande fühlt, die Verpflichtung einer Beziehung einzugehen oder sein kreatives Potential zu verwirklichen. Das Heilmittel dafür ist, sich mit den gespeicherten Erinnerungen des Kindes auseinanderzusetzen; das Wissen, die Stärke und das Talent zu überleben, es geschafft zu haben, anzuerkennen, und die Pforte der liebevollen Beziehungen in der Gegenwart zu öffnen.

Die Energie des liebenden, freigebigen Herzens wirkt anziehend auf das, was gut ist. Die Gedanken und Gefühle, die wir in diesem Leben manifestieren, bilden ein gesammeltes Muster mit anziehenden sowie abstoßenden Qualitäten. Wir ziehen die Menschen und Situationen an, die es uns ermöglichen, unsere Vision und unsere Erwartungen im Leben zu erfüllen. Mit der bewußten Entscheidung, in heiliger Weise zu leben, ziehen wir die Information, das Verständnis und die Lehren an uns heran, die uns helfen werden, unsere Gaben zum Wohle aller zu realisieren.

In der Vergangenheit erhielt man Erlösung durch einen Heiland, einen großen Lehrer. In diesen Zeiten sind wir alle aufgerufen, das Konzept des Erlösers auf uns selbst zu nehmen. Laßt uns durch die Klarheit der Sprache, des Zwecks und des Handelns erlösen − durch harmonisches Leben in Achtung vor zukünftigen Generationen.

Die heiligen Traditionen jedes Zeitalters, jeder Nation und jeder Gruppierung entspringen dem Verlangen einer Gesellschaft zu verstehen, das Mysterium des Lebens zu kodifizieren. Die heiligen Lehren der Urvölker, der Buddhisten, der Christen, der Juden oder der Moslems verfolgen ihre Form letztendlich zurück zu der unmittelbaren Erfahrung des Mysteriums.»Der Fahle«, Buddha, Christus, Moses, Mohammed, jeder von ihnen erfuhr Wahrheit direkt. Ihre Lehren entsprachen dem sich entfaltenden Bewußtsein der Gesellschaft, in der sie sich verbreiteten. Die Familie, in die wir geboren werden, und ihre Religion spiegeln einen Stern des mysteriösen Himmels wider. Unterschiedliche Menschen haben verschiedene religiöse Bedürfnisse. Wir können insoweit koexistieren, wie wir ihre grundlegende Ethik und Moral berücksichtigen, die Kodexe, die aus der Erfahrung des Mysteriums und dem Verlangen nach erfüllenden Beziehungen eines Volkes entstanden sind.

Man kann Studien mit dem Eifer des Frischbekehrten angehen, um sie alsbald wieder zu verwerfen. Weise Praktiker testen und bewerten die Lehren ihrer Zeit und versuchen, die Natur ihres eigenen Geistes zu verstehen, das Potential ihres spirituellen Werdeganges einzuschätzen. Diese Lehren haben den Zweck, dich zu befähigen, der beste Mensch zu werden, der du sein kannst, und dir zu helfen, die Ursachen deiner Geburt zu verstehen und den Schatz deiner Familie zurückzugewinnen.

Wenn die Ureinwohner Amerikas um Regen singen, kommt er. Die Sänger haben die Entscheidung getroffen, daß sie mit dem Wasser, der Luft und der Erde eins sind. Der Gesang wird angestimmt, daß alle Wesen von dem sanften Regen profitieren mögen. Unser kleiner Gesang – Denkgewohnheiten wie,»ich mag, ich mag nicht« – schafft Dissonanz mit dem großen Gesang. Heute sind wir aufgerufen, einen Gesang der Einheit anzustimmen. Der Gesang des kosmischen Jubels erneuert alle Wesen.

Was ist Schöpfung? Ist es etwas außerhalb von dir, oder bist du Teil der Schöpfung? Schöpfung, das Mysterium, auf Algonkin, der Sprachwurzel der Tsalagi, heißt sie Ywahoo, das »Große Mysterium«, das mit Worten nicht faßbar ist. Es gibt keinen Ausdruck für»Gott«; wir sprechen von einem Großen Mysterium, weil es formlos ist. Auch erkennen wir, daß ein kreativer Aufbauvorgang geschehen ist. Die »Drei Alten-Feuer im Himmel« drücken dieses Mysterium formell aus, und wir selbst sind Ausdruck davon. In einigen alten Tsalagi-Gesängen wird der Schöpfer »Der, der den Atem macht« genannt; andere Gesänge sprechen von dem »Herrn über Leben und Tod«. Doch wenn wir als Kinder fragten:»Was ist Gott? Ist er anders als der Christengott?«, sagten die Alten: »Das, was Gott genannt wird, ist Aqteshna Ana, was bedeutet, 'der Tau ist auf dem Gras'. Und es gibt nur einen Geist, der diesem Traum zugrunde liegt.«

Betrachte aufmerksam die Natur deines Geistes; sieh genau in dein Herz. Kannst du in deinen Gedanken die Saat deiner Realität wahrnehmen? Überdenke genau die Ernte der Zukunft, dein Morgen und das deiner Kinder, und denke an die Schönheit. Alle Mitglieder unseres Volkes sagen, so kann es nicht weitergehen. Alle alten Menschen rund um die Welt sagen, die Erde leidet, weil wir vergessen haben, die Verantwortung für das Leben zu übernehmen. Wir meinen, jemand anders hat die Schuld, ist der Aggressor, ist das Opfer. So ist es nicht. Es entsteht im Geist, und dort wird es gelöst. Im Geist sind wir mit allem verwandt. Wenn wir unserer kreativen Energie entsagen, wird das, was immer unser Alptraum ist, zu unserer Realität. Unsere menschliche Natur weiß, was wahr ist. Wir alle haben irgendwann das heilige Feuer der Wahrheit gespürt und haben uns verpflichtet, es zu erhalten. Wir alle werden gefragt: »Ja oder nein? Bist du im Strom oder versuchst du, dich an die Felsen zu halten?« Wir können nicht antworten: »Vielleicht« oder »ich arbeite daran, und morgen wird alles in Ordnung sein.« Es ist in diesem Augenblick in Ordnung, wenn wir die Saat der guten Sache kultivieren, wenn wir uns an die gegenseitige innere Schönheit erinnern, wenn wir vor Augen behalten, daß das Leben aus Einatmen und Ausatmen besteht. Alles kommt und geht gleichzeitig. Wir träumen diesen Traum gemeinsam, und er hat weder Anfang noch Ende.

Durch die Schwingungen des Geistes, der zu wissen und zu erkennen sucht, ist ein Funke auf unser Leben übergesprungen. Jeder Aspekt unseres Lebens gehorcht diesem gleichen Prinzip. Was immer wir um uns herum erblicken, sei es freudig oder traurig, irgendwie wurde die Saat seines Daseins durch die eigenen Gefühle, Handlungen und Gedanken auf das Meer der Erfahrung gestreut.

Wir wollen uns an die Gebete erinnern, die wir durch unsere Familien erhielten. Wenn du meinst, daß die Religion deiner Familie unwichtig ist, ist daß nur so, weil du den Kern der Wahrheit darin noch nicht untersucht hast. Wir alle können unsere Wurzeln zurück zu dem Großen Baum des Friedens verfolgen. Viele Wurzeln, viele Nationen, viele Religionen, alle auf der gleichen Erde. Und die Wurzel dieses heiligen Friedensbaums ist auch in unserem Verstand. Der Baum des Lebens und die DNS-Doppel-Helix, die Spirale, sind Symbole, die uns an Kontinuität erinnern sollen. Durch dein Denken und Begehren wirst du immer wieder hierher gebracht werden, bis du das heilige Licht in dir und jedem anderen Wesen begreifst.

Also beten wir nicht nur für uns selbst. Vielmehr beten wir dafür, daß sich alle an erleuchteten Geist erinnern mögen. Wir beten, daß alle wieder dahin gelangen mögen, die Schönheit dessen wahrzunehmen, was ist. Es ist nicht irgend etwas da draußen, weit weg. Es ist im Herzen. Nach Art der Tsalagi zu beten heißt, daß wir nicht um etwas bitten, denn alles, was wir benötigen, ist bereits in Fülle vorhanden. Wenn wir beten, geben wir Dank für das, was ist, und bestätigen unsere Absicht, das zu verwirklichen, was für alle gut ist. Also enthält das Gebet den Hinweis an uns, etwas zu unternehmen. Beten und Handeln sind das gleiche. Wozu dient dein Wissen, wie Mais gezogen wird, wenn deine Nachbarn verhungern und du dieses Wissen nicht mit ihnen teilst?

Mögen wir erneut beginnen, die heiligen Praktiken unserer Ahnen zu ehren. Kerzen, ein Kamin, das Feuer, der Altar, das Kreuz, der Stern, der Halbmond, das Dreieck: Geheiligte Symbole, alles Pforten zum klaren Geist. Das Gebet enthält eine geheime Botschaft. Wenn du den 23. Psalm sprichst, trittst du in Verbindung mit all jenen, die Wirklichkeit durch die Tradition verstanden, die der Psalm zum Ausdruck bringt. Wenn jemand ein heiliges Lied singt, ist es deine Großmutter, die dich daran erinnert, was ist. Die Reifezeremonie, das Lied, das vom Herzen des jungen Menschen ausgeht, verbindet einen mit seinen Ahnen.

Zu verstehen ist nicht so wichtig wie das Sein, denn Verstehen selbst deutet eine Trennung an: Jemanden, der versteht, und etwas, das verstanden werden soll. Das Wissen ist in dir, das Strömen des Atems. Alle Alten haben uns diese Botschaft mitgegeben. Sie mag verschlüsselt und dogmatisch geworden sein, doch ist das Körnchen Wahrheit immer noch da.

Menschen, die gemeinsam beten, bilden einen Anfang, und doch erbittet die Erde mehr von uns. Sie bittet darum, daß wir uns an den Händen halten und Gärten anlegen, und daß wir die Vorstellung von »mein Garten« und »dein Garten« beiseite tun. Es ist »unser Garten«. Betrachte einige der alten Menschen um dich herum. Was immer sie tun oder nicht tun, sie haben mehr geleistet als du, und sie haben etwas zu sagen. Wenn die Gesellschaft zusammenbricht, wenn die Kultur im Sterben liegt, werden die Alten verachtet, und wir vergessen, wie man gibt oder annimmt. Es gibt Dinge, die man leben kann, nicht nur erbitten und überdenken. Hacke für einen alten Mann Holz und bringe es ihm. Und die alte Frau, die alleine lebt und sich ohne ihr Gehgestell nicht fortbewegen kann, besuche sie ab und zu. Erkundige dich, ob du ihr etwas einkaufen kannst. Diese Dinge haben wir vergessen, und dieses Vergessen ist die Krankheit unserer Zeit. Wir alle haben klare Richtlinien darüber erhalten, was ein gutes Leben ist, was richtiges Handeln ausmacht. Dennoch ist es so weit gekommen, daß viele sogar daran zweifeln, ob es sich lohnt, die Familieneinheit zu erhalten. Die Familie ist der Kreis der Menschheit. Alles ist mit uns verwandt. Wir können die Vorstellung von Mutter und Vater und der Großfamilie nicht beiseite tun, denn dieser eine Ton wird zwei, drei und vier. Die Familie wird der Klan, die Nation und der ganze Planet.

Es befinden sich Wesen um uns herum, die die Erde beobachten, um festzustellen, ob wir den Plan von Liebe und Frieden auf diesem Planeten erfüllen können. Die Medizinleute, die heiligen Menschen, bitten um Zeit, damit die gute Saat keimen kann.»Wir arbeiten daran«, sagen sie.»Die Menschen erwachen. Wir versprechen, zurecht zu kommen.« Die Mutter sagt:»Ich weiß nicht, ihr habt so viele Warnungen erhalten, so viele Gelegenheiten gehabt. Wann werdet ihr klarsehen?« Und die Menschen sagen:»Wir bemühen uns immer noch.« Also wollen wir jetzt sehen. Werden die Menschen wirklich in Frieden leben und sich gegenseitig achten? Bist du bereit, jede Woche etwas Zeit zu opfern, um sie mit anderen Menschen zu teilen? Bist du gewillt, dir Zeit zu nehmen, um mit anderen zu meditieren und zu beten? Das ist die Grundlage von Gemeinschaft; alles ist miteinander verwandt. Mutter Erde kann nicht erneuert werden, ohne daß wir Erneuerung erfahren. Die Verschmutzung der Erdatmosphäre wird nicht rückgängig gemacht werden, ehe die Verschmutzung des Verstandes nicht umgewandelt wurde. Und diese Umwandlung geschieht, indem wir Vorstellungen von »die« und »wir« beiseite tun und begreifen, daß wir hier alle gemeinsam als Menschen leben. Wir sind es, die die Fähigkeit und die Verantwortung haben, das Leben auf der Erde zu erneuern.

Ein Mensch zu sein, ist nicht ganz leicht. Viele gehen und laufen, denken und reden und besitzen den Körper eines Menschen. Dennoch sind sie verwirrte Wesen, klingt da ein hungriger Widerhall durch. Was ist es? Es ist Unzufriedenheit. Es ist, für morgen leben.»Morgen wird alles besser, morgen weiß ich mehr.« Doch jetzt findet das Geschehen statt, in diesem Augenblick sind wir hier. Sei gegenwärtig, verstehe die Muster der Uneinigkeit. Reinige dich, verbessere deine Gedanken und Handlungen, indem du überdenkst, was erreicht worden ist. Umwandlung ist ein subtiler Vorgang. Es ist leicht, rückfällig zu werden, sich zu sagen: »Es wird bereits besser«. Da äußert sich wieder der hungrige Geist, er spricht immer im Sinne von mehr oder weniger. Das ist Durcheinander, das uns vom Augenblick entfernt. Erkenne es als das, was es ist, und verpflichte dich zu richtigem Handeln. Alles, was gelernt werden soll, befindet sich in deinem Herzen. Die gesamte Schöpfung ist ein Gedanke, wovon du ein Teil bist. Die Weisheit befindet sich in deinem Herzen, richte deinen Blick nach innen. Meine Familie lehrte mich, daß wir von den Sternen stammen. Die Erde und die Sterne: Die Spirale hat kein Oben und kein Unten, kein Innen und kein Außen. Die Energien des Himmels und der Erde kommen in uns andauernd zusammen, sind ohne Unterlaß in Bewegung. Innerhalb dieser Bewegung herrscht vollkommene Stille. Mein Großvater sagte: »Geh, setz dich, lausche den Sternen. Fühle die Sterne über deinem Kopf. Was sind sie? Erforsche sie. Höre hin.«

Ich fordere dich nun auf zu erforschen und bei der Erforschung die Klarheit des Geistes zu erkennen. Mit dem Licht webe erneut jene Stellen, wo Gefühl und Geist auseinandergerissen sein könnten. Webe erneut dort, wo unterschwellige Verzerrungen deine Sicht des Feuers der Weisheit in deiner eigenen Natur verdunkelt haben könnten. Kehre wieder in den Kreis deines eigenen Wissens ein. Laß uns die vielen Bereiche des Einen erforschen.

MEDITATION[1]

Sitze entspannt mit geradem Rücken, atme tief und natürlich, laß deinen Geist zur Ruhe kommen. Atme ein, atme aus. Spüre oder visualisiere eine Spirale des Lichts, die sich vom Himmel herab durch deinen Kopf zieht, eine zweite Spirale, die von der Erde hoch durch dein Rückenmark dringt. Zwei Spiralen des Lichts, Mutter und Vater, Himmel und Erde treffen sich in deinem Herzen, tanzen in deiner Wirbelsäule. Empfinde im Kreuzbein, der Rückseite deines Beckens, ein goldenes Dreieck, in dem drei heilige Feuer brennen − das blaue Feuer des Willens, das rote Feuer des Mitgefühls und das gelbe Feuer der aktiven Intelligenz − die »Drei Alten-

Feuer im Himmel«, Feuer des Manifestierens. Energie windet sich hoch von der Erde durch das Becken hin zum Zentrum des Nabels, ein kräftig waldgrüner Ring, in den fünf Flüsse der Farbe und des Klangs strömen, die fünf Organsysteme nähren. Laß den Gesang *A-E-I-O-U* vom Nabel ausgehen. Fühle, wie er tief in deiner Wirbelsäule nachklingt, deine Absicht zu sein und dein Dasein hier auf der Erde zur jetzigen Zeit in Einklang bringt. Licht windet sich spiralartig die Wirbelsäule hinauf und herab, erfüllt das Herzzentrum, das wir als zwei Dreiecke visualisieren, das eine nach oben zeigend, das andere nach unten, ihre Spitzen berühren sich. An diesem Punkt entsteht ein kräftiges rosafarbenes Licht, das ausstrahlt und deinen Körper erfüllt, dich mit seinem Glühen der mitfühlenden Weisheit umgibt. Atme das Licht ein, atme es aus. Empfinde die Energie des Gleichmutes. Singe die Silbe *Ah,* strahle mit dem Ton das rosa Licht der Weisheit der Liebe aus. Das Kehlzentrum empfängt das hochdringende Licht: Ein kräftig indigoblauer Tunnel, erhellt durch einen einzigen Stern, Mittelpunkt des Ausdrucks und der Manifestation. Laß den Ton *Ooo* eins werden mit dem blauen Wirbel des Gesanges der Schöpfung. In ständiger Bewegung dringt das Licht in das goldene Dreieck der Stirn ein, das Auge der Weisheit, Licht des erwachten Geistes. Singe *Eee,* während sich dein Kopf oben öffnet, um das Licht der Sterne zu empfangen.

Über dem Kopf befinden sich sieben Sterne, einer über dem anderen, Pforten zum Bewußtsein. Von den Sternen ergießt sich Regenbogenlicht, das deinen Geist und deinen Körper durchzieht, dich mit Lebendigkeit und Reinheit erfüllt. Atme ein, atme aus, ziehe das Licht durch jedes Molekül herein.

Von deinem Herzen sende nun rosa Lichtwellen aus, um deine Familie, Freunde, Kollegen und Gemeinschaft zu berühren, alle Beziehungen mit dem sanften Glühen mitfühlender Fürsorge zu umgeben. Atme ein. Ziehe das rosa Licht zurück in dein Herz. Ruhe in der Stille.

Zum Abschluß der Meditation ziehe die Lichtenergie zurück in deine Wirbelsäule, wo sich die aufsteigende und die sich hinabsenkende Spirale vermischen. Erhebe dich, friedvoll und mit Licht geladen, gib Dank für die Gabe des reinen Geistes und das innere Feuer der Weisheit. Es ist gut.

Jeder von uns hat einen Gesang im Herzen. Durch Gedanken und Handlungen geben wir alle Schwingungen in die Atmosphäre ab. Wenn wir die tanzenden Atome überdenken, die alle Lebensformen bilden und erhalten, sehen wir uns als ewiger Teil des Tanzes. Alles ist Schwingung. Unser Handeln klingt in vielen Dimensionen nach, und auf diese Weise kehren unsere Gedanken und Handlungen zu uns zurück. Wir können es Karma oder Schicksal nennen; wir leben die Konsequenzen unserer Gedanken und ihrer diversen Nuancen, die mit anderen Gedanken interagieren. So wie der Kiesel der Absicht, in das stille Wasser gefallen, Wellenringe in alle Richtungen ziehen läßt, so sind auch die Tatsache und das Phänomen unseres Lebens Wellen auf der ruhigen Oberfläche des universellen Geistes.

Während die Welt sich dreht, lernen wir von den Adawees, den weisen Beschützern aller Richtungen, den Hütern der Pforten des Geistes, die der Formlosigkeit Gestalt geben. Ihre Weisheit drückt sich durch die fünf Weisheiten aus: Die Weisheit der Sphäre der Existenz, Erkenntnis der fundamentalen Einheit der Dinge, ungeachtet ihrer äußerlichen Unterschiede; die Weisheit, die Vorgänge erfolgreich macht; die Weisheit, die Einzelheiten unterscheidet; die Weisheit, die ausgleicht, gemeinsame Faktoren erkennbar macht, und die spiegelartige Weisheit, die Dinge so wiedergab, wie sie sind.

Wir erkennen die fünf Weisheiten im Strom der Weisheit, der ständig in uns fließt, betrachtet im Sinne des Medizinrades und der heiligen Richtungen, und in Beziehung zu den fünf Organsystemen und den fünf Elementen. Wenn wir eine klare Vorstellung davon haben, wie unser Geist Weisheit ausdrückt, wie wir sie anwenden, dann können wir besser wählen, wie wir das sich in uns bewegende Leben würdigen wollen.

Auf den gefrorenen Gewässern des Nordens reflektiert die spiegelartige Weisheit unsere Handlungen und deren Ursachen, wie auch ihre Wellen im Strom von Zeit, Geist und Beziehungen. Der Hüter des Ostens, Nutawa, Das Aufsteigende Licht der Sonne, strahlt die Weisheit der Inspiration und des Seins aus; man begreift, daß man lebt, erkennt die eigenen Gaben. Aus dem Süden tanzen die Großmütter mit ihren Saatkörben des Guten hervor, des Keimens, der Weisheit des Erfolges, und bringen Dinge zur Frucht. Im Westen verstehen wir Zusammenhänge, die Weisheit der Einzelheiten, so wie der Große Bär auf der Ignoranz tanzt: »Wandle um, verändere, bringe hervor, was dem Wohle dient in dem spirituellen Tanz des Lebens.« Im Zentrum, in der Nabe, aus der jegliche Erfahrung hervorgeht, befindet sich die Weisheit, die ausgleicht. Wir müssen immer den Kreis durchlaufen, um die Harmonie in uns selbst zu finden. Sie geht nie wirklich verloren. Wir brauchen sie nur zu akzeptieren und uns mit dem gesamten Universum mitklingen zu lassen. Diese Resonanz ist die Affirmation der Einheit. Unser Bewußtsein gestaltet, was uns umgibt. Wir haben einander als Familie der Menschheit zusammengerufen, und unsere Pflicht als Menschen ist es, Schönheit zu sehen, zu singen, Freude zu empfinden, den Boden zu bestellen und die Fülle zu teilen. Hast du eine große Weisheit gelernt? Gib sie weiter. Besitzt du ein Talent für Klang oder Kräuterwissen? Gib anderen davon. Es ist das Weben der Hochtöne des Bewußtseins, unseres Geistes, das den heiligen Teppich des Lebens wiederherstellt. Es liegt also an jedem von uns und an allen gemeinsam, das Gewebe wieder ganz werden zu lassen. Das Weben beginnt im Herzen, mit der Erkenntnis der inneren Einheit. Es ist einfach und benötigt doch tiefgreifende Disziplin, denn dein Körper ist das Instrument und deine Gedanken sind die Hände des Musikers.

Die Tsalagi sagen, daß wir zusammen eine Welt formen, daß unsere Gedanken und unsere Interaktion durchaus an der Gestaltung der elementaren Kräfte des Lebens mitwirken. Und durch richtiges Denken und Handeln, besonders aber durch das Verständnis unseres Zwecks, unserer Gabe in dieser Zeit, können wir Fülle und Frieden dadurch hervorbringen, daß wir friedliches Verständnis in uns selbst haben und das heilige Feuer der Weisheit neu entzünden. Dieses Feuer brennt in uns allen, diese Saat der Klarheit ist ewig vorhanden. Vielleicht wurde sein Schein von Gedanken und Beziehungen verdunkelt. Wenn wir vergessen, die Kontinuität eines begonnenen Gedankens zu sehen, oder wir vielleicht einen Plan, das Leben zu erkennen und zu verstehen, nicht konsequent weiterverfolgen, können Hindernisse und Hürden im Strom des Geistes auftauchen und sich in vielerlei Dimensionen bemerkbar machen. Man kann klar sehen und Lebenskraft entwickeln, um den Weg behutsam und sicher zu beschreiten. Zweifel sollten beigelegt werden. Es ist eine Gelegenheit, tiefer zu forschen. Wenn du in dir selbst Zweifel entdeckst, beobachte und verstehe deine Gedankenströme. Wir erkennen, daß jeder von uns die Realität durch drei kreative Feuer miterschafft: Das Feuer des Willens, das Feuer der Liebesweisheit oder des Mitgefühls und das Feuer der aktiven Intelligenz, des aufbauenden Geistes. Dies sind die Feuer der Wahrheit, die ewig in deiner Wirbelsäule brennen.

Schönheit und Wahrheit sind Konzepte, die im natürlichen Geist getragen werden. Die Urbewohner, die diesen Teil der Erde seit langen Zeiten bewohnen und die Weltbetrachtung und Kosmologie des Kreises teilen, sehen sich als deren Hüter an. Das ist ihre spezielle Aufgabe. Es ist für uns alle an der Zeit, die Weisheit des Hütens zu erkennen, auf unsere Worte und Handlungen zu achten, damit sie Gutes bewirken mögen, unsere Rohstoffe zu hüten, wodurch sie unseren Kindern bis in die siebente Generation erhalten bleiben.

Wir können alle darauf achten, daß wir mit starker Stimme reden, daß wir unser Dasein als Menschen bejahen und es wählen, im Einklang zu leben. Wie der Lachs, der stromabwärts und weit in das Meer hinaus geschwommen ist, kehren auch wir an den Ort unseres Ursprungs zurück. Wir wollen die Quelle unseres Ursprungs kennen. Wie lautete der erste Gedanke, der dich entstehen ließ?

Den Tsalagi gilt das Siebengestirn, die Sieben Tänzer, als Ort ihrer Herkunft. Durch jene sieben Räder der Energie, diese Tore, wurde die Welt, so wie wir sie kennen, manifest. Daher ist die Sieben eine bedeutende Zahl. Jene sich drehenden Sterne stehen auch in Verbindung zu Energien in uns. Sie sind Pforten durch unseren Geist, unsere Herzen. Auf richtiges Handeln ausgerichtet kann man die Dinge, so wie sie sind, erkennen und sehen, ohne dabei zu denken: »Was wäre wenn, vielleicht ...«. Voll bewußt im Jetzt. Das ist geistiges Handeln, eine ganzheitliche Weltbetrachtung, die es dem Geist der Beziehungen erlaubt, sich zu entwickeln und zu verwirklichen. Übernehmen wir die Verantwortung für die Gedanken, die wir geschaffen haben, und realisieren wir in unseren Herzen die bedeutungsvolle Entschlossenheit, das brennende Feuer unserer wahren Verständigung, die Liebe.

Wie sollen wir das bewirken? Wir sind alle Teile des Kreises, sich zusammenziehende Energien, und wir haben zu entscheiden, wie sich die Energie fortsetzt. Durch die Affirmation des Lebens, durch das Erkennen solcher Energien, welche richtige Beziehungen mit der Erde und unter den Menschen fördern, und unser Reagieren auf diese Energien, verwirklichen wir das Schöne. Was ist die richtige Beziehung zur Erde? Wenn man in einer Stadt lebt, vergißt man das manchmal. Es bedeutet, die Jahreszeiten zu würdigen; wissen, wenn der Wuchs des Frühlings erscheint, du viel hast, für das du dankbar sein kannst. Deine Gebete und dein Dank haben viel mit der Ernte des Herbstes zu tun. Wir alle säen Saat, und wir sind alle Gärtner. Es sind die Gedanken, die wir in die Erde setzen, aus denen die Qualität unseres täglichen Lebens hervorgeht. Diese Gedanken zu achten, ist Teil des Erwachens zu einem Traum, eine Praktik, die früher vielen jungen Leuten in diesem Land gelehrt wurde. Vielleicht kennst du aus deinem Herzen oder deiner Kindheit ähnlich Gelerntes. Die Alten lehrten, daß es die Verantwortung jedes Einzelnen ist, in dem Traum zu erwachen.

Der erste Schritt zum Erwachen in einem Traum ist, die Optik des Geistes vor dem Einschlafen zu klären. So hat es mir mein Großvater beigebracht:

Wenn du dich auf die Nacht vorbereitest, bringe vor der Bettruhe eine Opfergabe von Zeder oder Wacholder dar. Rufe das Licht des klaren Geistes an, um in deinem Traum als Handlung gegenwärtig zu sein, die den Menschen nutzt, und reinige deinen Schlafplatz mit geweihtem Rauch und Gebet. Nachdem du dich ins Bett gelegt hast, ruhe und überdenke den Tag, der gerade zu Ende geht. Hast du dein Handeln vom wahren Licht der Weisheit leiten lassen? Bestätige das und sage: »So soll es fortgeführt werden.« Und wenn du an dem Tag erkennst, daß du dich nicht vollständig mitgeteilt hast, sage: »Das war ein Fehler, den ich in meiner Art, mich mitzuteilen, verbessern werde.« Betrachte den Moment, der nun zu einer harmonischen Entscheidung gelangte. So stellen wir die Richtigkeit im Jetzt her. Bejahe dann viermal: »Ich werde mich an meine Träume dieser Nacht erinnern.« Notiere dir die Erinnerungen an deine Träume, wenn du aufwachst. So werden die Fäden verstärkt, die deinen individuellen Geist mit dem universellen verbinden.

Wir haben im Laufe der Zeit Fehlhandlungen wahrgenommen. Wir haben erkannt, daß gewisse Lehrmethoden, statt den Intellekt zu fördern, ein Verschließen und Abstumpfen des Verstandes bewirkten. Wir sind zu etwas Grundsätzlichem zurückgekehrt: Das Erleben und Verstehen durch unsere Augen, durch die Linse unseres Geistes und unseres Wesens. Wir reagieren alle auf die Symbole um uns herum. Die Symbole, die wir schaffen, sollten sorgfältig durchdacht sein. Hier tritt erneut die Verantwortung der klaren Absicht auf. Sie beginnt, wenn du aufwachst. Es wird deine tägliche Praxis, nach dem Aufwachen zu beten, Dank zu geben für das werdende Licht, das Licht des reinen Geistes in dir selbst und die Saat des richtigen Handelns. So gestalten wir Menschen auf einfache Weise unser Schicksal und unser Morgen. Wir weben ein Muster des Lichts mit unseren Gedanken und Handlungen, aus Verständnis und Klarheit. Sich jedes Moments bewußt sein, wissen, daß man nicht aus der Vergangenheit heraus, sondern aus dem Jetzt handelt. In diesem Augenblick hier zu sein, das ist die Herausforderung, daß sich der erwachsene Mensch auch tatsächlich als solcher verhält. Dies bedeutet, sich selbst zu kennen.

Jene Lehren werden jetzt aufgrund von Worten, Gebeten und Hoffnungen meiner Großeltern und anderer Alten hervorgebracht, die Veränderungen vieler Dinge mitangesehen hatten und in wunderbarem Verständnis und Frieden lebten. Ich gelobte ihnen, daß ich die Lehren weitergeben würde, die ich von ihnen hatte, daß ich die Weisheitsbündel tragen würde, die sie mir gaben. Was heißt es, ein heiliges Weisheitsbündel zu tragen? Es bedeutet, in deinem Herzen den Gedanken zu tragen, daß wir als Menschen in Frieden leben können, daß wir die Vorstellung von Entbehrung ablegen und zu der Erkenntnis von Fülle und Frieden kommen können. Wir gestalten unser Schicksal mit den Gedanken, die wir in uns tragen. Es ist Zeit für uns, an große Gärten und solche Dinge zu denken. Der üppige Regen kann das Wasser der Vergebung sein. Vergebung, die in dieser Zeit sehr benötigt wird, damit wir in Gruppen und als Familien zusammenarbeiten können. Es ist wichtig, daß wir die Verständigungsfehler überwinden, die im Laufe der Jahre geschehen sind, und wir wissen, daß wir im Geiste vergeben können, ohne Anhaften und ohne Anschuldigungen, die uns immer wieder in früheres Verhalten zurückwerfen. Wir können eine Denkart entwickeln, die es ermöglicht, nie wieder in einer Weise zu handeln, die Schmerzen verursacht oder die Illusion des Getrenntseins hervorruft. Jeder von uns ist im Kreise notwendig. Es gibt viele Wege, mit der Verbreitung des Friedens zu beginnen. Das fängt bereits in diesem Moment an, mit der Wahrnehmung des Lichts und des eigenen Lebenszwecks. Unsere Intellekte tanzen und gestalten die Faser des Lebens. Den eigenen Sinn und Zweck zu erkennen, ist ein sehr wichtiger Moment der Vision. Welches Ziel hat man, welche Gaben bringt man mit? Wie ist die eigene Stimme in dem sich entfaltenden kosmischen Tanz von Bedeutung? Deine Stimme ist eine Harfensaite, deine Gedanken sind die Obertöne, die immer weiter getragen werden. Wir weben einen Teppich des Lebens. Wenn wir den Strom erkennen, den Zyklus, die Rhythmen in uns selbst, lernen wir, daß es Zyklen des Mondes, des Geistes und der ewig pulsierenden ätherischen Energie gibt, die sich ständig verändern und erneuern. So verändern wir uns ohne Unterlaß. Das ist die Kraft, die Erneuerung der Faser des Lebens selbst, wenn man im Herzen beschließt, Frieden mit sich selbst zu schließen. Vergebung ist der Balsam, die lindernde Salbe, so daß man Weisheit und die Fähigkeit zu lieben erkennen kann, das Mitgefühl, welches Angst und Zorn abwendet, die Schönheit erkennbar macht und die Form der planetarischen Erleuchtung hält.

Wir sind die Tage und wir sind die Nächte, und die leuchtenden Sterne. Wir sind heilige Wesen. Sich diese Wahrheit in Erinnerung zu rufen, heißt, die Sonne und den Mond in unserem eigenen Körper als tanzende Spiralen zu empfinden, große Mysterien des sich entfaltenden Geistes. Es bedeutet zu fühlen, wie uns die Erde erhält und die Erde durch den Puls der fünf Prinzipien, der fünf Töne, der fünf Farbströme, die durch den Nabel ziehen, zu erhalten. Aus dem Nichts kam ein Klang hervor, und der Klang ist Absicht, der Wille zu sein. Absicht versetzt die Weisheit des Wissens in Bewegung. Die Weisheit, die sich selbst als Liebe sieht. Liebe erkennt den Willen und die Absicht und weiß, daß Verwirklichung durch aktive Intelligenz, aktiven Geist, vollbracht wird. Das heilige Dreieck bringt Form hervor und ist in jeder Kultur das Symbol der Manifestierung.

Geheiligter Klang, fünf Töne entspringen dem Nichts, und

sie verbinden die rechten und linken Hirnhälften. Auch haben sie eine Fähigkeit zu heilen, denn jedes Organsystem des Körpers schwingt mit einem besonderen Oberton, der sich in einem Zyklus, einer pentatonischen Skala, bewegt. Die menschliche Natur steht in Beziehung zu einem Zyklus von fünf, die Musik aller Urvölker ist auf einer pentatonischen Skala aufgebaut. Die pentatonische Skala ist symmetrisch, so wie die Schönheit unserer Natur geordnete Form hat. Die Intervalle besitzen eine gewisse Kraft, von der wir nicht sprechen können, die wir aber hören. Unsere Körper und unser Geist reagieren darauf. Wir sind die Musik, wir sind der Klang, da alles Schwingung und Schwingung Bewußtsein ist. Sieh den Klang. Höre das Licht. Begreife das, was wir sind: Dauernd im Zustand der Veränderung, dauernd in Bewegung. Und innerhalb dieser Bewegung herrscht vollkommene Stille.

Der Klang der Erde ist ein Puls in unserem Innern, und wir können den Puls durch Tanz und Gesang dirigieren. Es gibt ein sehr altes Lied, den Gesang der Erde, der aus der Gegend stammt, die heute den Staat New York bildet. Es handelt von den Paumonkees, einer großen Indianernation aus längst vergangener Zeit. Vor einigen Jahren bereiste ich das Gebiet zusammen mit einem Indianer aus Mittelamerika. Etwas rief uns sehr stark an, zog unsere Herzen und unser gesamtes Wesen hin zu einer Stelle im Wald, weit hinter einer Wiese. Dort sahen wir ein Feuer, ein wandelndes Licht, und dann hörten wir den Gesang. Es war eine Mutter des Hirschklans, die durch die Gegend ging und einen Zyklus von Gebet und Gesang pflegte, weil sie das Wissen und das Verantwortungsgefühl besaß, Gutes zu erzeugen. In ihrem Herzen weiß sie, daß ihr Morgengesang der Welt Freude bringt, die Sonne am Leuchten hält, so wie wir wissen, daß die Tänze der Hopi die Welt zusammenhalten. Der Gesang, die Bewegung und der Gedanke, sie alle sind eins. In diesem Augenblick ist es unsere Aufgabe als Menschen, den heiligen Gesang und unsere Rolle in diesem Tanz zu begreifen, den Strom aufmerksam zu beachten, das zu sein, was wir sind.

Die Bewegung und der Klang. Sie sind in dir. Sie sind du. Durch die Schädeldecke und von unten durch die Wirbelsäule erhalten wir Energie, sich herab und hinauf bewegende Spiralen, die sich in entgegengesetzten Richtungen drehen. Spüre das Licht, empfinde den Klang, der dich durchzieht, während du ein einfaches, vom Herzen kommendes Gebet sprichst. Empfinde deinen Atem, dein sich ausweitendes Bewußtsein. Verzeihe dir selbst und nimm das Licht in dir wahr. Sei dir der Energiespiralen bewußt, die dein Rückgrat durchziehen. Laß dein Herz sich öffnen, den Atem fließen. Laß das Zwerchfell sich voll und ungehindert bewegen. Spüre die Energie der Erde, die in deinem Rückgrat hochzieht, die des Himmels, die durch deinen Kopf herabsinkt; wie sie sich in deinem Herzen treffen und sich ausbreiten, nach außen strahlen. Erkenne einfach jene Kraft der Liebe, die dich und das Universum vereint darstellt. Wenn du dein Innerstes verstehst, hast du Kenntnis von allen Dingen. Liebe und Weisheit sind Energien, die fließen, ein Bewußtseinsstrom, in dem wir alle schwimmen. Ein »Stromschwimmer« sein heißt, eins mit dem Fluß zu sein, befreit von allen Konfliktgefühlen des Getrenntseins.

Lausche dem heiligen Klang. Erlaube es der Vollkommenheit, dem Muster der Freude und des Einklangs im Körper, sich zu verwirklichen. Akzeptiere dein eigenens Licht. Kein Schämen und keine Schuldzuweisungen, nur das Beobachten des Verstandes. Zu gegebener Zeit wird er ganz ruhig. Laß an Gedanken und Vorstellungen aufkommen, was will, denn Unterdrückung hieße, das leugnen, was ist. Nimm den Fluß der Gedanken zur Kenntnis. Sie werden sich beruhigen, aber übernimm die Verantwortung für diese Gedanken. Denkt man: »Ich kann nicht« oder »Ich werde nicht« oder »Mein Leben ist voller Verzweiflung«, dann werden diese Schwingungen zur Realität. Bejahe das wahre Wissen des Herzens: »Mein Leben ist von Freude erfüllt«, da du weißt, daß sich die Lebensfamilie im Einklang und in richtigen Beziehungen bewegt, daß aus dem ersten Licht zwei, dann drei wurden. Das blauweiße Licht des Willens brachte das rote Licht hervor, den rosafarbenen Schein der Liebe und Weisheit. Und Liebesweisheit, die sich selbst erforschte, gebar das goldene Licht der aktiven Intelligenz. Aus dem Einen wurden Drei, entstanden aus dem heiligen Klang.

Von dem Einen kamen wir und zu dem Einen werden wir zurückkehren. Alleine in dem einen Körper, in dem du dich in diesem Moment befindest, gibt es viele Wesen, deine Zellen und dein Potential. In Verbindung mit all jenen Wesen zu sein, harmonisch die Weisheit der vielen innerhalb des Einen auszudrücken, bedeutet, integriert zu sein, in Herrlichkeit aufzublühen.

Ein alchemistischer Vorgang findet in der tiefen, einfühlenden Erforschung dessen statt, was wir sind. Es geschieht eine Umwandlung von Energie: Die Elektronen fangen an, sich anders zu drehen, und der Geist erkennt, daß er fortwährend ist. Zeit ist ein Strom ohne Anfang und ohne Ende. In unserem Denken bevorzugen wir es, gewisse Formen und Muster zu schaffen. Ich lade dich jetzt ein, die Formen zu erforschen, die sich in deinem Körper befinden; die drei Qualitäten des Intellekts zu spüren, die durchzogen sind von der Kraft des Willens, dem Licht dessen, was ist, sowie des Gleichgewichts der Leere, Null, wie in deinen Hohlorganen gezeigt. Lausche dem, was innen ist, erkenne die Weisheit, die du bist. Rufe eine Umwandlung innerhalb deines Körpers, deines Verstandes hervor. Eine Veränderung der Drehungen der Elektronen, damit du wieder in Einklang mit dem kommen kannst, was du bist, Vorstellungen von »die« und »wir« wegbrennst, die Einheit des Intellekts enthüllst.

Durch den Atem kamen Himmel und Erde zusammen; durch den Atem ahnen wir die innerliche Ausgewogenheit von Mutter/Vater. Dieses Zusammenkommen in Erinnerung zu rufen, stellt einen wichtigen Weg dar, die Erde und unsere Herzen zu erneuern. Der Mensch hat viele Facetten, viele Welten gibt es im Licht. Zuerst ist da ein Gedanke, eine Vorstellung von Menschen, die in Einklang leben. Dann ist es eine tatsächliche Erfahrung und Herausforderung in deinem Leben, aus der Tiefe deiner Natur heraus den vielen Facetten des Kristallichts zu begegnen, dich und jeden anderen Menschen als eine Seite eines wunderbaren Kristalls zu sehen. Wie sollst du deinen Gesang singen? Wie kannst du die Vorstellung verwirklichen, daß wir planetarische Wesen des Lichts sind, die in Einklang leben können? Oder die reichbegnadeten Wesen, die dazu fähig sind, alles hervorzurufen, was das Volk benötigt? In unseren Herzen und im Geist, dem Licht unserer Phantasie, beginnen wir, den Weg der Entschlossenheit zu erkennen. Als erstes heißt es, Frieden mit uns selbst und allen, die wir kennen, zu schließen. Sprengen wir die Eisdämme des Stolzes, lassen wir die Wasser der Vergebung fließen. Sei selbstsicher auf dem Pfad der Erforschung, suche zum Wohle aller Wesen energisch die vollständige Erleuchtung. Wisse, daß Zorn, Schmerz, sich schämen und Schuldzuweisung nur Gedankenformen sind, Wellen auf dem stillen See. Du besitzt eine Qualität, die diese Gedankenmuster beruhigen kann, indem du das Festhalten an Vorstellungen von Konflikt, Getrenntsein und Entbehrung ablegst. Solche Gedanken kommen auf; sind sie du?

DER LEBENSZWECK

Wie sollst du Prioritäten in deinem Leben aufstellen, um die richtige Ordnung zu schaffen? Die erste Priorität des Lebens ist, dem kreativen Prinzip in dir selbst treu zu bleiben, zu erkennen, daß du das Geschenk des Lebens besitzt, und dieses Geschenk hütest. An zweiter Stelle kommt die Verantwortung deinen Eltern, deiner Familie und deinen Freunden gegenüber, das Beste in ihnen wahrzunehmen. Das Beste in anderen hervorzurufen, deinen besonderen Sinn und Zweck im Leben zu verstehen und nicht das zu verschenken, was du weißt, bis du sicher bist, daß es auch wachsen wird – das ist wichtig.

Wie kannst du dir deines Zweckes sicher sein? Betrachte, was dir leichtfällt. Welche Gaben verwirklichen sich in deinem Leben zur Zeit am leichtesten? In welchen Bereichen fühlst du dich berufen, tätig zu sein? Sind die Talente dafür vorhanden oder nicht? Wann spürst du den klarsten Energiefluß? Auf welchem Teil der Erde fühlst du dich am wohlsten? Wenn wir diese Energie analysieren, wie auch das Empfinden von Erfülltheit und Entspannung des Herzens und den Eindruck eigener Stärke oder Schwäche, sind wir besser in der Lage, klar festzustellen, was unsere besonderen Begabungen sind, und welche Bereiche wir in diesem Leben weiter entwickeln sollten.

Unter Umständen haben wir vier oder fünf Aufgaben in einem Leben. Manche Menschen blühen schnell auf, erreichen viele Ziele. Andere sind eher wie eine seltene Orchidee. Sie entwickeln sich und treiben ihre Blüten fast im geheimen, Jahre nachdem kaum jemand noch daran denkt, daß die Saat gepflanzt wurde. Also brauchen wir uns nicht um anderer Menschen Willen zu kümmern, wann oder wie wir zur Erkenntnis der eigenen Aufgabe gelangen. Wir gewinnen Verständnis unseres Selbst in Übereinstimmung mit unserem

Lebenszweck sowie der Entfaltung unserer eigenen Vision und dem Ansammeln von Lebenskraft aus diesem Leben und anderen. Der weise Mensch geht an den Kern der Dinge und untersucht die eigene Natur. Die erste Verantwortung heißt: Um dich selbst zu kennen, verstehe deinen eigenen Geist. Kenntnis des Selbst ist Kenntnis des Willens, der klaren Absicht zu sein, das Erkennen, wie sich seine Fäden durch alle Aspekte des Lebens ziehen. Und es ist die Verantwortung jedes Menschen, seine Familie und seine Verwandten zu verstehen. Das Verständnis der Familie ist das Erkennen der Sonnen- und Mondenergie in dir selbst, das Positive und Negative, die Mutter und der Vater – und zu erkennen, wie in der Mitte deines Rückgrats Leere herrscht und wie das Potential kindähnlichen Weisheitskörpers sich entwickelt. Deine Beziehungen zu deinen Kollegen und deinem Klan, dem Land, in dem du lebst, und deiner Nation sind auch sehr wichtig. Also ist es eigentlich sehr einfach. Es liegt an dir und der Schöpfung.

Wenn du die Konzentration deines Geistes stärker darauf richtest, dein Potential auf kreative und harmonische Weise zu verwirklichen, kommt der Widerhall des Universums, der besagt:»Das ist gut.« Für den Studenten ist es das unerwartete Stipendium, für einen Kaufmann kann es der geschäftliche Aufschwung sein. Das Universum reagiert immer auf unsere Fragen, sagt uns :»Das ist gut, dies ist richtig« oder vielleicht:»Warte damit.« Wir treffen also Entscheidungen nicht alleine, sondern in Beziehung mit der Welt, die uns umgibt. Wie stellt sich meine Pflicht als Individuum dar, wie kommen meine Talente der Welt zugute? Was für ein Rückfluß wird eintreten? Kann ich etwas schreiben, was den Menschen helfen wird?

Manchmal sind wir uns unserer Begabungen bewußt und fragen uns, was wir brauchen werden, um sie freisetzen zu können. Wie sollen wir das beseitigen, was unser großes Potential behindert? Dies ist sehr wichtig. Hier kannst du die kreative Kraft des Rituals anrufen. Richte einen speziellen Platz her, einen Schrein, einen Ort zum Beten, zum Studieren, wo du deine eigene Natur und die ganze Welt beobachten kannst. Bringe Rauchopfer von Salbei, Süßgras oder Weihrauch und Myrrhe dar, was immer dir paßt, um den Ort zu reinigen. In deinem geistigen Auge, dem deines Herzens, umgib den Bereich mit Licht, damit du eine klare Richtung und eine klare Verbindung mit der Saat deines vollkommenen Geistes gewinnst. Achte dann darauf, ob dir gewisse geistige Einstellungen im Wege stehen. Manchmal haben Menschen Angst vor Erfolg, sie ist weit verbreitet. Wie überwindest du diese Angst, erfolgreich zu sein, dein Ziel zu erreichen? Dahinter steht eigentlich nur Faulheit, denn du weißt, was du leisten kannst, doch schaltet sich dauernd ein »wenn« oder »aber« dazwischen. Wie kannst du diese Störungen ausschalten? Wie kommt es, daß wir die Fähigkeit verloren haben, unsere Kräfte selbst zu mobilisieren? Wie kam uns der essentielle, uns eigene innere Frieden abhanden? Welche Einstellungen und Gedankengänge verbauen uns die klare Sicht auf unser Selbst? Nach Auffassung der Ureinwohner Amerikas ist die erste Illusion, mit der wir konfrontiert werden, die des Stolzes, der Denkweise von Mehr- und Minderwertigkeit. Im Kreis sind alle Dinge miteinander verwandt, es gibt kein Gefälle. Nichts ist alleine, alles steht in Verbindung. Wir befinden uns in der Familie des Lebens. Jeder Mensch besitzt den Funken des Willens, des klaren Geistes. Wir dienen alle einem besonderen Zweck, haben einen Grund, zu dieser Zeit hier zu sein. Um diesen heiligen Zweck klar erkennen zu können, unternehmen wir die Visionssuche, die Reise nach Innen. Wenn wir den Tempel des Verstehens aufsuchen, können wir klar verstehen lernen und erfahren, welche Gaben wir besitzen und was unser Zweck in dieser Zeit ist.

Der Tempel des Verstehens ist in uns und umgibt uns. Im Tempel befindet sich eine große Bibliothek, in der der Werdegang aller Dinge festgehalten wird. Die Bibliothek ist ein Studierraum für jeden einzelnen von uns, in welchem wir alle Programme unserer Äußerungen in diesem und anderen Leben, die gleichzeitig existieren, aufgehoben haben. Während du dich umsiehst, wirst du als erstes deinen Daseinszweck, Gutes zu tun, bejahen wollen und dann die Lebensmuster untersuchen, die sich durch dein Leben bewegt haben, um festzustellen, ob sie sich im Einklang mit deinem Hauptzweck in diesem Leben befinden. Tun sie das nicht, so gibt es ein Feuer innerhalb des Tempels, das immer brennt und nie raucht. In dieses Feuer sollen wir die alten Muster werfen, wenn wir ein neues Bewußtseinsmodell entwerfen, eine unzweideutige Affirmation unseres Zwecks. Sollten wir in uns Angst bei der Vorstellung empfinden, unseren göttlichen Qualitäten und der Kraft unseres Wesens, der kreativen Macht, gegenüberzutreten, so wollen wir dieses Drehbuch nehmen und verbrennen und ein neues schreiben, eines, das besagt:»Ich werde alles sein, was ich sein soll, und werde alle meine Gaben manifestieren.« Auch ist es von Nutzen, unsere Beziehungen zu betrachten, zu untersuchen, wie wir mit anderen Menschen teilen. Wo befinden sich die Stellen des geringsten Widerstandes, der klarsten Verständigung? Bejahe solche Brücken, diese Fasern des Lebens. Und die Behinderungen, die Beziehungsmuster und Einstellungen, die der Manifestierung deines Potentials im Wege stehen, müssen abgerissen, freigestellt, dem Feuer geopfert werden.

Die Tsalagi sagen, daß es grundsätzlich sieben Arten von Menschen gibt. Da gibt es den Menschen, der sich entlang der Willenslinie bewegt; das könnte der Zeitnehmer sein, der Trommler. Dann gibt es den Friedenshüter, der Weiße Häuptling, der nie Blut vergießt. Er ist der Mensch des mitfühlenden Weges, der immer bemüht ist, Frieden herbeizuführen und Zorn abzuwenden durch Gebete und großzügiges Handeln. Es gibt den, der nach seiner Vorstellungskraft baut, das goldene Licht des klaren Geistes vor Augen hat und durch seine Worte und Taten das hervorbringt, was allen nützt. Dann gibt es die Erbauer von schönen Stätten, die Träumen feste Form verleihen zum Wohle aller und die entlang dem gesamten Strom des Geistes des Klans oder der Gruppe verstehen und kommunizieren können. Und es gibt die Wissenschaftler, diejenigen, die auf Einzelheiten achten, gewissenhaft beobachtet haben, um feststellen zu können:»Dies und das zusammen wirkt sich so auf die Umwelt aus, jenes und das erzeugt die Weisheit der Bioresonanz; der Berg hat erhabene Gedanken, und der Mann am Ufer besitzt die Weisheit der Wellen.« Dieses ist die Wissenschaft der Bioresonanz, das Beachten der besonderen Weisheit in jedem Einzelnen und die Erkenntnis, daß alles eins ist. Dann gibt es den Menschen, der die Weisheit des Herzens versteht, sich dem Ideal und dem Hervorbringen des Guten zum Vorteil aller Wesen widmet. Dieser Mensch beschäftigt sich nicht« mit Wissenschaft oder dem »Wie« der Dinge, sondern einfach mit Sein und Tun, dem Wohlergehen der Menschen völlig hingegeben. Es gibt auch den Rüttler, den Umwandler, der Lebenskraft schafft. Er ist derjenige, der an alten Gedankenformen rüttelt, das beiseite tut, was abgelegt werden sollte. Er ist der Mensch, der den Amethyst trägt und mit violetter Flamme glüht.

Jeder von uns strahlt und ist irgendwann im Leben im Einklang mit diesen diversen Strahlen. Wenn wir den Punkt der vollständigen Integration erreichen, treffen wir eine Entscheidung: Werden wir unser Bemühen alleine für unsere eigene Erleuchtung fortführen, oder werden wir zum Wohle aller Wesen arbeiten? Werden wir auf der Erde weitermachen oder zur Saat eines künftigen Lebens in Form eines Planeten werden? Jene Inseln in Zeiten des Durcheinanders, die Wesen, die beschließen, eine Zwischenstation für den sich ausweitenden Intellekt zu bilden, sie sind wundersame Lehrer. Meine Lehrerin, meine Großmutter Nellie, ist ein Planet geworden. Ihr Herz war so groß, ihre Gebete so rein. Sie brachte immer Menschen nach Hause, die sie zum Essen einlud. Und manchmal fragten ihre Kinder und andere:»Wozu das?« Und sie schaute dann nur, lächelte und fragte:»Hast du genügend, mein Liebes?« Sie erinnerte uns damit an die Fülle des Universums und an die Kraft des Mitgefühls. Die Gabe des Gebens ist die Gabe des Erhaltens. Also wurde es ihr Weg, ihre Lebensweise über diese Zeit hinweg mit sich zu nehmen, um einen Ort der Ruhe für solchen Geist zu schaffen, der über das Lernen auf der Erde hinausgewachsen war. Andere hingegen entscheiden, auf der Erde zu verweilen, bis der letzte Mensch und das letzte Wesen das Mysterium des Lebens erkennt und versteht.

Sei dir der Macht des Geistes bewußt, vergiß nicht, daß wir uns alle im Prozeß der Veränderung befinden, uns entfalten, und gönne dir Freiheit von Zweifeln. Wir können auswählen, wir können weben; wir halten die Form, wir tanzen sie, und der Moment kommt, wenn sie von jedem von uns widerrufen wird. Wir sind Menschen. Wir können in Einklang und Würde leben. Wir können Frieden schließen, uns selbst befähigen, friedvoll zu sein. Das ist eine Affirmation, eine Hoffnung, eine Vision. Kraft ihres Klanges ist sie Wirklichkeit.

Mögen unsere Herzen immer das klare Licht des Geistes erkennen. Laß uns die Ganzheit unseres Menschseins bejahen. Laß uns die Weise der sich ergänzenden Entschlossenheit in uns selbst bejahen, wie auch in all unseren Beziehungen. Laß uns das klare Licht des Geistes in jedem Menschen, dem wir begegnen, würdigen. Der Weg der Schönheit, der Große Frieden, ist unser »Auf-uns-selbst-treffen«, die Wahrnehmung unseres Geistes, die Beendigung jener Wellen und Gedankenformen, die zu Unstimmigkeit führen. Laß uns die Saat des Friedens in allen unseren Handlungen, Gedanken und Worten säen. Laß uns den »Heiligen Reif« erneuern.

Ꭾ ꮙꮐꭳꭳꭲꭽꮐ

He! ha yu ya ha ni wa - - Yo ho!

ꮳꮝꮾꮕꮙꮢꭳꭼ

Tsi(s) tu yi ne ha(n) du ya nu - - Yo ho!

In Tsistuyi wurdest du gezeugt - - Yo ho!

ꮈꮐꭾꮕꭾꮢꭳꭼ

Ku wa hi ne he(n) du ya nu - - Yo ho!

In Kuwahi wurdest du gezeugt - - Yo ho!

ꭴꭳꮰꮕꮙꮢꭳꭼ

U ya(h) ye ne ha(n) du ya nu - - Yo ho!

In Uyahye wurdest du gezeugt - - Yo ho!

ꮤꮐꮕꮙꮢꭳꭼ

Ga te(g) wa ne ha(n) du ya nu - - Yo ho!

In Gategwa wurdest du gezeugt - - Yo ho!

4

DIE FAMILIE DER MENSCHHEIT

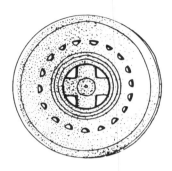

Möge das klare Licht des erwachten Geistes deutlich werden.
Möge jeder Mensch eine Bejahung der innewohnenden
Schönheit singen. Möge der Geist, der alle Wesen vereint –
als die Basis des Daseins, das wir innerhalb der Familie der
Menschheit teilen –, anerkannt werden.

IN der Tradition der Tsalagi bildet die Vorstellung »alle
meine Verwandten« den Anfang und den Schluß vieler
Gebete. Jeder Mensch wird als ein Verwandter im Gesamt-
schema der Dinge betrachtet. Angesichts der Tatsache, daß
kein Mensch erst kürzlich aus der Leere geboren wurde, sucht
jeder Mensch durch die Energie von Anziehung und Abstoßung Eltern als Pforte zur Geburt. Alle Wesen haben Teil an
den Beziehungen des Lebens auf der Erde.

Da Familien Nachbarschaften, Dörfer, Stämme und Nationen bilden, stellen die Beziehungen der Familienmitglieder
zueinander die Fundamente der gesunden Gemeinschaft dar.
Die Muster einzelner Beziehungen hallen in allen Ebenen des
Seins wider. Der Bauer schafft Beziehungen zum Land und
seiner Nahrung; das Kind steht in Beziehung zu seinen

135

Beschützern; der Jäger steht in Beziehung zu den Tieren, die gejagt werden. Die intellektuellen Qualitäten des Einzelnen werden von den Kodexen der Familie, des Stammes oder der gesellschaftlichen Klasse über ethisches, moralisches und nutzbringendes Verhalten verfeinert und »poliert«. Solche Kodexe bilden den Hintergrund individueller Perspektiven. Der Bauer erkennt, wo am besten gepflanzt werden sollte; der Jäger entdeckt die Spur des Wildes.

Eine miteinander geteilte Weltanschauung bringt spirituelle Praktiken hervor, die die Harmonie innerhalb der Familien, Stämme und Nationen erhalten. Durch mündliche Lehren und praktische Beispiele wird die kulturelle Prägung der Gruppe auf einzelne Mitglieder übertragen. Die gemeinsame Betrachtungsweise entsteht durch das Beachten der Naturzyklen. Die Stellungen der Sonne und der Sterne zeigen die besten Zeiten an, wann zu pflanzen ist und Zeremonien abzuhalten sind. Auf der Familienebene ist es offenbar, daß Kinder, die im Frühjahr zur Welt kommen, bessere Überlebenschancen haben werden. Menschen, die zusammen leben und gemeinsam die Zyklen des Lebens feiern, merken, daß gewisse Verhaltensweisen besser als andere geeignet sind, die Harmonie in der Gruppe zu erhalten. Diese vorteilhaften Verhaltensweisen werden dann die Norm und finden als spirituelle und ethische Verantwortung ihren Ausdruck. Diejenigen, die sich gegenüber subtilen Formen von Verständnis und Kommunikation sensibel zeigen, werden zu spirituellen Lehrern ernannt. Früher wären solche Menschen Anwärter für das Priestertum geworden.[1]

Die Tsalagi waren traditionell Bauern und Jäger, die in unmittelbarer Beziehung zu dem Land und seinen Tieren lebten. Das Konzept der Gegenseitigkeit findet nach wie vor in Opfergaben an die Erde vor dem Pflanzen und der Ernte Ausdruck wie auch in Gebeten des Dankes und der Abbitte an das erlegte Wild. Dahinter steht der Grundgedanke einer spirituellen Weltanschauung, die alles in Bezug zueinander sieht. Indem man sich den Wesen dankbar zeigt, die man verzehrt – ob Fleisch, Getreide, Obst oder Gemüse –, hegt man die Saat für zukünftige Gärten; die Knochen werden zu Werkzeugen oder Dünger verarbeitet, nichts wird verschwendet.

So durchzieht ein grundlegendes Gefühl der Verwandtschaft alle Aspekte des Tsalagi-Lebens. Jeder Einzelne steht in herzlicher Beziehung zu sich selbst und anderen, der Nation und dem Planeten – ja, zum gesamten Universum. Alles ist in diesem Traum des Lebens miteinander verwandt.

Die Erde lebt und singt und ruft uns auf, unsere heiligen Plätze einzunehmen, unseren Tanz des Lebens nicht zu vergessen. Sie ruft uns auf, zu erkennen, daß wir alle um das heilige Rad kreisen, wo immer unsere Traditionen auch herrühren mögen, wir alle sie zum Großen Baum des Friedens zurückverfolgen können.

Laßt uns eine starke Familie der Menschheit werden, indem wir die heilige Gabe des Lebens ehren und achten, indem wir die Weisheit des Mitgefühls verwirklichen und indem wir aktive Intelligenz kultivieren, um Instrumente des Friedens zu schaffen. Das vollkommene Feuer der Weisheit brennt in jedem Menschen. Manchmal ist es nur etwas Glut, die unseren energischen Einsatz erwartet, um zur Wahrheit zu werden. Dennoch ist die Saat der Weisheit, des vollkommenen Geistes, vorhanden. Um für einen selbst und andere zu keimen, braucht die Saat das Wasser des Mitgefühls. Überlege, wie deine geistige Klarheit anderen helfen könnte. Wenn du deinen eigenen Verstand verstehst, bemerkst du, daß deine tägliche Beschäftigung mit Nahrung, Geborgenheit und Freundschaft der anderer Wesen ähnelt. Überlege, was du für andere tun könntest, damit du Einblick in dein eigenes Potential erhältst und Wege gestaltest, um Nutzbringendes zu schaffen. Mit einer fürsorglichen Einstellung gegenüber allen Wesen gewinnt man Einsicht und kann Muster der Dissonanz in den eigenen Denkgewohnheiten umwandeln. Das Leben ist ein kostbares Geschenk, das geteilt werden soll. Durch eine Fülle von Beziehungen sieht man die Reflektion der wahren Natur des Geistes. Für die Tsalagi ist der größte Reichtum die Freundschaft.

Jeder Mensch ist gehalten, dem Planeten und allen Verwandten den Klang der Schönheit, die Kraft des Gebets und das Gefühl von Harmonie zurückzugeben. Aus der Leere ging ein Klang hervor, und der Klang war Licht, das die drei heiligen Feuer des Formbaus hervorbrachte, die »Drei Alten-Feuer im Himmel«. Heiliger Wille, unser Stimulus zu sein, der unsere Absicht, in unseren Handlungen und unseren Gründen weiterzumachen, manifestiert: Der ewig strömende Fluß der Weisheit, das Gefühl unseres Einsseins mit allen Wesen, das

Verständnis, daß alles, was kriecht, läuft, fliegt oder schwimmt, in irgendeiner Form mit uns verwandt ist. Indem wir diesen Fluß in uns selber erkennen, steigt die Bewunderung und die Achtung für das Leben, das sich in jedem Teil des Flusses manifestiert: wählerische Weisheit, Verständnis, verschärfter Intellekt, ein Spiegelbild des einen Klaren Lichts. Übernimm die Verantwortung für deine Gedanken; kultiviere Saat der guten Zukunft. Es muß jetzt getan werden. Wenn wir die heilige Symmetrie des Universums erkennen, bemerken wir, daß Verlangen und Gedanken, die dem Herzen entspringen, besonders wirksam sind. Ein von Zorn erfülltes Herz beschwört Konflikte herauf; das von Freude erfüllte Herz inspiriert freudvolles Handeln. Der Wunsch nach der Geisteshaltung des Friedenshüters bestimmt einem einen Kurs der Konfliktlösungen. Der Glaube,»daß es geschehen wird«, belebt die Flammen der Einsicht. In dem Moment, in dem du dich nach dem Glauben und dem Gefühl der Wahrheit richtest, strömt ein Energiefluß nicht nur durch dein Wesen, sondern er berührt auch das Herz der Erde.

Mutter Erde nährt uns weiterhin über eine unsichtbare Nabelschnur. Fünf Qualitäten der Energie entspringen ihrer Brust und treten als Klangenergie für jedes Organsystem in unseren Nabel ein. In Nordamerika nährt die Note A die Leber und ermöglicht es unseren Absichten, Form anzunehmen. Die Note C nährt das Herz und den Dünndarm und sendet Wellen der Wärme, um die Saat der guten Beziehungen keimen zu lassen. Ideen und Umwandlungen werden von der Note D angeregt, die in die Milz und den Magen fließt, während die Nieren die Note G erhalten, die den heiligen Willen zu sein verstärkt. Die Note E nährt die Lungen, und der Geist nimmt die Ruhe des Flusses war.

Fünf Ströme, die in den Nabel einfließen, Ausdruck des Geistes, der den Körper nährt. So wie die Note, von der Saite eines Instruments entlockt, Obertöne hervorbringt, die mehrfache Harmonien entstehen lassen, so versetzt auch der Mensch Bereiche großer Resonanz in Bewegung. Es ist das körperliche wie mentale Wesen, das diese Bereiche prägt, und alles entfaltet sich durch Schwingungen. Die Absicht, der Gedanke, sie sind Schwingungen, deren Obertöne auf körperlicher Ebene wahrgenommen werden können. Ein Weg, diese Beziehungen klar zu sehen, besteht in der Ausrichtung der

Organsysteme durch Klang. Dadurch können Veränderungen im gesamten Wesen bewirkt werden. So kann zum Beispiel die Reaktion der körperlichen Entspannung durch gewisse Musik mit tieferem Atmen ausgedrückt werden. Nach den Heillehren der Tsalagi steht die Leber in Beziehung zu dem Element Holz. Sie bildet die verkörperten Wurzeln deines Bewußtseins. Die Leber nährt die Seele durch Assimilation und Synthese. Ihre größte Kraft liegt in der Synthese der Erfahrung. Die Erfahrung kehrt in den Strom deiner gesamten integrierten Natur zurück, wenn Hindernisse im Nervensystem entfernt werden, besonders in den drei Hauptkanälen der Wirbelsäule. Diese drei Kanäle sind die »Drei Feuer«, von denen wir sprechen: Wille, Mitgefühl und aktive Intelligenz.

Das Herz empfängt den Geist. Damit ist der einzelne Denkvorgang gemeint, der die Verkörperung wählt, um zu lernen, besondere Weisheiten zur Quelle ihrer Natur zu bringen. Im Sinne körperlicher Funktionen kann der Geist als der individualisierte Aspekt des Intellekts beschrieben werden. Das Herz nährt auch den Dünndarm sowie die Vorgänge des Verdauens und Ausbauens. Sie alle sind mit dem Element Feuer verwandt.

Die Milz steht mit Ideen und Umwandlungen in Verbindung. Sie reißt das ab, was alt ist, und baut Neues in Beziehung zu den Blutfaktoren. Sie hat auch eine Folgeerscheinung in unserem Bewußtsein. Die Milz ist ein Organ, dessen subtile Natur und ätherisches Gegenstück durchaus mit dem Prozeß der Umwandlung zu tun haben, wie auch die Nebennierendrüsen. Die Milz ist ausgewogen geladen, während Leber und Herz eher positiv geladen sind. Die Milz ist ein Erdelement, das auch mit dem Feuer verbunden ist. So wie in der Musik eine Note alle Klänge enthält, so ist Yang in Yin und Yin in Yang, ist Süden im Norden und Norden im Süden. Es gibt immer die Kontrapunkte der internen Symmetrien. Zu gewissen Zeiten kehren sie sich im menschlichen Zyklus um, verändern ihre Resonanzen, was mit den Biorhythmen des Einzelnen zu tun hat. Sich dieser Änderungen bewußt zu sein und sich in Harmonie mit ihnen zu bewegen, bedeutet auch, den Weg der Schönheit besser gehen zu können. Alles kommt auf unsere Absicht zurück, unser Handeln und unsere Beziehungen. Wir sehen den Zyklus der Gegenseitigkeit, diesen Zyklus der Erneuerung, der sich mit unserem Denken fortsetzt. Darin verleihen wir uns selbst Kraft und rufen bedeutende Echos der Harmonie in unserem gesamten Umfeld hervor. Unsere kreativen und intuitiven Fähigkeiten werden auch durch das Bewußtwerden der Zyklen gefördert. Die Lungen sind in ihrer Ladung weiblich, oder negativempfänglich. Die weibliche Energie erweitert sich nach außen hin. Die beste Wahrnehmung des Prinzips von Yin und Yang, Sonne und Mond, als zusammenhängende Faktoren im Universum, ist das Empfinden der sich hinauf- und herabbewegenden Lichtspiralen in der Wirbelsäule und der sich ausweitenden Wellen des Herzens. Durch das Element Metall steht die Lunge in Beziehung zur Aktivität des Vorderhirns. Viele unserer Umwandlungsprozesse, besonders auf der Emotionsebene, geschehen durch die Lunge und die Energiebrücke oder Pforte hinter dem Herzen. Der Körper braucht eine gewisse Ausgewogenheit, damit sich die Türen öffnen und die Energie fließen kann. Es gibt mehrere solche Pforten im Körper: Im Lendenwirbelbereich knapp über dem Kreuzbein und hinter dem Nabel; das Sonnengeflecht (Solar Plexus); hinter dem Herzen; hinter dem Kehlkopf am ersten Halswirbel sowie am siebten Halswirbel. Dies sind Stellen an der Wirbelsäule, wo sich Energie oft sammelt und undeutlich wird, bis gewisse Veränderungen des Bewußtseins, der Körperhaltung oder der Atmung stattfinden. Die Feuer, die durch diese Pforten gehen, sind die Feuer des Willens, der Liebesweisheit und der aktiven Intelligenz.

In dieser Zeit ist die Leber mehr als ausgelastet mit der Assimilation großer Informationsmengen, die uns Menschen verfügbar sind, und mit der Umwandlung von Giftstoffen. Es gibt auch eine Menge geistiger Verschmutzung, die zu bewältigen sich die Leber bemüht. Wenn wir uns im Streß befinden, ist die Leber stark damit beschäftigt, unsere Exzesse auszugleichen. Wir können diesen Vorgang bewußt fördern, indem wir die Beziehungen zu Sonne und Mond in uns vollständiger werden lassen, wie auch die Beziehung unserer Füße zum Boden, und jene Denkvorgänge und Gewohnheiten auflösen, die unseren Körper zusätzlichen Streß erfahren lassen.

Klang ist das größte Heilmittel in der Medizin der Tsalagi. Durch die Töne der Medizingesänge werden die körperlichen Organe an ihre optimale Tonhöhe erinnert. Durch das Verständnis von Klang versteht man das Mysterium des Ungeordneten, das Form annimmt. Durch deine Gedanken- und Sprachmuster bestimmst du dein Morgen.

Gewisse Klänge liefern auch Informationen über die Beschaffenheit der Organsysteme. Der Ton eines Rufes kann mitteilen, daß die Leber nicht ausgewogen ist. Wenn die Stimme eines Menschen unwillkürlich laut wird, legt dies nahe, daß eine Stauung von Gallenflüssigkeit vorliegt, die Selbstzweifel und -verneinung bedeutet. Es gibt viele wechselwirkende Beziehungen zwischen Gedanken und Organsystemen und dem Funktionieren des gesamten Menschen. Vielleicht wurde der Fluß der Gallenflüssigkeit durch einen zornigen Gedanken verhindert, der keinen Ausdruck fand. Was könnte man als Freund, als Heiler tun, um einem Menschen diese Erkenntnis zu vermitteln? Man kann Klang und Licht direkt zu dem Körperteil senden. Der Klang für die Leber, die Note A, kann Steine zertrümmern, die den Gallenfluß behindern.

Der Klang für das Herz ist Ah, der Klang des Lachens. Der Klang für die Milz ist Gesang, der umwandelt, auch wenn man leise für sich selbst singt. Die Lunge weint und wäscht vieles weg. Und die Nieren stöhnen.

Die Körperöffnungen oder Pforten, die in Beziehung zu den Organsystemen stehen, sind unter anderem die Augen für die Leber, die Ohren für das Herz, die Nase für die Milz, der Mund für die Lunge und die Harnröhre für die Nieren. Und die Körperteile, die Organe nähren, sind: die Leber, die Muskeln und Sehnen nährt; das Herz, das die Arterien nährt; die Milz nährt die Muskeln; die Lunge nährt die Haut und das Haar; die Nieren nähren die Knochen. Deshalb ist unsere Absicht in dem Körper von »jetzt« verwurzelt.

Genauso wie unsere Organsysteme von der Güte der Mutter Erde unterstützt werden, können wir sie mit Pflege unterstützen. Der Erde unseren Dank und die Pflege ihrer Gewässer, Berge und Atmosphäre zukommen zu lassen, liegt in der Verantwortung ihrer Kinder. Es ist unser Lied in dieser Zeit.

Die Stimme der Schöpfung singt ihr Lied. Laßt uns die Kraft erkennen. Laßt uns mit unserem Herzen und Verstand bejahen. Wir sehen viele Dinge, die sich zur Zeit im Lande und auf der Welt ereignen, Vorgänge, die aus einer Vorstellung des Getrenntseins heraus entstehen. Laßt uns in unseren Herzen ein Gefühl des Heiligen festhalten, wie auch die Affirmation, daß jeder Mensch ein heiliges Wesen ist. In unserem eigenen Herzen Frieden zu schließen bedeutet, den Prozeß der Abrüstung einzuleiten. So wie wir die Mauern in unseren eigenen Herzen und Gedanken abreißen, beginnen wir, uns vollständig mit all unseren Verwandten zu verständigen. Auf Tsalagi heißt Wasser ama. Wenn wir die reinigenden Eigenschaften des Wasser begreifen, dann können wir die Hindernisse auf dem Wege zu guten Beziehungen zu uns selbst, anderen und der Erde fortwaschen. Der erste Schritt heißt, Frieden in jene Gedanken, Worte und Handlungen bringen, die unser Gefühl für Verhältnismäßigkeiten vernebeln könnten – oder unsere Fähigkeit, klar zu sehen und verantwortungsbewußt zu handeln, schwächen könnten. Frieden in Gefühle des Durcheinanders zu bringen bedeutet, sich selber und anderen für das zu verzeihen, was hätte sein können oder sollen, und die aufgestauten, unausgedrückten Gefühle wegtragen lassen von den Wassern der Verzeihung. Frieden in Gefühle bringen bedeutet nicht, sie zu leugnen oder zu unterdrücken. Sie können auch ein Mittel zum Verständnis sein.

Emotionen beruhigen, verlangt Kommunikation mit den unterirdischen Gefühlsströmen im eigenen Leben. Indem man die Gefühle und ihre Entstehungsmuster beobachtet, kann man auf sie – ohne von ihnen eingenommen zu werden – reagieren. Gefühle wie Angst, Zorn und Neid werden als Wellen auf einem Strom gesehen, die der Wind des Durcheinanders hervorruft. Dieser wird von dem Geist, der sich nutzbringenden Handlungen widmet, beruhigt.

Wenn Tsalagi-Kinder sich um etwas zankten, war es Brauch, daß dieser Gegenstand fortgenommen wurde und man die Kinder aufforderte, den Himmel zu betrachten. Die Erwachsenen erinnerten die Kinder daran, daß das sich auf einen Gegenstand konzentrieren und ihn besitzen wollen, einen aus dem Kreis der Harmonie nimmt. Den Kindern wurde dann vorgeschlagen, die Gesamtheit ihrer Erfahrungen in Relation zu der Weite des Himmels zu bringen. »Sieh dir die Wolken an. Was siehst du da? Kannst du die Himmelswesen sehen?« Somit wurde die Aufmerksamkeit auf etwas Offenes gelenkt, das so riesig war, daß kein Wunsch aufkam, es zu besitzen. Wenn den Kindern diese Lehre nicht klar geworden war, wurden sie an irgendein selbstsüchtiges Wesen erinnert, das durch seine Habgier verlor, was es bereits hatte. Wer sich gestritten hatte, wurde gebeten, bei einer Arbeit mitzuhelfen, um so Gedanken des »Haben-Wollens« mit denen des Gebens zu ersetzen. Das gab den Kindern ein Gefühl des Sinnvollen.

Die Entwicklung der Visualisierung befähigt einen, das Licht der klaren Sicht anzurufen, um Muster des richtigen Handelns und unsere jeweilige Aufgabe im Leben wahrnehmen zu können. Wenn man die erkannt hat, magnetisiert man diese Vision, so daß sie Wirklichkeit werden möge zum Nutzen der Familie, des Klans, der Nation, des Planeten und aller Wesen.

Jede heilige Tradition beschreibt die Zeiten, in denen wir jetzt leben, als eine Chance für Umwandlung. Jeder Mensch ist Teil des Weges der Schönheit, der zum Frieden führt. Worauf die Menschen warten, ist das Keimen einer Saat in unseren Herzen. Viele Menschen warten auf die Neuentzündung des heiligen Feuers des Friedens. Manche sagen, sie warten auf das Erscheinen eines besonderen Erlösers, den Messias oder Friedensstifter, doch warten alle auf den Frieden. Wir können uns den Begriff Nation nicht abseits von uns selbst vorstellen oder den Planeten, der woanders ist. Wir sind eins in diesem Traum.

Die ersten Schritte in unserer eigenen Reinigung: Bejahen, daß wir Licht und Wahrheit sind, und das in uns selbst zu achten. Die Schönheit des Friedens zu bejahen und sein Ideal in unsere menschlichen Beziehungen einzubringen. In uns selbst die Sonnen- und Mondströme in Einklang zu bringen, die Mutter- und Vaterenergien. In der Tradition der Indianervölker dieses Landes wird derjenige, der die Fülle des Herzens zum Ausdruck bringt, ein »spiritueller Anführer« genannt. Ein solcher Mensch weiß, daß er Mutter und Vater aller Dinge ist und einen Traum zum Wohle aller Wesen hervorbringt.

Jeder von uns besitzt die potentielle Gabe, harmonisches Denken hervorzubringen, das Korn so hoch wie möglich wachsen zu lassen, den Früchte tragenden Baum in der Wüste zum Wachsen zu bringen. Die Kraft des menschlichen Geistes, ausgedrückt durch mitfühlendes Handeln und Dienst am Nächsten, ist ein heiliges Feuer, das jeden von uns erneuern wird und bereits alles in dieser Zeit erneuert. Wir können der Stimme der Erde lauschen, die bebt und das Lied ihrer Erschöpfung singt. Sie ruft uns an, wachsam zu sein, zu erkennen, daß die Zeit gekommen ist, selbstsüchtiges Denken und Handeln in mitfühlende Fürsorge umzuwandeln. Wollen wir eine Welt des Friedens und der Harmonie? Sind wir bereit, in uns selbst Frieden zu schließen? Werden wir ihn verwirklichen? Es ist deine Entscheidung. Deine Gedanken und Handlungen machen einen Unterschied.

Wille, die Urkraft des Lebens, die Absicht zu sein; der Kreis, das Oval, das Ei, Symbol des Einen, der fruchtbaren Leere. Dieser Leere entstieg etwas. Und im Erkennen seiner selbst erkannte es den ewigen Strom der Liebesweisheit. So entstehen die Zwei, von dem Einen unterschieden durch Selbstbetrachtung: Dualität, »Erzeuger der Intelligenz«, symbolisiert durch zwei parallele Striche des Blitzpotentials. Als Individuum, das auf die Welt kommt, lernst du zuerst, deinen heiligen Körper zu meistern, diesen durch deine Gedanken erbauten Tempel. Während du dich selber verstehen lernst, erkennt dein Herz die Notwendigkeit der Freundschaft, und auch sie wird gefunden. Die Bedeutung von Yin und Yang, Mutter und Vater, wird im Tanz des Lebens enthüllt, die Saat der Familie wurzelt im Süden, im Garten der Erneuerung und Handlung. Also bringen die Zwei die Beziehungen innerhalb der Familie hervor, die Drei, die formlose Manifestierung zur aktiven Intelligenz – das heilige Dreieck, die Pforte zum Verständnis der Verwebung aller Dinge miteinander. Im Dreieck hat man Gelegenheit zu sehen, zu sein, das Leben zu erfahren. (Siehe Anhang A, »Die Familie des Lebens«).

Wir alle sind Schöpfer. Bereits die Tatsache, daß wir uns zusammentun, als Familie, als Freunde oder Mitarbeiter, stellt eine Schöpfung dar, die dem Intellekt und Wesen jedes Einzelnen entspringt. Wir haben die Wahl getroffen, zusammen zu sein. Bewußte Entscheidungen und Beziehungen sind für uns in diesem Moment Medizin. Laßt uns gegenseitig wissen, daß wir zusammen arbeiten und das Beste im anderen erkennen sowie konsequent und energisch das Prinzip der Wahrheit verwirklichen können. In unseren Blicken und unseren Stimmen können wir die Vorstellung der harmonischen Übereinstimmung festhalten. Sei glücklich. Vergiß nicht, daß es unsere heilige Pflicht ist, die Energie des Glücks aus unseren Herzen fließen zu lassen, statt die Blüten um uns herum traurig zu machen. Dies haben unsere Tsalagi-Ältesten immer gelehrt. Laßt uns wie Seerosen sein, die auf dem Wasser der Erfahrung schwimmen, im Schlamm verwurzelt und dennoch immer offen für die Sonne und das klare Licht der Wirklichkeit. Zuerst ist dies eine Disziplin, dann ein andauernder Geisteszustand, die Erkenntnis, daß es und man selbst einfach ist. Heutzutage hören wir viel über dienen. Wie dienen wir dem Guten? Als liebevolle Großmutter, die das Beste in ihren Enkeln kultiviert, sie hin zur Weisheit und der Entwicklung ihrer Fähigkeiten führt, zur Manifestierung ihres Potentials. Deine heilige Gabe — sei sie im Klang von Poesie, im Schaffen von Bildern, die Frieden in die Gedanken anderer bringen, im Stillsitzen und Denken friedvoller Gedanken — soll zum Ausdruck kommen und geteilt werden. Die Weisheit des heiligen Tanzes, die Bewegungen unserer Hände und Blicke, geben der Erde den heiligen Fluß zurück. So wie die Lebensenergie durch heilige Bahnen — die Meridiane unserer Körper — strömt, so durchzieht sie auch diesen Planeten. Auf diese Weise kommunizieren wir, geben und erhalten von der Fülle.

Krankheit entsteht durch Gedanken der Abspaltung und des Konflikts, der Vorstellung, daß es nicht genug geben könnte oder daß wir nicht würdig sind, an der Fülle dieses Universums teilzuhaben. Aus dieser Illusion der Entbehrung entsteht Angst vor dem miteinander Teilen oder vor der Durchführung dessen, was nötig und wohlbringend ist. Mangel ist eine Illusion, Entfremdung ein Gedanke. Ein selbstsüchtiges Herz ist ein schwer verletztes Herz. Ein solches Herz wird durch das Schenken von Gaben geheilt, die zuerst an einen selbst gerichtet sind, dann mit anderen geteilt werden. Wenn Großzügigkeit kultiviert wird, erscheint der Zaubersee der Weisheit deutlich.

Zum Licht, komm zum Licht. Laß das klare Licht der Realität auf die Wiese innerhalb des geistigen Auges scheinen, ein Anblick, der das Denken beruhigt wie heiliger Salbei, der Zauberstab des süßen Dufts des Lebens.

Es lebte einmal ein ansehnlicher junger Mann, in vielerlei Hinsicht begnadet, mit einer Stimme, die die Sterne bezauberte. Plötzlich und unerwartet wurden seine Lieben von dieser Welt genommen. Ohne seine Familie fühlte er sich verlassen und einsam. Er glaubte, daß das Leben auch für ihn aufhören sollte. Als er das Messer an sein Herz setzte, kam ein Bär auf ihn zu und sagte: »Ho yoho yoho! Warum das tun?« Der junge Mann war überrascht, daß ein anderes Wesen sich um ihn kümmerte, denn er hatte vergessen, daß er nicht alleine war. Der Bär fragte: »Wem gehört jener Körper?« Der junge Mann zögerte, und der Bär antwortete für ihn: »Er ist ein Gewand, das dir der Schöpfer geliehen hat, damit du das Leben erfahren kannst. Da es dir geborgt wurde und es schwer zu bekommen ist, solltest du es besser nicht zerstören.«[2] Unser Körper stellt eine Gelegenheit dar. Er gehört nicht nur dir, sondern all jenen, mit denen du zusammen bist. Er ist eine Gabe, die durch deine Handlungen gegeben und verdient wird, um in dieser Zeit die Schönheit der Schöpfung auszudrücken.

Wie discipliniert man den Intellekt, damit er nicht länger an der Angst vor dem Tode, dem Altern und dem menschlichen Zustand festhält? Wie nimmt man die Freude wahr und die kostbaren Gelegenheiten? Es ist eine Sache der Entscheidung, der Übung. Was ist in diesem Leben sicher? Du atmest ein, du atmest aus, soviel ist sicher. Wenn alles andere zweifelhaft erscheint, konzentriere dich auf die Schönheit des Atems und nimm seine Lehre des Kreises, des Gebens und Nehmens in allen Beziehungen entgegen. Der heilige Atem, der heilige Klang, ein Pfad. So wie der Klang des Gebets ein Garn ist, aus dem geistige Stabilität entsteht, das Gewand des klaren Intellekts, so wirkt auch die Affirmation: »Ich bin Licht; ich bin Liebe.« Die kreative Energie in unserem Leben zu bejahen ist eine Mantra, ein Heilen des Intellekts.

Spüre die Weisheit deiner Ahnen, so daß du die Ursache sehen kannst: Deine Eltern vor dir, dein Verlangen, bei ihnen zu sein, in ihrer Nähe zu lernen; und die Gegenwart − das, was du bist. Nur einen Moment lang entzünde erneut das heilige Feuer in deinem Herzen. Laß es eine Vision, einen Gedanken sein. Spüre erneut das Licht in deinem Herzen. Nimm die Segen der Schöpfung an. Nimm die Gaben an, die du selber bist; die heilige Spirale, die uns umgibt, deren Licht Form hervorbringt. Weder drinnen noch draußen, weder oben noch unten, lediglich ein Pulsschlag der Lebensenergie in uns selbst.

Ist das Feuer entzündet? Ist jenes Licht der Liebe und Umwandlung sichtbar in deinem Herzen? Die Phantasie gestaltet das Morgen. Was jetzt noch eine Vorstellung ist, wird dann Wirklichkeit sein. Erkennst du vielleicht irgendwelche Einschränkungen des Denkens, Idee-Formen, die dem vollständigen Ausdruck deines heiligen Wesens im Wege stehen? Lege sie in das Feuer der Umwandlung. Du zweifelst an deiner Fähigkeit zu sein? Wirf diesen Zweifel ins Feuer. Suchst du nach Vergebung? War da jemand, dem du die Schönheit mitteilen wolltest, und Worte und Handlungen reichten nicht aus? Auch die Vergebung ist ein Fluß. Wir alle sind ewig rein und werden Vergebung erfahren, so wie wir uns selbst vergeben und wieder an den heiligen Herd, das Herzfeuer, zurückkehren. Vergeben wir uns selbst und anderen die Übergriffe in die Welt der Ignoranz.

O heiliges Wasser, wieder komme ich an deine Ufer,
Ich sehe den ewig fließenden Strom der Weisheit.
O heiliges Wasser, ich trete in dich ein, spüle weg die schweren Gedanken, die mich von deinem Meer der Ausgewogenheit fernhalten.

O Schöpfer, unsere Augen werden klar,
Das Licht der Weisheit leuchtet in unseren Herzen.
Laß uns sehen, laß uns sein
Das, was wir sind.
Mögen alle Wesen
Harmonie und Einheit erfahren.

Ein einfaches Gebet, das jeder versteht und worin jeder die Schönheit erkennen kann, die im eigenen Leben und Handeln bejaht wird. Und diejenigen, die unser Land führen, mögen sie den heiligen Klang vernehmen und gewissenhaft handeln, so daß die Kinder sieben Generationen nach uns noch Land haben werden, auf dem sie gehen können, Wasser zum Trinken haben werden und Berge, die sie ansehen können. In der Vergangenheit beteten die Menschen nach dem Erwachen und brachten der Sonne ihren Dank dar. In unserer geschäftigen Welt geriet das irgendwie in Vergessenheit. Für unsere Gegenwart und die Zukunft ist es jedoch wertvoll, unseren Dank zu bekunden. Ein Dankgebet stimmt dich den ganzen Tag lang harmonisch und läßt das Lied des Einklangs in dir widerhallen. Der Weg der Schönheit erfordert Wesen mit großem Mut und Mitgefühl. – Mut, um Ignoranz abzuwehren, und Mitgefühl, um sie zu akzeptieren, in uns gegenseitig Licht und Schönheit hervorzubringen. Alle Wesen sind heilig. An dieses Ideal glauben alle unsere Völker. Rituale sind ein Schlüssel zur Heilung der Familie. Eine Familie, die gemeinsam betet, hat ein Verständnis, eine Kommunion, die sogar unseren Planeten zusammenhält. Um die Pflanzen zum Wachsen zu bringen, um die Gewässer fließen zu lassen, um den Wind atmen zu lassen, soll sich jeder von uns der Saat der Wahrheit bewußt sein, die er in sich trägt und pflegen muß. Pflanzt die Saat der guten Sache, der guten Beziehungen behutsam, so daß Gärten mit guten Ergebnissen heranwachsen. Indem wir die Familie und Nachbarn aktiv unterstützen und allen Menschen gegenüber Großzügigkeit zeigen, erneuern wir den Kreis der guten Beziehungen. Und ob man allein ist oder innerhalb einer Familie lebt, man gehört immer der Familie des Lebens an, der Familie der Menschheit.

In der Tradition der Tsalagi ist die jährliche Freundschafts-Zeremonie von sehr großer Bedeutung, wenn die Menschen von überall her zusammentreffen, um die Stammesverbindungen neu zu knüpfen und dem heiligen Feuer die geistigen Blockierungen und Beschränkungen zu übergeben, die durch unklare Worte oder Handlungen entstanden sein mochten. So werden wir im heiligen Kreise ständig erneuert, sind nie voneinander getrennt.

Trennung ist eine Illusion, die Krankheit und sogar Mißtrauen unserer inneren Stimme gegenüber hervorruft. Den Geist und sein gesamtes Wesen auf die innere Stimme der Wahrheit einzustellen, im Strom der Weisheit zu schwimmen, ist eine Errungenschaft, die durch Handeln verdient wird, durch das Erkennen dessen, was die eigene heilige Pflicht ist und was getan werden muß. Jeder von uns hat die heilige Pflicht, diesen Planeten und seine Bewohner am Leben zu halten. Einige von uns haben die Pflicht zu heilen; andere sind Stimmen, die bestehende Formen erschüttern. Auch die ganz jungen und alten Menschen haben gewisse Gaben. Wer sich mit dir uneinig ist, dient dem heiligen Zweck, dir die Begrenzungen der Form aufzuzeigen. Ein solcher Mensch kann ein »Konträrer« oder ein »Donnerwesen« sein, jemand, der tieferes Verständnis hervorruft. Donner ist inspirierend, elektrisch, und er ist auch der heilige Energiefluß, der diesen Planeten umkreist und jeden von uns in dem Raster des Blitzes vereint, der sich um unsere Mutter, die Erde, herumbewegt. Dieser Blitz-Raster wird von unseren Gedanken und Handlungen beeinflußt. Wenn wir den Lichtfluß in unserem eigenen Wesen zurückhalten, werden nicht nur die Meridiane und Lebensflüsse unseres körperlichen Wesens undurchlässig, sondern unsere Mutter, die Erde, leidet dadurch auch. Unser Lebensumfeld leidet darunter. Pflanzen wachsen nicht so gut wie sie könnten, wenn das Herz verschlossen ist.

Elo, die Philosophie der Tsalagi, erzählt, daß bei den ursprünglichen Wanderungen der Völker aus dem Lande Elohi Mona jeder Stamm, jede Rasse, die besondere Verantwortung erhielt, gewisse Bereiche der Erde zu pflegen. Durch Gebet und Ritual wird die Stabilität der physischen Form erhalten. In unserer Zeit wird von allen Menschen richtiges Handeln verlangt, um den »Heiligen Reif« zu erneuern. Wenn die heiligen Zeremonien abgehalten und die Tänze getanzt werden, klingen die Strömungen von Mond und Sonne im Individuum deutlich im Einklang mit denen des Planeten. Wenn einzelne Menschen die Geisteshaltung des Getrenntseins und der Herrschaft über die natürliche Ordnung der Dinge und einander haben, werden die Strömungen in Menschen, innerhalb von Gruppen und im elektromagnetischen Feld der Erde behindert, wodurch die Wege der Winde und Blitze gestört werden, die den lebensspendenden Regen und die Keimfähigkeit der Saat mit sich bringen. Daher ist jeder von uns aufgefordert, die Entscheidung zu treffen: Im Einklang mit der Strömung oder nicht. Keine Zweideutigkeiten oder Ausflüchte!

Wir alle haben die Wahl. Jetzt treffen wir sie zwischen der Welt der Erfindungen und der Welt dessen, was ist. Jeder von uns wird geprüft, wie Eier, die ans Licht gehalten werden, um festzustellen, ob die Küken darin sich richtig entwickeln. Wir haben die Gelegenheit, jene Gedankenformen zu erkennen, die unserer Ganzheit nicht dienen, und sie loszulassen. Der Gedanke ist nicht du; er ist lediglich eine Idee-Form. Erkenne dich selbst als ein Strom, der zum Meer der Ausgewogenheit führt. Ehre die heilige Weisheit deiner Familie und aller Verwandten.

Aus der Drei entsteht die Vier, das Quadrat, die Nachbarschaft, die erweiterte Familie und die Energie des Heilens. In der Vergangenheit, als wir der Erde näher waren, bauten wir unsere Nahrung gemeinsam an und kümmerten uns gemeinsam um unsere Alten. Auf diese Weise wurde die heilige Weisheit weitergegeben. Ein Gefühl der Entwurzelung entsteht, wenn wir nicht den Stimmen der Alten lauschen können. Laßt uns die Weisheit der Alten ehren, so daß unsere Kinder die Kraft der Vergangenheit im Erschaffen des Moments erkennen mögen, so wie wir erkennen, daß unser Denken die Welt gestaltet und wir die Ahnen jener sind, die noch geboren werden. Es ist so einfach wie, die eigene Nachbarschaft schön oder die Familie intakt finden, und diese Gedanken durch Worte und Handlungen aktiv manifest werden zu lassen. Dies bedeutet, die Form der Schönheit zu erhalten.

Den Weg der Schönheit zu gehen, bedeutet, die beiden Hirnhälften und das Zentralhirn in Einklang zu bringen, heiligen Tanz und heilige Bewegung zu achten, die Kraft der Stimme und den Atem als Medien zu ehren, die der Schönheit dessen, was ist, Ausdruck verleihen. Laß unsere Augen beginnen, die Kraft eines Blickes zu erkennen und sich gegenseitig mit Liebe und Achtung anzusehen, um das Beste in jedem von uns zu wecken. Laß uns den Weg der Schönheit gemeinsam gehen und die heilige Kraft der Gemeinsamkeit verstehen. Diejenigen, mit denen du zur Schule gehst, sie sind deine Familie; ihr habt euch gegenseitig zusammengerufen. Die Menschen, mit denen du zusammen arbeitest, sind auch deine Familie. Und die Plagegeister, die dein Zuhause mit dir teilen, sind auch deine Familie. Unsere gegenseitige heilige Pflicht ist, Gemeinschaft auf der Basis des richtigen Handelns aufzubauen, auf der Basis heiliger Wahrheit.

Was ist die heilige Wahrheit? Daß wir hier in diesem Moment zusammen sind, in der Gelegenheit, das Wunder der gesamten Schöpfung zu begreifen. Und wie der Lachs schwimmen auch wir gegen den Strom an, kehren wir zurück zur Quelle unseres Seins. In dieser Zeit ist die Rückkehr ein kollektiver Prozeß. Wir befinden uns nicht mehr in einem Zeitalter, in dem man es alleine schaffen kann. Jetzt ruft das Herz Mitgefühl, Unterstützung und Wachstum in uns gemeinsam hervor. Wie schaffen wir diese Ausrichtung; wie erkennen wir uns in der Familie des Lebens? Erkenne Mutter und Vater in dir selbst und schließe Frieden mit diesen Elementen. Erkenne die kreative Kraft deines Geistes und sei bereit, dem Geist eine harmonische Form zu geben, in der er agieren kann. Hierin liegt die Wichtigkeit der heiligen Praxis des Betens und der täglichen Meditation. Erkenne dann das Geschenk des Belehrtwerdens, die Macht des Wissens, und teile diese Weisheit mit anderen. So bauen wir eine starke Gemeinschaft, eine starke Nation, einen starken Planeten und erwecken erneut das Denken unserer universellen Verwandten. Wir sind der Weg der Schönheit. Der Friedensstifter, auf den alle Völker warten, ist eine Saat in uns allen. Laßt uns die Form des Friedens halten, indem wir inneren Frieden schließen und den Geist ruhig werden lassen. Laß solche Gedanken los, bei denen du spürst, daß sie nicht richtig sind. Sie sind nicht du. Was du wirklich bist, ist immer schön und immer im Strom.

O komm, Heilige Mutter.
O komm, Heiliger Vater.
O komm, Heiliges Kind.

BIORESONANZ:
UNSERE HERZEN SIND EINS
MIT DEM HERZ DER ERDE

Rund um die Erde bewegen sich die schützenden Winde wie zwei Schalen – die äußere sonnenverbunden, die innere mondverbunden – im Einklang mit den Gezeiten und den tektonischen Platten, die Verschiebungen des magnetischen Feldes der Erde verursachen. Beide Schutzschichten entsprechen den sonnen- und mondbezogenen Strömungen in der Wirbelsäule. In der Symbolik der Ureinwohner Amerikas stellt die gegen den Uhrzeigersinn verlaufende Swastika diese heiligen planetarischen Strömungen dar, die kreativen Kräfte des Universums, die in uns und über diesem Planeten aufeinandertreffen.

So wie es »Hüllen« von Elektronen gibt, die aktivierte Kristalle umgeben, gibt es ein elektrisches »Gitter«, das die Erde umgibt. Ein Kristall wird aktiviert durch Klang, Hitze, Bewegung und Druck und entwickelt entlang seiner Achse ein Energiefeld, abhängig von der Kristallmasse. Die erste Schicht nach der Kristalloberfläche entspricht dem elektromagneti-

151

schen Feld der Erde. Dann folgt ein elektrisches Leitungsnetz-Wirbelsystem, Blitz-Raster genannt, ein System koordinierter Pfade, auf denen sich die Gewitter bewegen, die den Keimungsprozeß der Saat durch Regen und die Fixierung von Stickstoff beschleunigen. Der Blitz-Raster entspricht der Energieweitergabe des Nervensystems. Der Donnervogel vermittelt das Streben nach erleuchtetem Handeln.

Vom Kristallkern nach außen strahlen feinstoffliche Energiehüllen (-welten). Die Mond- und Sonnenströmungen (die hinab- und heraufdrehenden Spiralen) der Windplatten entsprechen ähnlichen Strömungen in der Wirbelsäule. Die Kristallmatrix gibt den Grundimpuls ab, den Willen zu sein, so wie er in der DNS-Form kodiert ist, und er verwirklicht und erhält die Grundbeziehung des Formenpotentials.

Erdliche, menschliche und solare Prozesse sind in diesem Schwingungsnetz verstrickt. Daher stehen die Erde und die Menschen andauernd in einer Beziehung der gegenseitigen Bioresonanz. Erwachter Geist vernimmt deutlich die Beziehung der Energiepfade des einzelnen Geistes und der Umwelt. Durch klare Absicht, die durch die Matrix des Geistes strahlt, kann die Medizinperson geistig den benötigten Regen herbeiführen. So geschieht es, daß wir individuell wie kollektiv Ursachen und Wirkungen in unserem Leben erzeugen.

Die Plateaus von Colorado und Tibet sind Kanäle für Mond- und Sonnenströmungen. Blitze und Windströmungen sind an diesen Orten hoch energiegeladen. Da stabilisierende Lebenskräfte der hinauf- und herabsteigenden Spiralen auf diese Gegenden konzentriert sind, sind sie Orte der Kraft, die negative Ionen abstrahlen, die Atmosphäre reinigen und Denkprozesse auf allen Ebenen verstärken. So wie es im menschlichen Körper die Meridiane gibt, Pfade der Energie, so interagieren die Ley-Linien der Erde mit denen der Lebewesen. An den Kreuzungspunkten der Energiepfade bilden sich die Akupressur-Punkte, und auf der Erde entstehen heilige Stätten oder »Kraftorte«. Die hinauf- und herabsteigenden Strömungen kreuzen die ost-westlichen Windbahnen und erzeugen so die Swastika-Form oder die Kreuz-Koordinaten des Raumes, so daß die Idee zur Form werden kann. Es existieren viele heilige Stätten aufgrund der Kreuzungen des Energietanzes. Die Black Mesa des Hopi-Plateaus, die Black Hills und andere Gegenden sind Pfade der Mondenergie. Das tibetische Hochland, die Rainbow Serpent Mountains von Australien und weitere Gegenden sind Fixpunkte von Sonnenenergie. Diese Gegenden sind sehr empfänglich für Gebet und Meditation als Auslöser der Manifestierung von verstärkter Lebenskraft, die sich durch das Energienetz verteilt. Dies ist ein Grund, warum Landbewirtschaftung gewissenhaft betrieben werden muß. Die Tempel von Oaxaca und Chaco Canyon, der Tempelberg und Felsendom von Jerusalem, die Ka'aba von Mekka, Stonehenge und viele andere Gegenden sind Punkte, wo die Mond- und Sonnenenergien auf den östlichen Wind des »Seins wie es ist« und den westlichen Wind der Umwandlung stoßen. Schnittpunkte der planetarischen Energien sind aufgrund ihrer erhöhten Energie des Unmanifestierten, das wirklich wird, Brennpunkte der Zivilisation geworden.

In dieser neunten und letzten Phase der Reinigung verändern sich die Muster der Windbewegungen erheblich. Dies ist ein Zeichen von Verwirrung im planetarischen Geist, dem kollektiven Denkvermögen aller Wesen auf diesem Planeten.

Die heiligen Rituale der Ureinwohner Amerikas und anderer Völker stammen von den ursprünglichen Anweisungen aus der Quelle allen Seins zur Erhaltung der Integrität der Form. So erhielt das Volk der Tsalagi zum Beispiel nach seiner langen Wanderung von den Sternen zum Lande Elohi Mona, durch Süd- und Mittelamerika bis es endlich im Südosten der heutigen Vereinigten Staaten anlangte, die Verwaltungsverantwortung über die Smoky Mountains. Das Volk der Salish der nordwestlichen Küstenregion erhielt die Verantwortung für die dortigen Flüsse und Meeresufer und dafür, die Rituale rein zu halten, so daß sich die Winde im Einklang mit dem Idealplan bewegen würden. Für die Ostküsten erhielten die Micmac und Wampanoag und andere, die Begrüßer der Morgenröte, die Verantwortung. Jede Gruppe trägt Verantwortung dafür, Einklang für das örtliche und planetarische Umfeld zu erzeugen.

Das Ideal ist ein Primärton, der von der Kristallmatrix im Zentrum des Universums erzeugt wird. Der Ort dieses Kristalls wird auch Galunlati genannt, der Siebte Himmel, das Reich der idealen Form. Der Kristall vibriert mit 786.000 Schwingungen pro Millisekunde und ist weder fest noch das Gegenteil. Seine Schwingungen sind schneller als das Licht. Aus der Leere kam der Klang hervor, der Geist führte alles herbei, wovon wir träumen. Der Kristall-Raster innerhalb der Erde und die Saat des klaren Geistes innerhalb des Einzelnen schwingen bei jenem Primärton mit, welcher der Wille zu sein ist. Durch den Urkristall und seine Absicht zu sein entstanden die Obertöne der Weisheit, die Dinge so zu sehen, wie sie sind, sowie aktive, aufbauende Intelligenz − drei kreative Feuer, durch die das Ideal zur Form gebracht wird.

Die Windströmungen ziehen im Einklang mit dem Puls des Quarz-Kristalls innerhalb der Erde, genauso wie Elektronen den Kern eines Atoms umkreisen. Die Wege der Winde werden durch das Entfernen von Uran und Kohle (die Uran meistens überlagert) gestört. Diese Stoffe fungieren als Transformatoren oder Wechsler für die Kristallenergie, und ihre Beseitigung verändert den Fluß der Kristallenergie in der gesamten Erde.

Der Blitz: Einer wird zwei, Weisheit, die sich selbst betrachtet, das Potential der Vielen und die Gleichheit aller erkennt − und, daß sie ihre eigene Quelle ist. Die Energie des Blitzes, die Energie der Inspiration und Stimulierung des Saatwachstums ist die mitfühlende Weisheit der eigenen Wahrnehmung, die den Prozeß der Stickstoffbindung innerhalb der Erde einleitet. Wenn ein Blitz die Erde trifft, wird Stickstoff im Boden freigesetzt, sagen meine Ältesten.

Die Luftdurchlässigkeit der Erde harmonisiert die Energie von Mutter-Vater und den Strömungen von Mond und Sonne, so daß Leben gedeihen kann. Das Colorado Plateau, und besonders die Gegend von Black Mesa, ist der Kanal für die lunare Mutterenergie, die durch die dort befindlichen Luftaustauschlöcher erneuert wird. Das tibetische Hochland ist der

Kanal für solare Vaterenergie, die durch die Erde und die Menschen klar und erneuert wird. Periodisch kehren die Richtungen der schützenden Windhüllen um, ähnlich dem biorhythmischen Zyklus im Menschen. Durch richtiges Handeln, das Klären der Mond- und Sonnenströmungen in uns selbst, manifestieren sich richtige Beziehungen auf der Erde. Praktiker der heiligen Lehren, die heute durch das Geschlecht der Ywahoo innerhalb der Tsalagi-Nation weitergegeben werden, erlernen einen heiligen Tanz, den Tanz der Richtungen, der auf Übungen und Tänzen beruht, die von Eli Ywahoo, Eonah Fisher und Nellie Ywahoo gelehrt wurden. Der Sinn des Tanzes ist, die Kanäle im Körper freizuhalten, so daß sie mit dem Erdboden selbst erklingen können. Wenn man sich nach Norden wendet, verschärft man die geistige Orientierung und bringt die Drehungen der Atomelektronen im eigenen Körper in den Winkel optimalen Energieausdrucks. Die Prüfung des Gelingens besteht darin, durch die klare Ausrichtung des Geistes entlang dem magnetischen Feld der Erde und des Sonnensystems, Licht aus dem eigenen Körper ausstrahlen zu lassen. Es gibt aufeinanderfolgende Stadien der Verwirklichung dabei, indem man sich nach den Fixpunkten des Geistes mit der Erde, dann mit der Sonne und dann noch weiter ausrichtet. Der Sinn ist, Licht zu erzeugen, Gutes zu schaffen für alle, die an diesem Traum teilhaben. In all ihren Aspekten klärt diese Praxis den Strom, um erleuchtetes Handeln in allen Welten manifest werden zu lassen.

Wollen wir die Luftaustauschlöcher um das Hopi Plateau und die atmenden Berge des tibetischen Hochlandes überdenken. Diese Orte halten seit langem das Gleichgewicht unseres Planeten. Wenn sich die Mondwinde über dem Hopi Plateau befinden, ist die Energie der Sonne über dem tibetischen Hochland, und in zwölf Stunden kehren sie sich um. Tief im Inneren der Erde befinden sich Höhlen und Tunnel, die dieser heiligen Energie als Wege dienen. Die Erde atmet ein und aus, so wie wir; heilige Lebensenergie bewegt sich in ihrem Körper wie in unserem. Und aus der Geisteshaltung der Mängel, Habgier und Herrschaft heraus werden große Teile des heiligen Körpers unserer Mutter Erde kannibalisiert und vernichtet, durch ignorantes Ausbeuten der Bodenschätze ohne Rücksicht auf die Zukunft, was die Ressourcen der Erde erschöpft und ihre Gewässer vergiftet.

In diesem Moment werden im Hopi Plateau und dem heiligsten Black Mesa riesige Mengen von Wasser aus der Erde gezogen, um Kohle zu fördern, mit der die großen Lichtflächen in Reno, Los Angeles und anderen Städten erleuchtet werden. Der Strom, den ein einziges Spielkasino an einem Tag für seine Leuchtreklame verbraucht, könnte eine Kleinstadt fast ein Jahr lang versorgen. Die Gegenden, denen das Wasser und die Erze entnommen werden, könnten von der Regierung der Vereinigten Staaten als »Nationale Opfergebiete« bezeichnet werden. Doch ist es nicht das Volk, das diese Entscheidungen getroffen hat. Es ist das Abtreten der Verantwortung seitens aller Menschen dieser Halbkugel, das es einigen großen Unternehmen ermöglicht hat, zu entscheiden, daß eine gewisse Gegend ein »Nationales Opfergebiet« genannt werden kann und solche Entscheidungen von der Regierung vollstreckt werden. Was opfern wir? Die Zukunft. Wenn die unterirdischen Wasservorräte erschöpft werden, ziehen sie die elektrische Energie der Blitze nicht mehr zu sich an. Die Aktivität der Gewitter ist der Puls, so wie das Nervensystem der Puls ist, der deinen Körper belebt. Wenn also die Wasservorräte zunehmend verringert werden, gibt es immer weniger Energie für Wachstum und Leben. Auch haben Blitze weitere, subtilere Auswirkungen.

Durch Ignoranz und Habsucht, das Bestreben, Licht und Energie zu beherrschen, zerstört die Technologie des Menschen sogar die fundamentalen Kräfte unseres Planeten. Erfindungen entstanden, um dem Menschen zu helfen. Heute überfahren Erfindungen die Menschen. Und dies kam durch eine falsche Betrachtungsweise zustande. Wir betrachteten und empfanden: »O, die Erde ist da, um uns zu geben«, und das stimmt auch. Die gesamte Schöpfung ist eine Gelegenheit, die Schönheit dessen, was ist, zu erfahren. Doch wurde etwas vergessen: Das Zurückgeben, die Gegenseitigkeit, die Tatsache, daß die Erde ein Lebewesen ist. In unserem menschlichen Körper fließt die Lebensenergie. Durch unsere Schädeldecke und Fußsohlen, die untere Wirbelsäule und Kniekehlen geben wir Energie an die Erde und den Himmel zurück. Wenn das Herz von Zweifeln, Zorn, Habsucht und Machthunger geblendet ist, wird Denken zu etwas, was außerhalb unseres Selbst stattfindet, dann wird Energie nicht an das Universum zurückgegeben, unser Atmen nicht vollständig vollzogen.

Uns steht nur wenig Zeit zur Verfügung, um falsches Denken und geistige Unausgewogenheit umzuwandeln und um zu lernen, wieder als Menschen mit Würde zu leben, denn die Elemente des Lebens in uns selbst sind verzerrt worden. Viele Menschen leiden an Krankheiten des Körper und des Geistes, die das unmittelbare Ergebnis von Disharmonie mit dem Lebensfluß sind. Wie richtet man sich nach dem Lebensfluß aus? Durch Gebet und durch richtiges Handeln. Das ist Wiedergabe, Dankbarkeit. Wenn wir es unserem Herzen gestatten, in Dankbarkeit zu geben und zu nehmen, findet eine Ausdehnung der biophysikalischen Energie statt (die auch Aura genannt wird), die wissenschaftlich meßbar ist. Diese Kraft weitet sich aus und kehrt zu der sie umgebenden Energie zurück, die gegeben wurde.

Wir befinden uns auch immer in einer wechselwirkenden Beziehung mit den heiligen Richtungen und ihren Hütern, den Adawees, jenen großen engelartigen Wesen. Aus dem Norden begreifen wir Weisheit durch Handlung, und in der Stille eines klaren Tages verstehen wir Freiheit und die Bereitschaft zu handeln. Wir werden aufmerksam und bewußt, haben die bewußte Absicht, im Moment zu sein. Aus dem Osten steigt Ama Agheya auf, die Wasserfrau, die die Gabe des Wissens bringt, den Ostwind, und den Geist inspiriert, so daß er sieht: »Ich bin was ich bin.« Vom Süden steigt die Saat der Erneuerung auf, die Kraft des Heranwachsens und die heilige Kraft des Wiederaufbauens. Während wir uns zum Westen hin bewegen, entdecken wir, daß wir sogar in unserer Jugend das große, gesegnete Gewicht unserer Großeltern auf dem Rücken tragen. Wir blicken gen Westen und sehen den Großen Bären, und wir begreifen, daß wir gekommen sind und daß wir gehen können, daß jedoch etwas zu geben und zurückzugeben ist. An dem Punkt kann man die Entscheidung treffen, sich umzuwandeln und zu verändern, wie in der geheiligten Qualität des kristallenen Amethysts. Man wandelt sich bewußt um und beschließt:»Ich werde diesen Kreis des Lebens für die Schönheit und Erleuchtung aller Wesen begehen.«

Ein indianisches Sprichwort sagt, daß derjenige reich ist, der eine große Familie hat, und ein sehr armer Mensch ist, wer weder Familie noch Freunde besitzt. In der heutigen Zeit ist etwas geschehen, das die Fäden der Verbindungen zerreißen ließ, denn viele Menschen leiden an Einsamkeit und suchen gute Beziehungen zu sich selbst und anderen. Kultiviere spirituelle Freundschaft mit jenen, die richtiges Handeln aufweisen, und betrachte Kollegen wie Mitglieder deines eigenen Klans. Was ist beten? Morgens aufstehen und der Sonne danken. Süßgras, Salbei und Zedernnadeln verbrennen, Opfergaben von Tabak darbringen, die Schönheit dessen, was ist, anerkennen. Und zur Tagesmitte, wenn die Sonne am höchsten Punkt steht, all jenen zu danken, die davor kamen und dein Leben und deinen Körper mit der Energie zu sein erfüllten. Und wenn die Sonne am westlichen Horizont sinkt, sage:»Ich danke dir. O, ein Tag ist vergangen und ein weiterer wird kommen. Ich bin dankbar.«Im Licht des Tages ist die Saat der Nacht, im Süden ist der Norden gespiegelt, und der Westen enthält Bilder des Ostens.

Viele Wissenschaftler aus der ganzen Welt sind zu der Erkenntnis gekommen, daß die heilige Weisheit der Alten aller großen Religionen eine Basis und ein Fundament im täglichen Leben hat, daß es keinen Unterschied darin gibt, eine spirituelle Pflicht zu haben und ein guter Nachbar, ein guter Freund und ein guter Bürger zu sein. Ein Bürger wovon? Der Familie der Menschheit. Der Lebensfluß ist in jedem von uns.

Jeder von uns auf dieser Erde ist heute aufgerufen, den heiligen Kreis in sich selbst neu aufzubauen. Zugegebenermaßen gab es viel Leiden, das dem Geiste des falschen Handelns entsprang, und es ist sehr einfach, den Weg des richtigen Handelns zu erkennen. Für die Probleme, mit denen die Menschen der Erde heute konfrontiert sind − die aus politischen oder wirtschaftlichen Gründen vertriebenen, aus Mutlosigkeit abgewanderten − muß eine heilende Antwort eintreten. Wie können Gegenden menschenleer sein? Wie kann es Gebiete geben, wo man nicht mehr leben kann? Wer kann entscheiden, daß ein gewisser Teil der Welt zum»Opfergebiet«wird? Es empfiehlt sich uns, gewissenhafte Hüter des Landes zu sein.

Diese Erde ist ein Lebewesen. Die Schwierigkeiten, die den Geist der Menschheit umhüllt haben, entstammen der falschen Vorstellung von Besitztum und einem Konzept von Regierung, das unsere Beziehungen nicht berücksichtigt, unsere heilige Pflicht, füreinander und für unsere Mutter, die Erde, zu sorgen. Auf dieser Welt sind wir alle durch die heiligen Strömungen des Lebens miteinander verbunden, und niemand außer uns kann unsere Verantwortungen übernehmen. Es ist unsere Entscheidung. Wir können Frieden in uns hervorrufen, können über nationales Wetteifern hinauswachsen, indem wir in unseren Herzen Frieden mit der Sonne und dem Mond schließen, erkennen, daß es kein Oben oder Unten gibt und daß sogar der Geist eine Form ist, die wir gestalten. An was halten wir fest? Manchmal einfach an der Vorstellung, daß ein Teil unseres Geistes oder eine Vorstellung uns eigen ist. Viele Kriege sind im Namen der Religion oder eines besonderen Konzepts geführt worden. Für viele Ureinwohner Amerikas gibt es keinen Unterschied zwischen Kapitalismus, Kommunismus oder Sozialismus; es sind geistlose Systeme ohne Ganzheit. Es ist an jedem von uns, tief in sich selber hineinzublicken und mit kleinen Schritten in unseren Heimen und Gemeinden zu versuchen, jenen Prozeß des miteinander Teilens zu verwirklichen, der das Herz verjüngt und zu festen Freundschaften führt. Für Indianerfamilien fängt das frühmorgens an mit der Sonnenaufgangszeremonie und dem Mitteilen der Träume der vergangenen Nacht. Die Welt des Träumens und die Welt des Fernsehens sind die gleichen: Projektionen des Geistes, an dem wir alle teilhaben.

Wenn du Schönheit suchst und Trauriges wahrnimmst, erkenne es und alles, was nicht richtig ist, an. Halte dennoch an der Form der Umwandlung fest, und sie wird sich verwirklichen. Oft erwarten wir von anderen, daß sie die Führung übernehmen und die Richtung bestimmen, die Dinge wieder ins Lot bringen. Doch was bedeutet das, zu führen oder zu folgen? Eine starke Gemeinde entwickelt eine Gesamtvision, die zukünftige Generationen berücksichtigt. Nach dem Brauch der Tsalagi werden die Häuptlinge von den Klanmüttern gewählt, Frauen, die ihr Heranwachsen miterlebten. Im Zusehen, wie die jungen Leute größer werden, sehen die Frauen ihre Schönheit, erkennen sie des jungen Menschen Sorge um die Natur und das Leben und wissen: »Jener kann wahrhaftig den Weg des Volkes leben, sein Herz tragen und ihm eine Inspiration sein.« Auf diese Weise werden die Häuptlinge und Würdenträger gewählt, aufgrund ihres richtigen und verdienstvollen Handelns. (Die für diese Ämter gewählten Personen können Männer oder Frauen sein, da ein ganzheitlicher Mensch eben ein solcher ist.) Nun sind Wahlen in den meisten Fällen so etwas wie Werbekampagnen oder Vertriebsveranstaltungen. Wir wollen dazu zurückkehren, unsere Handlungen gegenseitig zu betrachten. Dienen sie dem Volk und dem Land? Sind sie gut für die Kinder? Laßt uns begreifen, daß diejenigen, die in Führungspositionen gewählt werden, die Führung und Gebete des Volkes benötigen. Gebet ist die Kraft, die den Geist öffnet und sehen läßt. Gebet ist das kraftvollste überhaupt. Ich habe erlebt, wie alte Männer und Frauen Tornados schufen oder anhielten, die Erde beben ließen oder zur Ruhe brachten oder Regen herbeiführten. Auch junge Menschen können mit Feuer hantieren, ohne sich zu verbrennen, wenn sie Frieden und Einigung mit diesen Elementen in sich selbst gefunden haben. Jeder Mensch besitzt eine Gabe, die geteilt werden soll. Die Wale und Delphine verstehen das. Ein Kundschafter der Delphine kann wie ein Kundschafter der Hopi losziehen, und alle daheim werden wissen, was der eine gesehen hat. Viele Menschen sehnen sich nach dieser geteilten Vision, denn es fällt dem Menschen sehr schwer, in einem Vakuum zu leben. Wir sind alle miteinander verwandt. Sogar die Bäume nehmen Teil an unserem Glücklichsein, denn wenn wir glücklich sind, strahlen unsere Körper eine Vitalität ab, die die Atmosphäre um uns herum erneuert. Wenn der Mensch von Gedanken des Zweifelns und des Zorns bewegt ist, wird ein Hormon im Gehirn freigesetzt, das depressiv macht und das System altern läßt. Wenn wir Freude anerkennen, wenn wir Schönheit verstehen, gibt es ein Hormon, das sogar den Körper eines sehr alten Menschen mit großem Licht und großer Kraft erfüllt. Alter ist eine gedankliche Vorstellung und ist zu einem Mittel der Trennung geworden, statt eine Bestätigung von Weisheit zu sein. So können junge Menschen meinen:»Meine Eltern können mich nicht verstehen.« und viele Eltern glauben:»Ich kann diese jungen Menschen nicht verstehen.« Doch das ist eine Illusion, denn alle sind im Strom des Geistes vereint. Es gibt einen Strom des richtigen Handelns, dem wir folgen können, und er beginnt mit Vergebung — Vergebung für uns selbst — dafür, daß wir den Erwartungen anderer nicht entsprechen konnten — und für andere, weil sie unseren nicht entsprachen.

Es ist jetzt unsere Pflicht, dieses heilige Gewand der Mutter Erde neu zu weben, denn sie ist fast entkleidet worden durch die Gedankenlosigkeit und Fahrlässigkeit ihrer Kinder. Wie sollen wir beginnen? Ganz einfach. Wir lernen stillzusitzen und zu beobachten, einen Platz der Stille zu finden, an dem wir nicht abgelenkt werden. So laßt uns beten und in unserem Geist an der Gedankenform der spirituellen Erneuerung festhalten, einer planetarische Familie des Wissens.

Laßt uns die Entscheidung treffen, den Weg der Schönheit zu begehen, diesen Weg, der aus richtigem Handeln besteht, aus Großzügigkeit, Liebe und Mitgefühl, aus dem Verständnis der heiligen Pflichten, die wir alle haben, dem Verstehen der Strömungen der Lebensenergien in uns und dem Weben der Ganzheit innerhalb unserer Sinne. Bleibe deinen Lebensprinzipien treu und lebe das, was du weißt. Man kann Religion nicht verstehen, ohne sie in der Praxis zu leben. Suche die Weisheit in deinem Herzen wie ein Kind, das eine neue Reise unternimmt. Nur, gehe davon aus, daß du dein Ziel erreichen wirst. Einfachheit ist ein heiliges Prinzip und Kraft in uns.

So wie die fundamentalen Strömungen der eigenen Energie offenbar werden, entstehen Gedanken und Handlungen spontan in Harmonie mit dem Leben. Wenn sich Himmel und Erde in deinem Herzen treffen, verstehst du:»So wie es oben ist, ist es unten. So wie ich denke, so wird es sein.« Aus dieser Erkenntnis der Kraft deines Geistes heraus entsteht das Verstehen des Rituals, der heiligen Pflichten, sei es das Anzünden von Kerzen am Freitagabend, die Kommunion am Sonntagvormittag oder das Beten bei Sonnenaufgang und -untergang. Rituale bauen stärker auf als Worte. Sie sind das Geflecht, das die Seile der Brücke bildet, die dich an das Ufer der Weisheit bringt, jenseits des Meeres deiner Ignoranz. Das Ritual trägt uns weit weg zu einem Ort der Änderung und der Umwandlung. Der Klang der Gesänge öffnet Pforten zu anderen Dimensionen, Welten unseres Wissens und unseres Herzens, Welten der Feinheiten. Andere Wesen warten darauf, sich mit der erleuchteten Familie der Menschheit zu verständigen. Der Kreis umfaßt auch die Weite des Alls.

Diese Familie der Menschheit hat sich wie uneinsichtige Kinder benommen. In den größeren Räten in vielen Teilen des Universums werden Stimmen laut, die sagen:»Wann werden sie aufhören, sich selber weh zu tun? Wann werden sie aufhören, diesem Quadranten des Universums mit solcher Wut weh zu tun, mit der Vorstellung, sich gegenseitig zu zerstören?« Wozu dient der Kampf, der Krieg? Die Instrumente des Krieges werden sogar in zukünftigen Generationen Leben kosten.

Wir sehen die Situation im Mittleren Osten. Laut den Prophezeiungen der Indianernationen kann jene schwelende Glut den gesamten Planeten entzünden. Und worum geht es dabei? Um Landbesitz geht es! Und einige wenige treffen die Entscheidungen für viele. Die Völker wollen in spiritueller Weise leben, aber sie reagieren auf ein Fehlen von Achtsamkeit oder das Eindringen von Materialismus in ihre Herzen.

Ich bete, daß die Funktionäre und Mächtigen auf die Gebete hören, die den Herzen der Menschen entsteigen. Laßt Frieden herrschen. Laßt uns begreifen, daß man nicht einen Teil der Erde für einen anderen opfern kann. Diese Erde ist ein Lebewesen, das auch unser Zuhause ist. Wir können nicht die Rechte eines Volkes in der Hoffnung opfern, dadurch ein anderes Volk glücklich werden zu lassen. Dieses ist ein Universum der Fülle. Nur durch die Philosophie des Händlerdenkens ist die Vorstellung von »nicht genug« Wirklichkeit geworden. Menschen verhungern, Mitglieder unserer Familie verhungern in Teilen dieser Welt, sogar in den Vereinigten Staaten, wo die Versorgung problemlos ist. Auch da hungern die Menschen, nicht nur nach Nahrung, sondern nach Frieden. Und warum ist das so? Es sind Fehleinschätzungen und fehlerhaftes Handeln, die den Geist dahin gebracht haben, zu glauben, daß es Produktivität ist − Stückzahlen von bedruckten Papieren, Tonnen von geförderter Kohle −, die dem Menschen Wertigkeit verleiht. Das menschliche Leben besteht aus mehr als nur der Leistung. Es gibt mehr, zu dem wir *alle* als Menschen aufgerufen sind. Wir sind aufgefordert, Frieden in uns selbst zu schaffen und Verantwortung zu übernehmen. Von den Übeln, die wir sehen, können wir nicht behaupten, sie seien das Werk irgendeiner Regierung oder eines anderen Menschen. Wir alle haben daran teil. Laßt uns wieder in den heiligen Kreis treten und die echten Prinzipien des Regierens bejahen: Dem Volk dienen, das Maximum an Gutem erreichen, würdige Menschen sein.

Einfachheit und Wahrheit, Leben in Harmonie − das sind unsere Ziele. Uns selbst und unsere Gedanken als Schöpfer der Wirklichkeit zu begreifen, Verantwortung zu übernehmen. Wir sind Mütter und Väter. Wir sind die Sonne und der Mond. Unser Denken bringt so viele Dinge hervor, also laßt uns klar denken. Nicht viel länger wird die Erde eine Last von unbändigen Kindern ertragen; Kinder, die sie mißhandeln und sogar ihr Lebensblut rauben. Sei dir bewußt, daß das Abpumpen der Wasservorräte unter Black Mesa in Arizona und den Black Hills von South Dakota diese Gebiete in zehn bis dreißig Jahren zu Wüsten machen würde. Bist du gewillt, deinen Enkeln Leben zu nehmen? Willst du Wasser und Lebenskraft von der Erde nehmen, so daß es keinen Ort mehr für deine Kinder und deren Kinder gibt? Komm rasch zur Ausgewogenheit in diesem Traum, den wir alle teilen. Laßt uns gegenseitig Liebe, Vergebung und Verständnis zurückgeben. Versuche, gemeinsam mit deinem Nachbarn Nahrung anzubauen. Unternimm etwas für einen anderen Menschen, nicht nur obwohl, sondern besonders, wenn du meinst, selber nicht genug zu haben. Vielleicht gibt es ältere Menschen in deiner Nachbarschaft, die im Laufe der Jahre Weisheit erworben haben und nun eventuell durch verringerte Sozialfürsorge, Hunger, Krankheit, Einsamkeit oder Not leiden. Kannst du an einem Tag der Woche ein Freund für jemanden sein, der nicht hinausgehen kann? Teilen ist der Weg, auf dem wir lernen. Es ist der Weg, unsere Gaben zu verwirklichen. Bei Indianern ist Verschenken eine häufige Art des Feierns. Wenn Menschen für etwas dankbar sind – die Geburt eines Kindes, eine Heilung oder sonst etwas –, rufen sie ihre Freunde und Nachbarn zusammen und verschenken alles, was sie haben. Der weise Mensch begreift, daß die materiellen Formen immer in der Fülle dessen, was ist, erhalten bleiben. Laßt uns das vor Augen behalten.

EINEN TEPPICH AUS LICHT WEBEN

Die Zyklen von Leben und Tod umfassen uns alle, die wir Mutter Erde bewohnen. Wir alle bestimmen die Zukunft unserer Enkel und unserer Heimat, der Erde. Vorstellungen von Nachbarschaft oder Nation basieren alle auf der Familie und dem Prozeß der Wechselbeziehungen. Als Bürger haben wir die Pflicht, jene zu leiten, die wir zu unseren Führern gemacht haben. Dies setzt eine klare Vorstellung der Bedürfnisse der Familie, des Nachbarn und der eigenen Hoffnungen für die Zukunft voraus. Wenn Menschen das Hauptideal, das sie in ihrem Leben verwirklichen wollen, klar vor Augen haben, kennen sie ihren Lebenszweck. Der wahre Lebenszweck jedes einzelnen Menschen ist, in Einklang mit dem heiligen Gesetz richtig zu handeln, Gutes zu vollbringen und solche Gefühle, Gedanken und Handlungen umzuwandeln, die guten Beziehungen im Wege stehen könnten. Wir leben in einer Zeit der Massenentwurzelung und -wanderung. Arbeitsplätze werden zum Kummer der Stadtbewohner zunehmend außerhalb der Städte angesiedelt. Die Armen werden wegen Sanierungsmaßnahmen umgesiedelt. Krieg und Hungersnot, ausgelöst durch Gier und Ignoranz, treiben viele Menschen hinaus aus ihrer Heimat. Bauern werden umgesiedelt, damit andere durch Spekulation von ihrem Land profitieren können. In diesem Augenblick wird die größte Massenumsiedlung von Menschen in den Vereinigten Staaten seit der Internierung von Amerikanern japanischer Abstammung im Zweiten Weltkrieg aus unmoralischen, gesetzwidrigen Gründen im Südwesten Amerikas vorgenommen, die unmittelbar die Diné (Navajo) und Hopi betrifft, letztendlich aber uns alle.[3]

Die Weltanschauung der Ureinwohner Amerikas sieht Zyklen von Leben und Tod in bezug auf den Einzelnen immer im Verhältnis zur Familie, zum Klan, zur Nation und zum Planeten. Diese Beziehung ist biologisch, emotionell, spirituell und ökonomisch. Der Kreis beinhaltet alles. Indem wir auf der Welt sind und der Familie der Menschheit angehören, sind wir im Kreis des Lebens. Die Handlungen unserer Gruppe, einer Nation, erklingen durch die Atmosphäre und beeinflussen den gesamten planetarischen Kreis. Die Vorstellung des Kreises verdeutlicht die individuelle Verantwortung im Handeln zum Wohle aller Verwandten und zukünftiger Generationen. Die Ozeane und Pflanzen der Erde liefern uns Sauerstoff, die Flüsse geben uns Wasser, und unsere entsprechende Verantwortung ist, jene Lebenselemente zu achten und sie rein zu halten, so daß die vielen Menschen gesund und ohne Angst leben können.

Wir alle brauchen reine Luft und sauberes Wasser, um zu überleben. Was für eine Verantwortung und was für einen Einfluß hat der einzelne Mensch dabei? Die sorglose Massenvernichtung unserer Wälder wirkt sich durch die Minderung des Sauerstoffgehalts der Luft auf den gesamten Lebenskreis aus. Wir alle sind für die Bäume verantwortlich, die uns atmen helfen. Das großzügige Anpflanzen von Bäumen ist ein Weg, die Luft sauberer werden zu lassen. Und in diesen Zeiten können wir unsere Beziehung zum Wasser ehren, indem wir es nicht verschwenden und Verunreinigungen klären, bevor es dem Kreislauf wieder zugeführt wird. Die gemeinsamen Nenner, die Menschen verbinden, sind Wünsche nach Frieden, Sicherheit, ausreichender Versorgung und unbeschwertem Leben für unsere Kinder und Enkel. Eltern auf der ganzen Welt teilen die gleichen Sorgen. Die Ursache erdachter Trennung ist Nichtkennen der Wege, auf denen wir alle miteinander verwandt sind: Wir teilen die Luft, die wir atmen, und die Erde, die wir alle bewohnen. Wenn wir Energie und Disziplin aufbringen, um Emotionen oder Handlungen umzuwandeln, die den inneren Frieden und den mit anderen stören, können wir die Energie der Aggressivität abwenden und einander in Gleichmütigkeit begegnen. Die Illusion des Getrenntseins entsteht im Denken von Entbehrung und dem Gedanken »die« und »wir«. Konflikte zwischen Nationen entstehen als Gedanken, wenn einzelne Menschen oder Gruppen Angst vor Unterschieden fürchten, ohne die grundlegende Einheit dahinter zu begreifen. Wenn wir meinen, daß die Russen anders sind als wir, vergessen wir vielleicht, daß auch sie Kinder haben. Wenn wir begreifen, daß unsere Kinder und Enkel von den Handlungen der beiden Großmächte beeinträchtigt werden, sehen wir unsere gemeinsame Verantwortung für die Umwandlung von Aggression. Der reaktive Verstand nimmt Unterschiede wahr; der Verstand des Kreises sieht die Gemeinsamkeiten. Menschen in Amerika gleichen den Menschen in Rußland. Durch das Erkennen der Gemeinsamkeiten etablieren wir den ersten Faden einer ergiebigen Kommunikation.

Eine Reaktion ist eine Erwiderung ohne Gedanken. Sie könnte ein Handlungsmuster sein, aus Erfahrungen entstanden. Der weise Mensch jedes Alters erkennt seine Denkmuster und bleibt in der Gegenwart, ohne aus der Vergangenheit heraus zu reagieren. Wenn uns Gedanken und Gefühle der Vergangenheit nicht kontrollieren, dann sind wir frei, um in der Gegenwart und für die Zukunft kreativ zu handeln. Aus diesem Grund ist Vergebung eine Energie der Befriedung, des Friedenschaffens, aus der friedvolle Beziehungen hervorgehen können.

Die Gedankenformen, die friedlichen menschlichen Beziehungen im Wege stehen, sind zahlreich und entstammen alle der Ignoranz, die sich in Fehlkommunikation äußert. Ein Mensch, der an Gedanken von Zorn oder Angst festhält, ohne sie lösen zu wollen, kann in sich wiederholende Muster der Zwietracht verstrickt werden. So wie diese Muster erkannt und gelöst werden, hat man Zugang zu zusätzlicher kreativer Energie, um Lebensziel und -zweck zu verwirklichen. Als erstes identifiziert man die Muster von Angst, Zorn, Neid, Konkurrenz und sonstigem, dann wandelt man sie gewissenhaft um. Nehmen wir an, du empfindest dich im Wettstreit mit Kollegen, Familienmitgliedern oder Freunden. Betrachte dich und die Situation; überlege, welche Energien und Handlungen daraus entstehen. Sprich dann deutlich über deinen Sinn und deine Gaben, gib Dank für die Gaben anderer im Kreise und erkenne, daß viele begabte Wesen zusammenarbeiten können, ohne miteinander zu konkurrieren. Betrachte deinen Verstand und deine Handlungen, und wann immer Gedanken der Entbehrung oder des Wetteiferns aufkommen, bringe sie zu klaren Lösungen. Dann bist du von Reaktionen befreit und kannst deine Erwiderung selbst bestimmen.

Als Mitglied einer Familie, eines Arbeitsteams, einer Gemeinde, Nachbarschaft oder Nation hat man riesige Energien, mit denen sich arbeiten läßt; ein Feuer, das den Geist klärt, während man sich herzlich mit anderen Menschen austauscht. Innerhalb der Familie ist es weise, zu reden und Erfahrungen auszutauschen und auch zu erklären, warum man zusammen ist. Laß dir von jedem Familienmitglied sagen, was erhofft und erwünscht ist. Hier lassen sich die Fäden der Gemeinsamkeiten in dem Traum der glücklichen Beziehungen erkennen, an denen alle Menschen teilhaben. Im Zusammenleben und -arbeiten bringe deutlich Erwartungen und Ziele zum Ausdruck und werdet euch darüber einig, was erreicht werden soll. Dies ist individuell wie kollektiv von großer Wirkung. Bei den Urvölkern ist dies der vereinte Geist des Rates. Wenn sich das Volk unter sich und mit seinen Amtsträgern berät, werden Gesetze erlassen, die allen dienen.

Wenn wir erkennen, daß etwas getan werden muß, so liegt es an uns, es zu tun. Wenn wir uns umsehen und feststellen, daß in unserem reichen Land Menschen kein Zuhause haben, dann sind wir gefordert uns zusammenzutun, um eine Lösung zu schaffen. Wenn wir zusehen, wie Arbeit aus dem Lande abwandert, wodurch Menschen verunsichert werden, ist es unsere Pflicht, die Situation zu korrigieren. Wenn wir wahrnehmen, daß Bauern ihr Land verlassen, weil die Höfe zwangsversteigert werden, sollten wir die Verantwortung der Bodenspekulanten erkennen, die Bodenpreise willkürlich in die Höhe treiben und auf zukünftige Wiederverkaufsgewinne lauern. Bodenspekulation heißt, daß die Zukunft zum Kauf angeboten wird. Willst du, daß andere Menschen über deine Zukunft entscheiden, oder bist du bereit, ein Morgen zu wählen und zu schaffen, das am besten für alle ist?

Eine Massenumsiedlung der Ureinwohner wird im Südwesten der Vereinigten Staaten durchgeführt. Der Grund dafür ist die Gier nach Öl und Uran, das dort in großen Mengen vorkommt. Uran ist energetisch nutzbringender in der Erde, da es Regen anzieht und die Wasservorräte auffüllt. Und natürlich ist die Vernichtung der Kultur eines Volkes, das in Harmonie mit dem Land lebt, die Schaffung eines künstlichen Ödlandes, eine unkluge Handlung die sich negativ auf die gesamte Nation auswirken wird.

Allzu oft werden Einzelpersonen und Gruppen − überwältigt von den Mächten, die sie unterdrücken − von Zorn erfaßt und schlagen um sich, geben den hohlen Schrei der Verzweiflung von sich und wenden sich sogar gegen jene, die ihnen helfen würden. Der besonnene Bürger nimmt diese Angst und den Zorn mit Verständnis zur Kenntnis, reagiert gleichmütig und mit Taten, die zu Lösungen führen. Du machst tatsächlich einen Unterschied. Deine Stimme ist in dieser Zeit wichtig. Jeder von uns soll aktiv werden, um die Mißhandlung unserer Verwandten und der Erde zu unterbinden. Überdenke die Auswirkung davon, vier Milliarden Dollar an Steuergeldern auszugeben, um ein eigenständiges Volk in bürokratische Sklaverei zu versetzen. Laß uns wahrhaben, daß solche Maßnahmen jeden von uns in diesem Lande jederzeit treffen könnten, wenn wir solches Gewaltdenken weiter zulassen. Die Farmer des amerikanischen Mittelwestens, die gerne für unser tägliches Brot sorgen, werden von ihrem angestammten Land gezwungen und genötigt, Großunternehmen zu dienen. Die gleiche Plantagen-Mentalität, die Mittel- und Südamerika mit dem Bananenanbau versklavte, wendet sich jetzt gegen das eigene Volk.

Der Moment ist gekommen, in dem wir alle überlegen sollten, welche Fäden unser Morgen weben. Wir können es nicht zulassen, daß unabhängige Menschen durch bürokratische Manipulation in Sklaverei geraten. Wir können nicht zulassen, daß unsere Großeltern und unsere Kinder dem Hunger und der Verzweiflung überlassen werden, damit jene, die ausbeuten, noch größere Gewinne erwirtschaften. Laß uns all jene, die in Harmonie und Eigenständigkeit leben, aktiv ermutigen und unterstützen, all jene, die in richtiger Beziehung zur Erde und ihren Mitmenschen leben wollen. Wir können sofort Weisheit und eine Friedensvision zum Ausdruck bringen, die der Gruppe, der Nation und dem Planeten dienen. Wir wollen uns in diesem Augenblick eine Welt der Harmonie und der guten Beziehungen vorstellen. Wie würde sie aussehen? Laß uns Schritte unternehmen, um das Durcheinander ins Gleichgewicht zu bringen. Laß uns die Volksvertreter aufrufen, unsere wirklichen Bedürfnisse zu berücksichtigen. Laß uns ohne Habgier in die Zukunft investieren. Wir können zusammenarbeiten, um stärkere, stabilere Gemeinden zu schaffen. Wir können Durcheinander entwirren, indem wir unsere Absichten und Ziele definieren sowie die Wege dorthin, auf denen sie zum Vorteil aller verwirklicht werden können.

Früher berücksichtigten die Verwaltungssysteme der Ureinwohner Amerikas die Stimmen der Minderheiten, bis sich alle Beteiligten über einen einzigen Weg des Vorgehens einig waren. Wenn wir zusammenarbeiten, unsere Absichten und unseren Handlungsweg deutlich darstellen, schaffen wir das Morgen, das verwirklichte Ziel. Zehn Menschen können in einem Kreis zusammenkommen, sich die Bedürfnisse des Volkes anhören und etwas beschließen, um Wohnstätten für jene zu schaffen, die keine haben. Laßt uns Gärten in den Städten anlegen, so daß der Verstand wieder in eine Beziehung mit der Nahrung treten kann, die unser Leben erhält. Was immer die Aufgabe sein mag, deine Handlungen können geprägt sein von dem klaren Geist der gegenseitigen Einigung – dem Frieden für alle und die Erreichung des Ziels für jede Gruppe.

Vor langer Zeit beschritt »Der Fahle« dieses Land. Er erinnerte die Menschen: »Sorgt für euren Nächsten, tut nichts Böses, arbeitet zusammen zum Wohle aller.« Seine Botschaft war eine der Einheit und Verantwortung, des Konsenses. Die Verfassung der Vereinigten Staaten von Amerika basiert auf dem Verwaltungssystem, das er für die Ureinwohner entworfen hatte, und seine Stimme und Weisheit hallen noch heute durch Amerika. Er erinnerte uns an die Zyklen des Lebens und die der menschlichen Entwicklung. Als Nationen befinden wir uns jetzt am Ende eines Zyklus' und am Beginn eines weiteren, in dem wir die Liebe innerhalb der Familie auf den gesamten Zyklus des Lebens ausweiten. Mögen wir alle unsere Wurzeln zum Großen Baum des Friedens zurückverfolgen. Mögen wir die Weisheit unserer Großeltern ehren und diese Weisheit hüten, zum Wohle unserer Enkel bis in die siebente Generation. Laßt uns die Heiligkeit dieser Zeit der Umwandlung und Entscheidung erkennen, so daß sich die Schönheit der Familie der Menschheit wahrhaftig manifestieren möge.

ᏍᎠᎣᏯᎵᎳᏍᏃᎩᏏ

Ga do u s di da di hv no gi si

Was wollen wir singen?

ᏚᏳ ᎣᏍ ᎪᎤᏟᎶ Ꭶ

Du yu ka du a tli gi lo ga

Die wahre Zeit nähert sich

Ꭲ Ꮧ Ꮓ Ꭹ

I di hv no gi

Laßt uns sie singen

Ꮩ ᎯᎤ ᎠᎷᏂ

To hi u a lu ni

Gelassenheit erklingt

5

FRIEDENSGEIST SCHAFFEN

DER Friedenshüter bewahrt die Friedensvision für alle Wesen dieser Welt als schönen Ausdruck der Harmonie und Ausgewogenheit, die in Gedanken, Worten und Handlungen wiederklingen. Der Friedenshüter sieht alle in guter Beziehung zueinander und nimmt die grundlegende Einheit der Schöpfung wahr. Der Friedenshüter weiß, daß jedes Wesen durch den Willen entscheidungsfähig ist, durch die Weisheit sehen kann und durch Intelligenz zu handeln in der Lage ist, und daß alle Wesen gemeinsam den Traum unserer miteinander geteilten Wirklichkeit weben.

In der Erkenntnis, daß Denkmuster Ausdruck unserer individuellen Beziehungen in der Familie, dem Klan, der Nation und dem Planeten sind, wendet der Friedenshüter Zorn, Zweifel und Angst durch die Harmonisierung gegensätzlicher Gefühle zu einvernehmlichen Lösungen ab.

Der Friedenshüter handelt mit Rücksicht auf zukünftige Generationen, im Geiste der Lebenserhaltung und allem, was das Leben bereichert.

Die heiligen Feuer des Willens, des Mitgefühls und der aktiven Intelligenz innerhalb jedes Wesens sind die verbindenden Faktoren, die den Geist befähigen, sich in körperlicher Form zu manifestieren. Mögen Feuer der Weisheit in jedem Wesen erneuert und neu entzündet werden. Möge der Gedanke der gemeinschaftlichen Lösungen die Herzen aller Menschen bewegen, so daß wir Frieden wiedererlangen mögen. In unserer Zeit berührt die Notwendigkeit des Friedens viele Herzen. Viele Menschen sind jetzt bereit, dabei aktiv zu werden, Frieden in sich selbst und in ihren Beziehungen zu schaffen. Im Verlauf des Weltfriedensmarsches im März 1982 sahen wir etwas Wunderbares: Menschen aller Nationen, die öffentlich für den Frieden und das Leben eintraten. Das war ein guter Anfang! In jedem von uns ist ein Friedenshüter, der darauf wartet, sich entfalten zu können.

Bis in das 19. Jahrhundert hinein gab es im südöstlichen Teil der heutigen Vereinigten Staaten Siedlungen, die Friedensdörfer genannt wurden. Das Friedensdorf war für die Tsalagi einer der Wege, Frieden und Ausgewogenheit zu erhalten, indem sie Dörfer etablierten, deren einzige Bestimmung es war, der Meditation über diverse Aspekte des Geistes im Bewußtsein des Ganzen zu dienen. Durch spirituelle Praxis und entsprechende Ernährung strahlten die Einwohner der Friedensdörfer inneren Frieden aus und pflegten den Einklang mit dem Puls der Erde. Man berief sich auf sie, um über Dinge zu meditieren, die den Anschein von Konflikt zeigten. Viele von ihnen waren Priester und Heiler, Hüter der Tradition für die gesamte Nation. Und am wichtigsten war, daß sie Stätten des Asyls unterhielten. Friedensdörfer waren Orte, an denen niemandem geschadet und kein Blut vergossen wurde. Jeder Mensch, auch ein Dieb oder Mörder, der sich in ein solches Dorf begab und sich ein Jahr lang dem Zyklus der Reinigung unterwarf, konnte mit der Vergebung all seiner Taten rechnen. Jedes Friedensdorf wurde von dem Friedenshäuptling geleitet, der sich dem Erhalt des Lebens widmete und Bewußtsein umwandeln konnte. Die Prinzipien der Friedensdörfer waren so beschaffen, daß auch »weiße Kriminelle«, Nicht-Indianer, auf der Flucht vor den Gesetzen ihres eigenen Volkes Aufnahme finden konnten. Viele baten um Asyl.

Viele Menschen haben ein Bedürfnis nach Asyl entdeckt, und manche haben es in sich selbst gefunden. Der Friedenshüter bietet Asyl innerhalb einer Aura der Sicherheit und bringt

Methoden der Konfliktbeilegung großherzig zum Ausdruck. Die Friedenshäuptlinge entwickeln durch innerliche und äußerliche Praktiken eine Aura der Stabilität. Das Ergebnis ist eine Erweiterung des Geistes, die die innere Weisheit jedes Menschen widerspiegelt. In mehrfacher Weise ist der Friedenshäuptling ein Katalysator, der Prozesse zur Bereinigung von Konfliktmustern einleitet und harmonische Übereinkunft offenbart. Unser Bewußtsein beeinflußt tatsächlich die Strömungen der Gedanken auf dieser Welt. Die klare Friedensabsicht ist die Saat, aus der Frieden letztlich erwächst. Als verantwortungsbewußte Menschen suchen wir Wege, auf denen wir eine Welt der gegenseitigen Übereinkunft bejahen können, und wir wissen, daß viele Ansichten und Wege friedvoll, kreativ und mit Achtung nebeneinander existieren können. Als Menschen haben wir in unserer Zeit beachtliche Verantwortung. Sie verlangt, daß wir uns mit den Mustern in uns auseinandersetzen und jene umwandeln, die zu Angst, Zweifel und Aggressivität führen. Unser Sinn und Zweck ist, den Geist des Friedenshüters zu verwirklichen, eine Ganzheit des Geistes, in der Muster von Konflikt, Trennung und Entbehrung zur Ausgewogenheit gelangen. Mit mutigem Angehen werden solche Muster überwunden. Du leugnest nicht, was ist, sondern nimmst es zur Kenntnis:»Dieses Gefühl ist gegenwärtig.« Ist es wirklich du? Nein, es ist ein Zustand, der Emotionen entstammt. Erzeuge das Gegenteil dazu.

Angst ist eine Idee-Form, die sich auf der ganzen Welt etabliert hat. Eine ihrer erschreckendsten Ausdrucksformen ist der atomare »Overkill«, Arsenale von Atomwaffen mit der Fähigkeit, jeden Mann, jede Frau und jedes Kind heute auf unserem Planeten zwanzigmal zu töten. Also muß eine Veränderung eintreten, und zwar jetzt. Da wir die Nationen sind und aus diesem Planeten hervorgegangen sind, muß die Veränderung in unseren eigenen Herzen beginnen. Jeder von uns muß Gedanken der Entbehrung beseite tun, die Überzeugung, daß vielleicht nicht genug vorhanden ist. Aus Mangeldenken heraus streben viele einzelne Menschen, Gruppen und Nationen den Besitz von Land, Rohstoffen und Ideen an, denn sie sind sich der Möglichkeiten, die die Zukunft für sie bereithält, nicht sicher. Doch ist die Zukunft ein Saatkorn in unserem eigenen Geist. Ziehen wir es vor, eine Welt der Knappheit, der Angst, des Wetteiferns und des Krieges herzustellen, oder wollen wir die Saat der Fülle, des Vertrauens, der Großzügigkeit und des inneren und äußeren Friedens verwirklichen? Es liegt an uns.

Der Geist des Friedenshüters integriert Hell und Dunkel in sich selbst. Es heißt, sich selbst zu befähigen, das zu sein, was man ist, statt mit den Mustern der Vergangenheit oder auf die Erwartungen anderer hin zu reagieren. Es bedeutet, uns im Augenblick zu erkennen. Als Nation und als Planet wachsen wir. Viele der Ideen, die für unsere Entwicklung und unser Lernen als Menschenrasse wichtig gewesen sind, beruhen auf äußerer Erforschung: wissenschaftliche Verfahren, Erfindungen, Heilmethoden. Jetzt bewegen wir uns wieder zu der inneren Erforschung hin. Wir sehen den gesamten Kreis, den Zyklus der Dinge. In diesem Zyklus ist unser Denken von höchster Bedeutung. Sogar das Land und die Pflanzen zeigen uns das. Wenn sich die Menschen die Zeit nehmen, einen Bereich der Liebe in ihrem Heim zu schaffen, einen Ort des Gebets und der Meditation, entsteht ein Wirbel von Energie, der sogar die elektromagnetischen Felder ihrer Körper und des Bodens, auf dem sie leben, stärkt. Diese Lehre wurde eindeutig in Findhorn bewiesen, jener spirituellen Gemeinde in Schottland, die für ihre herrlichen, fast »wundersamen« Gärten berühmt ist. Die Kraft der Einstimmung mit dem Land und der Strom der Fülle im eigenen Geiste können Wunder des Überflusses auf der Welt vollbringen. Daher ist ein Strom des klaren Denkens von oberster Wichtigkeit, und wir sind seine Mitschöpfer.

Im Moment gegenwärtig zu sein bedeutet, welche Energie auch immer gerade erfahren wird, sie zu bestätigen und durch das Hervorrufen von Ausgewogenheit in Einklang zu bringen. Wenn Zorn oder Frustration in dir oder um dich herum herrschen, konzentriere dich nicht auf sie, sondern auf die Saat des Mitgefühls, auf die Liebe und den Einklang. Die Gedankenform des Einklangs selbst baut ein Resonanzfeld auf, das es dem Geist ermöglicht, Methoden der Problemlösung wahrzunehmen. Das ist dann eine komplementäre Lösung, ein Mittel, um Zwietracht und Uneinigkeit beizulegen und innere Harmonie erkennbar werden zu lassen:

Betrachte alle angeblichen Konflikte als Energiemuster, die harmonische Ausgewogenheit als Elemente eines Ganzen suchen.

Erkenne die Denk- und Gefühlsmuster, die zu Gelassenheit führen.

Entwickle die Weisheit, die verwirklicht, sowie das Geschick, die Vision der richtigen Beziehungen zu realisieren.

Beschließe, die Weisheit des Auswählens anzuwenden, die Denken und Handeln zur Harmonie führt.

Tief in unseren Herzen leuchtet ein Feuer. Es breitet sich spiralenförmig aus, erfüllt den Körper mit Wärme und einem Gefühl von großem Frieden. Der Körper ist von Licht erfüllt. Das innere Auge sieht immer klarer. Die Saat des reinsten Geistes erhebt sich unbefleckt aus dem Gedankenfluß. Der Geist sieht, wie sich viele Bilder entfalten; viele Gefühle und Gedanken schwimmen auf jenem Fluß. Der weise Mensch kultiviert jene Gedanken, die zuträglich sind. Hänge nicht dem Strom von Angst, Zorn oder Zweifel an. Erkenne den Strom des reinsten Geistes.

Erfahre das Licht, visualisiere das Licht. Zuerst ist es etwas aus deiner Phantasie, und dann wird jene Qualität des Stromes zunehmend deine natürliche Neigung. Genauso verhält es sich auch mit unserer Wortwahl. Wenn wir von dem Guten in uns und anderen sprechen, rufen wir Ganzheit hervor. Wenn wir die Saat des reinen Geistes anerkennen, pflegen wir diese Saat in uns selbst und in all unseren Beziehungen. Man mag das Ziel aus den Augen verlieren, doch können alle zum richtigen Weg zurückfinden. Wir entdecken die Quelle, wenn wir den Fluß des Lichts in uns spüren. Während wir die Gedanken betrachten, die durch unseren Geist ziehen, sagen wir mit der Saat der erleuchteten Perspektive: »Ich bin ein Lebewesen im Prozeß der Veränderung. Ich bin ein Lichtwesen. Ich entscheide mich dafür, im Licht von Frieden und Schönheit zu leben.« Bereits das Sprechen dieser Affirmation ermöglicht es, negative Gedankenformen und -muster umzuwandeln.

Die Umwandlung beginnt in jedem Menschen. Durch das

Entfachen des heiligen Feuers der Weisheit in unseren Herzen sind wir fähig, ein starkes Licht auszusenden, ein Schild der Erneuerung um diesen Planeten herum, so daß sich keine Geschosse bewegen wollen, wenn jeder inneren Frieden schließt. Das Feuer der Weisheit im Herzen zu erwecken heißt, in dem Traum zu erwachen, die Dinge so zu sehen, wie sie sind, und ein Leben der Schönheit zu weben.

IN DEM TRAUM ERWACHEN

Es gibt eine Praxis, die mein Großvater lehrte, den Fluß des eigenen Geistes zu betrachten, das kreative Potential frei werden zu lassen, jedes Problem im Leben lösen zu können, ob im Sinne einer Zusammenarbeit oder im Freisetzen der Heilenergie innerhalb des Körpers. Es ist ein einfacher Vorgang und äußerst kraftvoll. Jede Nacht, wenn du einschläfst, hast du Gelegenheit, irgendwelche Gedanken, die dich oder andere verletzt haben mögen, aus deinem Lichtkörper und dem Strom deines Bewußtseins zu entfernen. Nachdem du die Atmosphäre deines Geistes und auch deine Schlafstätte durch das Opfern von Zedern- oder Wacholderrauch bereinigt hast, lege dich auf das Bett und überprüfe deine Worte und Handlungen dieses Tages. Wenn du erkennst, daß du an irgendeinem Punkt des Tages mit weniger als deiner gesamten Weisheit gedacht, gesprochen oder gehandelt hast, dann laß diesen Moment nochmals »ablaufen« und visualisiere, wie er einen harmonischen Abschluß erreicht. Bejahe dann in deinem Geist: »Bei nächster Gelegenheit werde ich mich mit klarem Geist mitteilen. Ich werde meine volle Aufmerksamkeit dem Licht der Kommunion schenken, das zwischen mir und anderen fließt, denen ich begegne.« Bei der Betrachtung der Ereignisse des Tages magst du feststellen, daß du dir eine beunruhigende Vorstellung oder Gedankenform angeeignet hast, die du für deine eigene ansahst. Wenn du das Betrachten deines Geistes weiter übst, wirst du fähig sein, zwischen den Gedanken zu unterscheiden, die deinem heiligen Zweck als Mensch wirklich dienen, und denen, die nur Illusionen waren und umgewandelt werden sollten. Diese Übung gehört ausdrücklich zum Weg des Friedenshüters, denn sie entwickelt die Kontinuität des Bewußtseins zwischen wachem und schlafendem

Zustand. Beim Meditieren kann man oft einen Zustand erfahren, der dem Übergang vom wachen zum schlafenden ähnelt und bei dem Bilder oder Blitze der Inspiration oder klaren Wahrnehmung durch den Geist ziehen. Die Kontinuität unseres Wissens ist immer lebendig und uns verfügbar. Sie ist eine heilige Schnur, eine Resonanz mit dem Leben, die uns befähigt, allen Aspekten unserer Gedankenwelt gegenüber aufmerksam zu sein.

In dem Traum zu erwachen und die Füße fest auf den Weg der Schönheit zu stellen, ist eine Tsalagi-Tradition der Aufmerksamkeit. Was man innerhalb des Geistes oder des Traumes tut, hat Auswirkungen, die genauso konkret sind wie die von Handlungen in der materiellen Welt. Wenn man den galoppierenden Geist reitet und ihn auf den Pfad führt, wird ein Ziel erreicht − der Ort des heiligen »Reifs«, der Ursprung des Traums. Den Traum zu erinnern bedeutet, Kontakt zu haben mit dem geistigen Strom, während er seine Bahn durch die Reiche des Bewußtseins zieht. Die fruchtbare Sichel des Mondes, übersät von Begierde, Gedanken und Handlungen, stellt einen Weg dar und reflektiert den Zweck der Sonne im eigenen Leben. Großvater Mond (Nudawa Giniduda) gibt das Licht der Adawee wieder. Wie sehr man das heilige Ideal achtet, bestimmt die Klarheit dieser Spiegelung. Das Auge der Weisheit öffnet sich, wenn man eine Handlung im Traum vollzieht − wie das Strecken der Hände zum Himmel, um den sanften Regen auf das ausgetrocknete Land zu rufen.

Die Methode der Achtsamkeit im Traum, so wie Großvater Enoah Fisher sie lehrte, beinhaltet folgende Schritte:

1. Wenn du dich in den Schlafraum zurückziehst, reinige den Bereich mit einer Opfergabe von Zedern- oder Wacholderrauch nach Norden, Osten, Süden und Westen, zum Himmel und zur Erde hin. Die Atmosphäre um dich herum besteht aus Gedanken. Wenn dein Denken durch achtsame Praxis klar geworden ist und du dir die Zeit nimmst, den Bereich mit Rauch zu segnen, dankst du auch der Erde für frischen Atem und dafür, daß sie hilft, individuelles und planetarisches Denken zu klären.

2. Formuliere ein Gebet, in dem du dich als Partikel des Lichts anerkennst, für das Gute dankst, das dir an diesem Tage widerfahren ist, und die Absicht bejahst, in all deinen Beziehungen harmonisch zu leben.

3. Leg dich auf dein Bett und betrachte nochmals deine Handlungen dieses Tages. Nimm in deinem geistigen Auge Korrekturen vor, falls dies angezeigt ist. Wenn du es zum Beispiel versäumt hast, von Herzen auf jemanden einzugehen, sieh dies so, wie es hätte sein sollen. Wenn du im Zorn gesprochen hast, sieh dich mitfühlend sprechen.

4. Übe die Meditation der »Drei Edelsteine des Reinsten Geistes« (siehe unten).

5. Zähle langsam zurück von zehn bis eins und bejahe, daß du dich an alles erinnern wirst, was dir während deines Schlafes widerfährt.

6. Erteile dir selbst die Aufgabe, im Traum die Hände zum Himmel zu heben, um ein fruchtbares Leben herbeizurufen.

7. Nach dem Aufwachen dehne deinen Körper, gib Dank und notiere deine Träume im dafür vorgesehenen Tagebuch.

MEDITATION ÜBER DIE »DREI EDELSTEINE DES REINSTEN GEISTES«[2]

Sitz mit geradem Rücken, atme ein und aus, laß deinen Verstand entspannt und offen sein. Spüre die Doppelhelix der Spiralenergie in deinem gesamten Wesen als dynamische Balance von Willen und Mitgefühl, die die Verbindung der aktiven Intelligenzen bewirkt.

> Komm, komm, komm zum anderen Ufer.
> Frei von Illusion, bringe dein Kanu des Lichts zusammen,
> Begib dich auf den Strom des reinsten Geistes.
> Tritt leichtfüßig an das Flußufer,
> Gehe durch das seichte Wasser,
> Während das Licht des klaren Tages
> Auf den Wassern tanzt.

Das Kanu am Ufer,
Begibst du dich mit sicheren Schritten in den Strom,
Den Strom, der zum Ozean führt,
Tief in die Kammern deines Wissens,
Gehst du weiter in das Wasser.
Es umspielt deine Füße,
Und du siehst die Spiegelungen des Tages,
Das, was du am besten getan hast.
Bei unserer Reflektion laß uns
Die Taten des größeren Wohles bejahen.

Die Uferlandschaft entfaltet sich sanft
In ein Meer aus vielen Tälern.
Das erste Tal enthält
Den Schatz der fruchtbaren guten Absichten.
Welches Gesicht trugst du
Bevor du geboren wurdest?
Sieh das Mysterium hinter der Form,
Suche den Edelstein der guten Sache,
Den Gedanken des richtigen Handelns.
Tauche ein in den Strom des klaren Geistes.
Ein gelber Stein strahlt das Licht aus,
Ruft dich auf, das Richtige zu erkennen.
Sammle den heiligen Topas,
Medizin des klaren Geistes.

Noch tiefer nach Schätzen suchend,
Bist du zum zweiten Tal hingezogen.
Dich wohlfühlend im Wasser,
Dich bewegend wie Licht in einem Strahl,
Schillernde Erinnerungen an das,
Womit du deinen Traum webst.
Das Leuchten der Weisheit ruft dich
Zu einer rosastrahlenden Grotte.
Sammle den kostbaren Rubin,
Den Juwel der Weisheit.
Mitgefühl fließt über.
Folge dem subtilen Licht,
Das dich in die Mitte des Stroms ruft.

Das dritte Tal, wundervoll im Schein des Willens,
Leuchtet von klarem Geist.
Richtige Absicht fließt zu erfüllter Handlung,
Immer in Harmonie, das Licht hervorbringend.
Sammle den funkelnden Diamanten.

Drei Edelsteine zum Tragen, Sprechen, Widmen:
Die Wahrheit, die Gemeinde, die Lehre.
Versichere, daß du auf dem Wege der Schönheit bist.

Komm, komm, komm zum anderen Ufer.
Illusion ist beiseite gelegt,
Würdig ist das Leuchten.
Komm, laß uns am Ufer zusammenkommen
Und in unsere Kanus des Lichts steigen,
Um die Meere des Durcheinanders
Zu durchkreuzen.

Die Fähigkeit zu wählen ist eine Gabe von besonderer Gnade.
In unserer Ignoranz schaffen wir manchmal Mittel, um Ent-
scheidungsvorgänge dramatisch werden zu lassen. Solche Mittel können Krisen sein, Krankheit oder Zorn; viele Menschen
fühlen sich stärker, wenn sie auf jemanden oder etwas böse
sind. Es gibt aber einen klareren, direkteren Weg, um Kraft
zum Handeln zu erlangen: den Strom der Weisheit in sich
selbst anerkennen, die Juwelen der Weisheit in deiner Natur.
Mit den Gaben von Phantasie, Visualisierung und Affirmation
hast du Wellen der Weisheit in Bewegung gesetzt. Jetzt kennst
du die »Drei Edelsteine« als einen Teil deiner eigenen Erfahrung. Die Edelsteine sind eine gnadenvolle Medizin zur
Erneuerung des einzelnen Menschen, der Familien und Gruppen.
  Der Wille ist unsere Absicht. Wenn keine klare Absicht und
der Glaube an Vollendung vorherrschen, gibt es Unsicherheit,
und man hat vielleicht nicht den Mut zu handeln. Bringe nun
mit deinen Edelsteinen die Klarheit deiner Absichten ins
Gleichgewicht. »Ist meine Absicht, mein Wille, wirklich in
Harmonie mit meinem Lebenszweck?« Das ist eine Frage, die
man sich stellen muß. In der Auffassung der Urvölker heißt es,

wenn wir als Menschen in das Leben eintreten, uns diese Fragen gegeben werden, um sie zu erforschen, während wir uns um das Medizinrad herum bewegen. Die Tsalagi sagen, daß man einundfünfzig Jahre Zeit hat, um zu untersuchen, denn nach der Tsalagi-Tradition ist man erst im Alter von einundfünfzig erwachsen. So viel Zeit wird benötigt, um die vielen subtilen Energieströme im Körper zu erspüren. Nach einundfünfzig Jahren teilt man die Früchte seiner Forschungen. Deinen Zweck zu verstehen, befreit dein kreatives Potential. Deinen Zweck klar zu sehen, ist die Gabe der Einsicht. Den Mut und das Mitgefühl zu haben, energisch den Weg der Verwirklichung des Zwecks zu gehen, ist eine Gabe zum Wohle aller. Klaren Ausdruck und klaren Geist zu kultivieren heißt, die Saat der Harmonie für alle Lebewesen anzuregen.

Eines der wichtigsten Mittel der Manifestierung des Geistes des Friedenshüters ist die Überbrückung der Kluft zwischen den Hirnhälften. Wir nennen dies: die Regenbogenbrücke bauen. Den Geist des Friedenshüters zu erhalten heißt, zu erkennen, daß sich im Vorgang des Lichts, des Atmens gegenseitig ergänzende Gedanken und Handlungen in einem Gedankenfeld befinden. In einem solchen Gedankenfeld widerspricht sich nichts. Alle Gedanken existieren nebeneinander.

Ich bete, daß du an die Juwelen der Weisheit denken wirst, die du in dir trägst, daß du das heilige Feuer des Lebens bejahen wirst. Wir können den Verlauf einer Kultur verändern, den Verlauf des Denkens einer Nation, von der Notwendigkeit der Erweiterung nach außen bis hin zu der Erkenntnis unserer inneren Kreativität. Wir sind das Volk. Wir sind der Planet. Wir sind die Sterne. Unser jeweiliger Werdegang beeinflußt durchaus den Strom des Lebens. Menschen, die in einer Organisation mit vielen Personen arbeiten, können bei sehr klarem Bewußtsein spüren, wie die Intuition und Energie der Gruppe gut fließen werden. Jeder von uns ist ein Akkumulator, ein Resonanzkörper, ein Musikinstrument, und wir lösen Wellen mit vielen Mustern und vielen Zukunftsmöglichkeiten auf dem Meer des Lebens aus. Wir wollen wählerisch sein bei der Gestaltung der Zukunft. Wie die alten Indianer sagen: »Laßt uns bereits bei der Art und Weise, in der wir uns begrüßen, überlegen, was unsere Worte und Handlungen in sieben Generationen bedeuten werden.« Wenn wir in unserem Heim einen

Ort des Gebets und der Meditation schaffen, arbeiten wir an der Erneuerung unserer Nachbarschaft und der Erde. Es ist wichtig, daß wir das heilige Mysterium ehren, das wir miteinander teilen. Wir alle können unsere Wurzeln zu dem einen Großen Baum des Friedens zurückverfolgen, dem Leben selbst. Was immer unser Stamm, unsere Rasse oder unsere Kultur darstellen mag, es gibt nur eine Wahrheit und eine Wirklichkeit, die uns als Menschen vereinen.

Die Praxis des zum Meer gehens befähigt dich, deine Träume und deine Denkprozesse klarer wahrzunehmen. Als Kinder wurden wir ermutigt, unsere Träume zu erzählen und in ihnen auftretende Probleme zu lösen. In unseren Träumen haben wir immer die Gelegenheit, eine Korrektur in unserem gesamten Wesen vorzunehmen. Laß uns also aufmerksam sein. Wenn du in einem Traum ängstlich bist, rufe Mut hervor. Wenn du dich bedroht fühlst, begreife dich als einen selbstermächtigten Menschen, der sogar das Gefährliche umwandeln und verändern kann. Viele, die nach Wahrheit suchen, begegnen dem Drachen, der von Sankt Georg besiegt wurde. Der Drache ist Zweifel, die nicht integrierten Aspekte des eigenen Energiewesens, die sich als Ganzes manifestieren wollen.

Von uns — den Menschen — wird verlangt, daß wir eine Wahl treffen, uns dafür entscheiden, das Leben zu bejahen und uns an unsere heilige Pflicht zu erinnern. Jeder von uns hat eine solche heilige Pflicht, eine spezielle Gabe, die von den Menschen benötigt wird, welche sich für unsere Nähe entschieden haben. Wir haben diese Nähe tatsächlich gewählt, in unseren Familien, bei unseren Freunden und unseren Arbeitskollegen, und wir spüren ein gewisses Energiepotential der Vollendung. Also laß uns die Schönheit ineinander wahrnehmen. Laß uns unsere Einheit als Menschen im Prozeß der Veränderung bejahen. Und vor allem, laß uns die heiligen Edelsteine vor Augen behalten, die Juwelen der Weisheit, die immer ein Teil unserer Natur sind. Unser Leben ist ein Mandala des Denkens, und es kann so schön und symmetrisch wie unsere Betrachtungsweise sein.

Nun hast du dich an den Weg erinnert. Wie der Lachs hast du dich in den Strom begeben, der zum Ursprung deines Wesens führt.

NACH HAUSE KOMMEN

Setz dich mit geradem Rücken in den Schneidersitz oder auf einen Stuhl und atme bewußt. Folge dem Atemfluß zum Ozean des Lebens. Stell dir vor, du seist ein mächtiger Lachs, der im riesigen Meer schwimmt. Bereite dich darauf vor, deinen Weg zurück zum Ursprung zu nehmen, zurückkehrend in den Strom der grenzenlosen Liebe, aus dem du stammst. Die Reise beginnt, indem du an die Mündung eines großen Flusses heranschwimmst, den Fluß der Liebe. Wenn du in diesen Fluß eintritts, spüre Strömungen des Mitgefühls, die dich umgeben. Laß dich von ihnen weiterführen, während du stromaufwärts schwimmst und deinen Weg nach Hause durch die vielen Gelegenheiten und Herausforderungen findest, die dir in den Gewässern der Erfahrung begegnen.

Zuerst kommst du zu einem tiefen Becken, die Gewässer des »Ich Werde«. Hier findest du die Stimme deiner Kraft und veränderst anhaftende Gedanken von »kann nicht« in »kann« und »werde«. Gleite durch das Wasser von »Ich Werde« und befähige dich sanft, alles zu sein, was du sein könntest; bemächtige dich deiner naturgegebenen Autorität, beschließe, deine höchsten Ideale zu leben, deinen wahren Lebenszweck. Durchschwimme Querströmungen, die dich von deinem Ziel ablenken wollen, und finde erneut die Richtung deiner Überzeugung.

Während du stetig stromaufwärts ziehst, folgst du der Strömung des Mitgefühls bis hin zu einem großen, wunderschönen See, dem See des »Liebenswerten Ichs«. Tauche und springe durch die Gewässer der Selbstbejahung, wasche fort von deinem Herzen alle überbleibenden Reste von Selbstzweifel oder Minderwertigkeit. Bestätige das schöne Wesen, das du bist, geliebt und liebenswert, das die Liebe, die sein angestammtes Recht ist, weder verdient haben noch verdienen muß. Glänze im Licht deiner Selbstannahme, während du deine Reise fortsetzt.

Als nächstes kommst du zu donnernden Stromschnellen, den Kaskaden der Handlungsfähigkeit. Hier schlägt das Wasser dröhnend auf die Felsen und rüttelt alles an Trägheit, Kraftlosigkeit und Handlungsunwilligkeit ab. Beim Durchziehen der Stromschnellen laß dich von deiner Weisheit sicher führen, laß dich von deiner Fähigkeit, kompetent und wirksam zu handeln, durch das aufgewühlte Wasser leiten. Zu Taten fähig, reich an Talenten und Fertigkeiten, bestätige dich als ein Meister des Handelns zum Wohle aller Wesen und schwimme weiter.

Der Fluß wird wieder ruhig und strömt sanft weiter, wird still und besonnen und zieht endlos vor dir hin — der Strom des »Offenen Moments«, in dem alle Anklammerungen an das, was in der Vergangenheit geschah oder auch nicht geschah, was in Zukunft geschehen könnte oder nicht geschehen könnte, von dir weggespült werden. Im »Offenen Moment« hört alles Leiden und das Festhalten daran auf, und du bist frei, um die Gewässer des Lebens so zu erfahren, wie sie sind. Tummle dich freigewaschen von allen Begrenzungen, die aus den Erwartungen stammen, in der Weite der enormen Möglichkeiten. Genieße es, im Jetzt zu sein. Dein Traum wird Wirklichkeit noch während du ihn dir vorstellst.

Schwimme weiter den Fluß der Liebe hinauf, bis du zu dem schönsten Becken kommst, dem Becken der Fülle. Tauche tief in das bodenlose Wasser und hole alles hervor, was du brauchst, was alle Menschen brauchen. Entdecke erneut das Paradies, das dich umgibt und in dir ist, dir rückhaltlos gibt. Schüttle die letzten Überreste von Mangeldenken ab und erfahre die Freude der Großzügigkeit, wenn du die Gaben dieses kostbaren Wassers mit den Menschen um dich herum teilst.

Fließende Fülle trägt dich zu seinem riesigen Wasserfall, der letzten Pforte vor dem Ziel deiner Reise. Sammle deinen Mut und dein Selbstvertrauen und springe den Wasserfall des Glaubens hoch, gib dich dem Sog und Strömen der mächtigen Gewässer des Lebens hin, überfliege alle Hindernisse auf den zuverlässigen Winden des Glaubens. Überflügle die Angst, steige so hoch du nur kannst. Umarme die Vollkommenheit, die Einheit mit allem, was ist.

Jenseits des Wasserfalls kommst du letztendlich zum Ursprung des Flusses, zu den klaren, ruhigen Wassern des Zuhauses, der Quelle von allem. Hier in den süßen Gewässern der Erinnerung bist du Herz an Herz mit deiner Familie, deinen Freunden und all deinen Verwandten. Sei dir bewußt, daß ihr eins seid. In dem ruhig fließenden Strom erfährst du bedingungslose Liebe, Wellen des Mitgefühls, die endlos hinausziehen und zurückkehren. Bade in diesem Becken des Friedens, laß sein Licht jedes Atom deines Wesens durchdringen und sende das Lied der Weisheit der Liebe hinaus, so daß alle die kostbarste Gabe des Friedens kennenlernen mögen.

Diese Lehre des Lachses wurde von einem der Alten, Joe Washington, inspiriert, der im Nordwesten der Vereinigten Staaten lebt und mich führt, seit meine Großeltern in die andere Welt übergingen. Er ist der spirituelle Führer der Lummi-Nation, einem Küstenvolk der Salish. Er sagt: »Dhyani, sag den Leuten, daß, solange die Flüsse fließen und das Gras grün ist, die Lachse stromaufwärts kommen werden. Jeder will nach Hause.« Jedesmal, wenn ich ihn treffe oder wir miteinander telefonieren, wiederholt er das. Wir müssen die Botschaft des Lachses verstehen, denn der weise Lachs versteht den Puls. Er spürt die Energie und findet den richtigen Strom; er spürt jenes Wasser, das ihn nach Hause bringen wird. Der Lachs, der damit beschäftigt ist, sich umzusehen und zu denken: »Ich glaube kaum, daß ich jenen Felsen überspringen kann«, oder: »Bin ich hier wirklich im richtigen Gewässer?«, erreicht sein Ziel nie. Es ist Zeit, nach Hause zu gehen, und wir alle können den richtigen Weg finden. Es geht nur darum, wieder in den Fluß des klaren Geistes in uns selbst zu gelangen, uns daran zu erinnern, daß wir natürliche Wesen sind, menschliche Wesen und zusammen. Auch wir haben unsere Rhythmen; der Puls der Erde führt uns.

In dieser Zeit sprechen viele Ureinwohner Amerikas wieder ihre uralte Weisheit. Die Botschaft lautet nicht: »Werde wie ein Indianer«, und auch nicht, Menschen zur Urreligion dieser Völker zu bekehren. Die Alten sagen vielmehr: »Geben wir uns die Hände, jeder so wie er ist, um den heiligen ›Reif‹ der Erde neu aufzubauen. Laßt uns die Traditionen aller Völker ehren. Laßt uns wissen, daß es eine Wahrheit gibt und daß alle unsere Wurzeln jenem großen Baum entstammen. Wie der Lachs, laßt uns den Ozean der Illusionen verlassen. Laßt uns in dem Strom Sieger sein und unseren Weg nach Hause wiederfinden, so daß wir erneut Saat des Lebens hervorbringen mögen.« Also ist die Botschaft, die Joe Washington an uns weitergibt, sehr wichtig: »Erinnere dich an den Lachs, erinnere dich an den Lachs.« Auch Menschen suchen nach dem Fluß, der sie nach Hause bringt.

Der Ozean ist unser Denken, er ist unser gemeinsamer Traum. Auch beinhaltet er unsere Emotionen, die Gefühle, die oft nicht zugegeben werden. Doch um den Weg nach Hause zu finden, mußt du alle Gefühle im Ozean der Erfahrung betrachten und sagen können: »Ich hänge nicht mehr an diesem; ich verdränge jenes nicht mehr. Ich brauche keine Angst mehr. Ich bezweifle nicht mehr, daß der Ozean von dem kleinen Fluß kommt, und daß der Fluß mich nach Hause führen wird. Ich bin auf dem Wege, und es ist der Weg der Schönheit.« Man muß nirgends hingehen, wir sind rundum von Schönheit umgeben. Mit deinem Geist zu erforschen, mit deinen Sinnen, heißt, das Mysterium des Lebens verstehen.

Um den Geist des Friedenshüters zu verwirklichen, brauchen wir lediglich die Hindernisse aus Angst und Zorn, Entbehrung und Trennung wegzuräumen, und wir werden wieder zu der Erkenntnis dessen gelangen, was wir sind. Du kamst als vollwertiger Mensch reinen Geistes. Der menschliche Körper ist eine große Gabe, eine Gelegenheit, den Geist zu erforschen. Wir sagen, daß am Anfang Leere war, und aus der Leere kam der Klang hervor. Der Klang besteht aus fünf Tönen, fünf Qualitäten, die Grundlage von allem, was wir wissen, unserer Organsysteme und dem Aufbau dieser Welt. Und dieser Klang ist in uns.

Uns wurde bereits im frühen Alter beigebracht, daß die Art, in der wir die Welt sehen, wir uns mit dem Herzen verständigen, wir gegenseitig unsere Essenz erfassen, unsere Wirklichkeit bestimmt. In der Weltanschauung der Tsalagi gibt es keine Zufälle, keine Fehler. Dinge geschehen so, wie sie sind. Wir müssen den Mut entwickeln, in diesem Moment gegenwärtig zu sein und die Einstellungen abwenden, die uns an die Illusion des Getrenntseins glauben lassen. Im Leben haben wir alle Teil an diesem Traum, und es gibt keine Trennung.

Wir Menschen haben heute einen gemeinsamen Zweck. Die Resonanz dieser klaren Absicht weckt bei vielen Menschen die Erinnerung an unsere Kraft, die Illusionen zu bereinigen, die diesen Planeten jetzt heimsuchen. Wir können in unserem eigenen Wesen das Potential erkennen, kreative Energie hervorzubringen, Frieden und Klarheit in unserem eigenen Leben manifest werden zu lassen. Viele Menschen haben auch das Bedürfnis, Teil einer Gemeinde zu sein, zu wissen, daß sie mit dem Kreise guter Beziehungen ausgerichtet sind. Diese Gedanken und Gefühle ließen dieses Buch für euch, meine Leserinnen und Leser, entstehen. Wie kann jeder von uns erkennen, daß Gedanken kreative Energie sind? Wie kann jeder von uns die Illusionen oder die Ängste abwenden, die sich in den Weg der Verwirklichung unserer wahren Natur stellen? In der Weltbetrachtung der Urvölker ist alles in der Essenz gut. Aus dem Anfang, der Leere, kam der Klang spiralenförmig hervor; aus dem Mutterleib des Universums heraus, wurde unmanifestiertes Potential Wirklichkeit. Es wurde Wirklichkeit durch das Prinzip des Willens, und durch dieses Prinzip kann jeder von uns in jedem Augenblick die Verbindung wiederherstellen zu jenem heiligen Faden des Willens. Willen ist das primäre Feuer, das uns in diesem Moment hervorbringt. Diese Energie wird manifest durch den klaren Quarz-Kristall.

Das zweite kreative Feuer strahlt die Energie des Mitgefühls aus. Als der »Alten-Feuer-Wille« sich selbst betrachtete, trat die Energie hervor, welche die Dinge mit Gleichmütigkeit so sieht, wie sie sind; das ist mitfühlende Weisheit. In unseren individuellen Beziehungen setzt sich dieses Feuer in gegenseitige Umsorgung um, in Vergebung für das, was hätte sein können oder sollen. Wenn wir begreifen, daß unsere Gedanken unser Morgen weben und bestimmen, sehen wir, daß es keinen Grund für Zweifel oder Schuldzuweisung gibt, denn alles bewegt sich in dem Fluß unserer eigenen Natur. Und mit der Klarheit unseres Willens, der Energie des Mitgefühls und der Stimme der Affirmation können wir die Einstellungen abwenden, welche die Vollkommenheit verdunkeln könnten.

Im Kreis des Lebens hat jeder von uns eine spezielle Gabe und Funktion. In der Weltanschauung der Urvölker gibt es kein drinnen und draußen; jeder im Kreise ist notwendig. Die Gaben und Funktionen jedes einzelnen Menschen sind für das Wohl der gesamten menschlichen Familie erforderlich, wie für alle Wesen, die laufen, kriechen, schwimmen oder fliegen. Wir sind alle miteinander verwandt. Es ist diese Weisheit des Mitgefühls, die Dinge in ihrer Ausgewogenheit zu sehen, das so bedeutend ist im Abwenden von Illusionen der Entbehrung, wie im Einbringen von Frieden in unsere Herzen.

Das dritte kreative Feuer ist das der kreativen Intelligenz, der aufbauenden Intelligenz, so daß unsere Träume erfolgreich sein mögen und unsere Bemühungen um das Wohl von vielen Menschen verwirklicht werden.

Also gingen aus den fünf Tönen drei Feuer hervor, die in einer großen Spirale leuchten. Dies ist in deiner eigenen Wirbelsäule von Bedeutung. Klang und Schwingung ist Gedanke. Es ist unser Traum, den wir alle zusammen weben. Und als Menschen mit dem Geschenk des Lebens ist es unsere Pflicht, es nicht zu vergeuden. Das heißt, daß wir auch unsere Faulheit überwinden müssen. Wie überwindet man Faulheit? Wie erkennt man überhaupt, daß man faul ist? Wenn du das Gefühl hast, daß dir jemand im Wege steht, daß du etwas aufgrund des Tuns oder Nichttuns eines anderen nicht vollbringst, dann ist das Faulheit. In Wirklichkeit kann nämlich dem fleißigen, liebenden Menschen nichts im Wege stehen.

In unserer Natur ist das Potential, das große Dinge geschehen läßt. Die Wunder in anderen Zeiten und Kulturen, von denen wir lesen können − Wunder wie das Herbeibringen von Regen oder Saat innerhalb von wenigen Stunden durch Gebet wachsen zu lassen -, diese Glut schlummert in uns allen. Was einzig benötigt wird, ist das Ausfegen der Feuerstelle, damit die Glut in Flammen ausbrechen kann. Was ist die Feuerstelle? Sie ist unser Geist, unsere Wirbelsäule, unser Körper, insbesondere das Herz, das Kreuzbein und die Schädeldecke. Feuer ist Denken, es ist Geist. In uns allen bewegen sich jene drei kreativen Feuer − Wille, Mitgefühl und aktive Intelligenz. In der Wirbelsäule sind sie im Kreuzbein gelagert. Wenn der Mensch die Stafette seiner Bestimmung annimmt und trägt, leuchten diese Feuer zunehmend heller, und die Kanäle des Rückgrats werden klarer, so daß die Feuer steigen können.

Wir sprechen von Mutter-Energie, Vater-Energie und dem inneren Kind. Die Mutter-Energie befindet sich links von der Wirbelsäule, die Vater-Energie rechts davon, und das Kind bildet die Mitte. Auch beschreiben wir sie als lunar, solar und die Leere, das Nicht-Manifestierte, das Wirklichkeit wird. Die Erd-Mutter bewegt sich in dir, die Sonnenenergie ebenso. Zur Linken der Wirbelsäule ist die Energie des Mondes, zur Rechten die der Sonne, und in der Mitte befindet sich das Kind und das Mysterium jenseits von Form. Mit seinen Gedanken und Handlungen kann der menschliche Körper den Fluß von Mond und Sonne blockieren, oder er kann eine Energie anregen und die andere dämpfen. Indem du deinem Atem folgst, auf deine Atmung achtest, kannst du dir bewußter darüber werden, wie du dein Potential manifestierst. Spüre die Spiralen der Energie. Bist du dir einer Körperseite bewußter als der anderen? Meine Großmutter ließ mich einen Besenstiel in beiden Händen halten und dann darüber springen. Sie sagte, ich dächte mehr zur einen Seite hin als zur anderen und daß diese Übung mir helfen würde, Ausgewogenheit zu finden. Es ist eine große Herausforderung, so über einen Besenstiel springen zu müssen. Entweder bist du sehr gegenwärtig und ausbalanciert, oder du fällst auf die Nase. Was meine Großmutter mir sagen wollte, war: »Deine Taten haben mehr Bedeutung als deine Versprechen. Sie müssen jetzt vollbracht werden.« Und sie vertiefte die Lektion weiter: Sie lehrte mich, daß etwas leichter wird, wenn man es als bereits vollendet betrachtet. Ich dachte, daß so über einen Besenstiel springen schwierig sein würde. Sie sagte: »Deine Gedanken sind genauso wichtig, wie deine Handlungen, denn jedes Handeln beginnt im Kopf.« Ich dachte vier Tage lang darüber nach. Als es mir klar war, sprang ich mit Leichtigkeit über den Besenstiel. Dann wurde mir eine noch tiefergreifende Lektion klar: Indem wir etwas denken, ist es, als hätten wir es bereits getan. Sogar wie wir über andere Menschen denken und sprechen, beeinflußt sie. Beschreiben wir jemanden als hart oder ignorant, bestätigen wir den Edelstein des reinen Geistes weder in uns noch dem anderen, denn wir artikulieren eine Idee-Form, die negativ und statisch ist, und ziehen so Energie ab, die umwandeln und verändern könnte.

Wenn du dich auf den Weg machst, deinen Geist zu klären, indem du deine Äußerungen durch bejahendes Reden bereinigst, öffnen sich die Kanäle deiner Wirbelsäule zunehmend. Wenn wir sagen können, »dies geschieht«, ohne von dem Geschehen eingenommen oder abgestoßen zu sein, werden die Kanäle noch offener. Warum ist es so wichtig, daß die Wirbelsäule und unsere Äußerungen klar werden? Weil unsere Worte, bestehend aus Gedanken und Schwingungen, die Kraft haben, unsere zukünftigen Realitäten zu formen und zu bestimmen. Wenn wir aus Angst heraus sprechen oder in einer Art, die eine negative Einstellung verstärkt, frieren wir den Moment ein und lassen unseren vollen Atem nicht durchziehen. Also ist der erste Schritt, unsere Sprache klar werden zu lassen, uns zu verpflichten, das Beste in uns selbst zu sehen. Wenn du alte Gedanken-, Rede- oder Verhaltensmuster erkennst, die Klarheit verhindern, halte weder positiv noch negativ fest an der Einstellung, die ihr Gesicht im Spiegel deines Geistes gezeigt hat. Sei dir gewiß, daß Zorn, Bitterkeit und Zweifel Gefühle sind, und Gefühle ziehen von Natur aus rasch vorbei. Was ist die essentielle Natur des eigenen Geistes? Das ist die Frage, die wir zu erforschen haben. Während wir uns in einer Spirale auf eine tiefere Bewußtseinsebene begeben, sehen wir, daß wir Menschen sind, die sich verändern. Dadurch, daß wir leben, haben wir Gelegenheit, die Qualitäten des Lebens zu betrachten, die Gabe des Intellekts zu erkennen und eine Wahl zu treffen: Die kreative Stimme zu manifestieren, die eine Welt der Schönheit aufbaut, eine Welt des Friedens zum Wohle aller Wesen bis in die siebente Generation hinein. Darum sind Mitgefühl, Anteilnahme, sich selbst und andere umsorgen so wichtig. Was wir heute tun, wie wir uns in diesem Augenblick selbst einschätzen, wirkt sich auf den gesamten Lebenskreis aus. Unser Denken ist in sich eine Kraft. Unsere Emotionen ziehen das an, was unser Leben enthält. Es gibt keinen Zufall. Nach Auffassung der Ureinwohner kommt »Sünde« vom Verlassen des Weges der eigenen Fähigkeiten und des eigenen Potentials. Wir wurden alle rein geboren; wir alle haben den vollkommenen Geist der Schöpfung in uns. Die Einstellungen, die diese Vollkommenheit verdecken mögen, können mit Leichtigkeit umgewandelt werden, wenn wir energisch die Kraft des klaren Geistes bejahen: »Ich beabsichtige, zu dieser Zeit Wahrheit zu verwirklichen.« In der Weltanschauung der Tsalagi heißt es, daß sieben Leben der spirituellen Aktivität einen befähigen werden, das Mysterium zu realisieren. Energische Menschen können es in einem Leben schaffen, und dann vielleicht ein Planet werden, Mutter-Vater aller Dinge, wie es meine Großmutter wurde.

Sieben Lebzeiten, ein Leben – was heißt das alles? Es heißt: In diesem Moment Saat pflanzen. Das Leiden und Durcheinander dieses Moments spiegelt geistige Haltungen wider, die wir vielleicht schon aus anderen Leben her in uns tragen. Wie sollen wir diese Einstellungen der Vergangenheit umwandeln, die sich in den Energiezentren unserer Körper ansammeln mögen? Wir müssen sie heraussingen und -tanzen, fasten und unseren Geist und Körper reinigen, gute Gedanken und Handlungen kultivieren. Die Rituale der Reinigung und des Fastens, das Opfern von Süßgras oder Salbei an die vier Himmelsrichtungen, an einen dunklen und einsamen Ort gehen, sich mit heißem und kaltem Wasser reinigen, all dies ist von Vorteil für unsere Beziehungen. In den Ritualen der Tsalagi überwindet der Einzelne so die Hindernisse der Abtrennung. Wie entstehen diese Illusionen des Getrenntseins? Sie kommen vom Denken, »dies« sei besser als »das«, oder, »ich weiß mehr als –, ich bin weniger als –.« Im Augenblick, in dem du denkst, daß du mehr oder weniger als ein anderer Mensch bist, fällt der Schleier der Trennung. »Dies« mag für dein spirituelles Erwachen gut sein, während »das« für einen anderen richtig ist. Weise Menschen pflegen eine »ebenso«-Einstellung – »das motiviert ebenso wie dies« – und fördern so die Einheit. Das sich mit anderen vergleichen beruht auf Stolz. Die Überzeugung, daß unser Selbst von allem herausgelöst existiert, löst Durcheinander aus. Wir sind Träumer und teilen uns diesen Traum.

Die Lehren der Ywahoo werden mit dem Gebet weitergegeben, daß wir Menschen uns wieder als eine Familie im Kreis des Lebens sehen, die Illusion des Getrenntseins beiseite werfen, und wir wieder mit Würde im Kreise stehen mögen. Sei der beste Mensch, der du sein kannst. Alle Bezeichnungen, die Urvölker in ihren Sprachen für sich selbst anwenden, bedeuten letztlich »Menschen«. Wir Tsalagi nennen uns das »Hauptvolk«, weil wir unsere Wurzeln zu den Sieben Tänzern zurückverfolgen und unsere Pflicht, die Saat des Lichts zu verbreiten, wahrnehmen.

Jene Wesen, die auf der Erde lebten, als die Sternenmutter herabfiel, besaßen Leben und Bewußtsein, aber noch nicht die Saat des Geistes. Also mußte die Sternensaat auf der ganzen Erde verbreitet werden. Als sich unsere Kultur entwickelte, war es daher die Pflicht der Kinder der Sonne, Ehen mit Partnern der untersten Schichten einzugehen, um die Sternensaat unter allen Menschen zu verbreiten. Auch dies ist ein Hinweis darauf, daß wir alle einer Familie der Menschheit angehören.

Da sich die gesamte menschliche Familie in einem Prozeß der Entwicklung und Erleuchtung befindet, gibt es keinen Grund entmutigt zu sein oder sich selbst abzulehnen, sondern allen Grund zu Mitgefühl und Fürsorge. Wenn du in deiner eigenen Natur einen Fehler siehst, betrachte und akzeptiere ihn einfach und bejahe richtiges Handeln, statt den Mißstand noch zu verstärken. Das ist die Kraft des bejahenden Denkens, der klaren Stimme: Die Umwandlung von Zwietracht in Harmonie. Sieh den Fehler ohne Schuldzuweisung, ohne an ihn gebunden zu sein, und bringe die erforderliche ausgleichende Energie hervor.»In gewisser Weise reagieren. Sich wütend und verzweifelt fühlen, anderen die Schuld für den Hunger auf der Welt geben. Laß mich nicht auch mir die Schuld dafür geben, daß ich Zorn oder Konflikt empfand. Laß mich Reue empfinden, den Denkfehler korrigieren und mich der Handlung widmen. Laß mich den inneren Frieden finden, um eine Welt der Schönheit zu visualisieren.« Sprich eine Affirmation, um das negative Denkmuster abzuwenden.

Denken wir über die Fertigkeiten nach, die benötigt werden, um die Illusionen von Zorn, Schmerz, Scham oder Trennung umzuwandeln. Zuerst müssen wir Glauben haben, daran glauben, daß wenn wir einatmen werden, wir auch wieder ausatmen, daß die Sonne, die heute Abend untergeht, morgen wieder aufgeht, wie an so vielen Tagen davor. Die einfachen Dinge lassen uns klar und sicher bleiben.

Auch müssen wir uns selbst gegenüber guten Willens sein. Wenn wir unser Leben betrachten, stellen wir fest, daß sich unsere Gefühle zu uns selbst in unseren Beziehungen zu anderen niederschlagen. Also ist es klug, Gefühle des Umsorgens und der Anteilnahme für sich selbst zu kultivieren, zu erkennen, daß wir uns alle im Prozeß der Veränderung befinden, in einem Prozeß der Reinigung, wir im Kreis des Lebens ständig heller leuchten. Keine Scham, keine Schuldzuweisungen. Blicke jeden Morgen in den Spiegel und rufe das klare Licht in dir hervor:»Hallo, wie geht es dir?« Nach einigen Tagen werden deine Augen leuchten und du wirst beginnen, das vielseitig Gute an dir zu erkennen. In der Tsalagi-Lehre gibt das rechte Auge, und das linke empfängt; die Energie fließt immer im Kreise, ein und aus. Daher hast du eine besondere Verantwortung sogar das, was du ansiehst, mit Liebe zu betrachten – auch dich selbst. Du betrachtest andere durch die Optik deines eigenen Denkens, deines Geistes, und wenn du ein schlechtes Gefühl von dir selbst hegst, wird alles häßlich aussehen. Sieh also deine eigene Schönheit, und die Menschen, die du triffst, werden die Schönheit reflektieren und all deine Beziehungen leicht und freudig werden lassen. Das ist das Pflanzen der Saat zum Erfolg deiner Handlungen, denn wie du dich und andere siehst, wirst du auch das Morgen sehen; und was du siehst, die Vision in dir, wird sich sicherlich in der Wirklichkeit, die du lebst, manifestieren. Anteilnahme und Fürsorge für dich selbst und andere bilden einen fruchtbaren Boden, auf dem Großzügigkeit ganz natürlich wächst. Anteilnahme oder Mitgefühl drückt unseren Wunsch aus, daß Wesen nicht leiden sollen; Fürsorge zeigt unser Bestreben, zu ihrem Wohle beizutragen, und Großzügigkeit ist die Praxis, unser Handeln, der Verwirklichung des Glücks und Wohles der anderen im Kreise zu widmen. Großzügigkeit heißt geben und beginnt im Herzen durch das Bejahen des Vertrauens in die Fülle des Universums. Fülle fließt im Kreise, wie der Atem. Atme ein, atme aus. Wenn wir an der Fähigkeit des Atmens zweifeln, wird die Atmung beengt; wenn wir Angst empfinden oder an Entbehrung denken, wird der Fluß der Fülle in unser Leben beeinträchtigt. Der Kanal muß an beiden Enden offen sein, wenn das Quellwasser den Garten erreichen soll. Wenn du mit dem Herzen gibst – vielleicht sogar das, was dir am liebsten ist -, öffnet sich der Kanal der Großzügigkeit. Die Stellung, auf die du gewartet hast, das Stipendium, das du erhofftest, die Eingebung, für die du gebetet hast, es wird dir gegeben. Das ist der Zyklus der Gegenseitigkeit: Was von deinem Geiste ausgeht, kommt immer zu dir zurück, so wie der Atem. Also: keine Schuldzuweisungen, keine Scham, nur Geschehnisse. Wir befinden uns im Kreis des Lebens, und die Dinge sind tatsächlich dabei, sich zu verändern und auszubalancieren.

Viele haben sich der Illusion von Entbehrung hingegeben. Sogar die Winde und Gewässer haben sich aufgrund der Stärke dieser Illusion im Denken der Menschen zurückgezogen. Um diese Illusion abzuwenden, pflegen Indianer das »Give-away«, das Verschenken von Dingen. Wenn wir uns unsicher oder auch besonders gesegnet fühlen, veranstalten wir eine Zeremonie, bei der wir anderen Dinge schenken. Manche geben dabei alles, was sie besitzen. Großzügigkeit ist eine wärmende Sonne, die Wolken wegbrennt, die die Fülle verschleiern. Großzügigkeit ist eine Saat des Glücks, die in all unseren Beziehungen keimt. Daher ist der Akt des Gebens sehr wichtig. Auch in der ärmsten Indianerhütte gibt es etwas, was mit einem Gast geteilt werden kann.

Also kommt zuerst der Glaube und der Wille zu sein, die

Verpflichtung zur Verwirklichung des Guten. Dann kommt die Energie der Anteilnahme, der Umsorgung und der Großzügigkeit. Danach folgt das Wissen, daß unser Denken unsere Wirklichkeit bestimmt, und die Reinigung des kreativen Flusses unseres Geistes.

So wie unser Geist klärt sich auch unsere Sicht, und was wir voraussehen und erhoffen, verwirklicht sich. Es ist daher weise, sich des eigenen besonderen Zwecks in diesem Leben bewußt zu sein, so daß unsere Vision und ihre Verwirklichung nach unseren heiligen Pflichten ausgerichtet sein mag.

Der starke Mensch kann vier verschiedene Gaben in einem Leben besitzen, an vier unterschiedlichen Meilensteinen des Lebens. Der erste Meilenstein ist die Geburt und die wachsende Erkenntnis, daß man lebt, die oft mit dem ersten Lachen des Kindes beginnt. Der zweite Meilenstein ist das Heranwachsen mit seinem Bewußtwerden besonderer Talente und deren Entwicklung. Der dritte Meilenstein besteht aus geschickten Handlungsweisen, die soweit entwickelt sind, daß man der Gemeinde und der eigenen Familie helfen kann. Jetzt entwickelt man die innere Vision und Fähigkeiten im Aufbau einer Gemeinde. Der vierte Meilenstein ist die Fähigkeit, das umzuwandeln, was unangebracht ist, und Methoden der Harmonisierung von Familie und Gemeinde durch das Verstehen von Beziehungen und die Kraft der eigenen Natur anzubieten. Diese Phase tritt ungefähr im Alter von einundfünfzig ein, wenn man laut Tsalagi-Tradition als erwachsen gilt. Es kann also sein, daß du noch ein Kind bist. Und das weise Kind verehrt die Weisheit der ihn umgebenden Welt und behält das Gefühl des Geheimnisvollen bei. Wir sind weise Kinder, wenn wir mit unserem Klang umsorgen, wenn wir mit unseren Visionen erwecken, wenn wir das Beste in uns und anderen sehen. Das heißt nicht, das zu ignorieren, was berichtigt werden sollte. Es heißt vielmehr, das schöne Potential erkennen und uns selbst in Klarheit versetzen.

Wenn du erkennst, daß gewisse Gedankenmuster den Geist überschatten, denke an die regelmäßigen Praktiken als Mittel, Gedanken und Handlungen umzuwandeln. Nimm dir täglich Zeit, um einfach still zu sitzen und deine Natur zu betrachten, ohne dabei zu reagieren. Sage nur: »Diese Gedanken steigen auf. Sie sind nur Gedanken. Bin ich das?« Bejahe dein inneres Wissen, sei das, was du bist. Manchmal bewirkt ein Schock, daß du dich deiner Erfahrung zuwendest. Als ich noch sehr jung war, entdeckte ich, daß ich der Beeinträchtigung meiner geistigen Stabilität durch andere Grenzen setzen mußte. Als ich zur Schule kam, bemerkte ich sehr bald, daß die Lehrer Rassisten waren. Sie schätzten es nicht, daß ich mir das Lesen selber beigebracht hatte und mich mit anderem beschäftigte als den Anfängerfibeln. Die Lehrer behaupteten: »Indianer sind tot.« Für sie war meine Existenz eine Lüge. Die Lehrerin sagte: »Du lügst, du dreckiges kleines Ding. Du kannst nicht lesen.« Ich antwortete: »Doch, das kann ich«, und ich las ihr vor. Da ohrfeigte sie mich. Und das war für mich von großem Nutzen, denn es zeigte mir, daß ich von nichts Äußerlichem abhängig sein durfte, daß meine einzige Bestätigung der Wahrheit jenseits meiner Verwandten, meiner inneren Erfahrung entstammen mußte. Ich ohrfeige dich hier und jetzt, damit du deiner inneren Erfahrung traust, deinem inneren Auge, daß es nur »ja« ist, wenn du es siehst und schmeckst, und es »vielleicht« ist, wenn nicht. Das bedeutet, selbstbefähigt zu sein. Durcheinander entsteht aus der Überlegung, ob der Weg eines anderen der richtige ist. Es ist besser, den eigenen Weg zu kennen. Ein Friedensstifter zu sein, erfordert Mut.

RICHTUNGEN UND BEWUSSTSEIN

Die Meditationspraxis der Ywahoo-Lehren ist uralt. Man sagt, sie sei vor mehr als 133.000 Jahren entstanden. Sie klärt die Kanäle innerhalb des Körpers, so daß man die wahre Natur des eigenen Geistes erfahren kann und subtile Beziehungen mit der Umwelt erkennt. Unsere körperliche Form ist die äußerliche Manifestierung, das, was wir tragen. Der Geist trägt keine Kleidung. Die Natur unseres eigenen Geistes zu verstehen heißt, die Gaben des Lebens verstehen.

Der Tanz der Richtungen ist ein wunderbarer Aspekt der Sunray-Praktiken, der von den Studierenden dieser Lehren ausgeübt wird. Es ist ein äußerst einfacher Vorgang, der auf Bewegungen und Übungen basiert, die mir und meinen Verwandten in der Kindheit beigebracht wurden. In den Bergen des Reservats der Östlichen Tsalagi in Cherokee, North Carolina, sieht man viele dieser Tanzbewegungen im Adlertanz, der dort nachts aufgeführt wird, in einer Vorstellung, die »Zu Diesen Hügeln« genannt wird. Der Zweck des Tanzes der Richtungen ist, das unverwirklichte Potential nach dem Wirbel der Manifestierung auszurichten. Der Tanz befähigt einen, die innen liegende Klarheit des Geistes wahrzunehmen. Die Krankheit einer Gesellschaft, eines Planeten oder eines einzelnen Menschen entsteht nur durch eine Beeinträchtigung der Kanäle des Geistes. Daher ist dieser heilige Tanz eine Gelegenheit, jene Klarheit zu erkennen und sich irgendwelcher Gedankenformen zu entledigen, die sich in den eigenen Kanälen angesammelt haben können. Auch stärkt der Tanz unseren Körper.

Wenn man die Tänzer manchmal aus dem Augenwinkel beobachtet, sieht man sie von einer Art Strahlung oder Licht umgeben. Mit dem Tanz machen sie die Energiekanäle in sich selbst klarer und verstärken ihre Verbindung mit der Erde und dem Himmel, wobei sie ihre Meridiane und die der Erde klären und die Lebenskraft intensivieren. Das ist die Energie, die um die Tänzer herum sichtbar wird; sie strahlen Licht ab.

Der Tanz der Richtungen verschafft einem auch eine klare Beziehung zu der magnetischen Energie der Richtungen.

In der Weltanschauung der Tsalagi sind alle Dinge miteinander verwandt und eins im Kreis des Lebens. Kreis, Mandala oder Medizinrad − es sind Spiegel des Geistes. Die Adawees oder Hüter der Richtungen sind subtile engelartige Wesen, Wirbel des Geistes, durch die die Welt Form annimmt. Alle Menschen stehen in Beziehung zu diesen Hütern. Zu verschiedenen Zeiten deines Lebens bist du speziellen Richtungen zugewendet und bringst die Qualitäten jenes Hüters zum Ausdruck. Die Energie des Heranwachsens zum Beispiel, die anwachsende kreative Kraft, Saat in Vorbereitung auf das Aussäen im Frühling, wird durch den Süden ausgedrückt, als die heiligen Großmütter, die Körbe voll Saat der guten Sache tragen. Im Westen kann man durch das Tor des Lebens hinaustreten und in das Reich des Lichts übergehen. Auch entscheidet der dem Westen zugewandte, ob er den Lebenszweck durch die Umwandlung von negativen Einstellungen manifestieren will, damit die eigenen Bemühungen dem gesamten Lebenskreis zugute kommen mögen.

Der unsichere Mensch wird von Emotionen um das Medizinrad herum getrieben. Wer das Leben studiert, analysiert und erkennt die allgemeinen Muster der Emotionen und ihre Konsequenzen und zieht es vor, mit Bedacht zu handeln. Weise Menschen erkennen, daß in ihrem Geist alle Dinge gespiegelt sind, und sind wie der Gebirgsbach bemüht, ihrer eigenen Natur Klarheit zu verschaffen. Dadurch bestimmen sie ihren Werdegang um das Rad herum, so wie das gefrorene Wasser des Potentials schmilzt und zu richtigem Handeln wird. Die Richtung Norden birgt eine große Botschaft in sich. Sie ist das Versteck des Donnervogels, der Ort der Ruhe des heiligen Büffels. Im Norden gefrieren die Flüsse der Reaktion, so daß man sich von ihren Mustern befreien kann, um die Ursachen im eigenen Leben wahrzunehmen – und im See der gespiegelten Weisheit den Geist erkennen kann. Der Norden ist ein Ort der großen Lehren.

Wenn der Frühling kommt und das Eis auf den Gewässern bricht, fließt eines von ihnen nach Osten, die Richtung der Selbsterkenntnis. Durch Achtsamkeit und klare Kommunikation mit den Bäumen und allem, was läuft, kriecht, schwimmt oder fliegt, erkennt man alle Beziehungen. Im Osten steigt die Selbsterkenntnis auf, und man begreift das Denken, das Verlangen, das einen um das Rad herum bewegt, die Kraft des Denkens als eine mitschöpferische Funktion in der Welt. Man wählt Gedanken, die dem Wohle aller dienen, damit die Energie der Großzügigkeit, der Anteilnahme und des klaren Geistes sich in allen Aktivitäten des Einzelnen und der Gemeinde manifestieren mögen. Nimm im Osten das aufsteigende Bewußtsein wahr, sieh die Dinge wie sie sind: Menschen in guter Beziehung zueinander, die sich auf der Welle und Gnade des klaren Geistes bewegen.

Im Süden wird die Saat der guten Sache und der Erneuerung gepflanzt, Zwecke, denen über sieben Generationen hinweg in klarer Absicht gedient werden soll: Das Feuer des Willens, das das Herz anregt, wie eine Blüte zu sein, an der erleuchteten Gemeinschaft teilzunehmen. Im Süden erkennen wir die Gaben unserer Großmütter, die Traditionen unserer Ahnen, und wir bewegen uns in dem Segen aller, die vor uns waren. Im Süden wird die Saat des Lebens geehrt, sie bringt Fülle hervor. Die Maismütter treten tanzend hervor, verstreuen die Fülle der Saat, schütteln ihr kraftvolles Licht, wenden unsere Ängste ab und befähigen uns, gestärkt der Weisheit des Bären und der heiligen Medizin des Westens zu begegnen.

Im Westen zerstampft »Tanzender Bär« Angst und Ignoranz, und die Feuer der Umwandlung brennen stetig weiter,
vertreiben jene Gedanken, die den kristallenen Geist verdek-
ken. Wirf Schmerzen, Scham und Schuldzuweisungen beiseite.
Nichts wird verschwendet. Sogar gedanklicher Abfall wird im
Westen aufgearbeitet und dient den Bedürfnissen der Menschen. Vom Westen aus können wir wählen, in das Land des
grenzenlosen Lichts überzugehen oder in den Norden zurückzukehren, um nochmals um das Rad zu gehen, mit noch feste-
rer Entschlossenheit das Feuer der Weisheit in allen Wesen
neu zu entzünden. (Siehe Anhang B: »Die Richtungen und
ihre Attribute«)

Den Bezug zwischen Gedanken und Handeln können wir
auf sehr praktische Weise in unseren Bewegungen bei Beziehungen zu anderen Menschen erkennen. Nicht einer von uns
lebt oder handelt in dieser Welt alleine. Wir alle bewegen uns
in Beziehung zu den Menschen um uns herum, zu unserer
Umwelt. Die Schönheit unserer Mitmenschen zu sehen, den
Funken des Geistes in allen anzuerkennen, denen wir begegnen, ist für alle eine große Gabe, auch für uns, da wir es dem
Licht ermöglichen, funkelnd in unserem eigenen Bewußtsein
zu tanzen. Und wir werfen die Illusion des Getrenntseins ab,
wenn wir in den Augen eines anderen Menschen das Licht
wahrnehmen. Die Klarheit eines anderen zu sehen und zu
bestätigen heißt, den Frieden auf diesem Planeten zu fördern.
Es ist so einfach. Sogar die Person, die dir im Supermarkt
begegnet, stellt eine Gelegenheit dar, klares Sehen zu üben.
Begrüße sie herzlich und erhalte eine Spiegelung deines eigenen Geistes. Was wir um uns herum sehen und wie Menschen
auf uns reagieren, kommt immer durch die Optik des »kleinen
Ich's«. Dieses »kleine Ich« ist ein Traum; wir sind gemeinsam
hier, und es gibt keinen Anfang und kein Ende.

Durch das Ausrichten mit dem inneren klaren Geist, die
klare Absicht, ein guter Mensch in richtigen Beziehungen mit
allen zu sein, machen wir einen Pfad frei. Der Wille, das
Mysterium des Lebens zu verstehen und zu vervollständigen,
die große Wahrheit zu verwirklichen, ist sehr wichtig. Er soll
in unseren Herzen ewig das Bewußtsein des Zyklus' der
Gegenseitigkeit bewußt halten, indem wir unseren Geist
untersuchen und Gleichmütigkeit in Beziehung zu allen Dingen im Kreis des Lebens verwirklichen. Niemand ist höher,

niemand ist niedriger, jeder ist einzigartig und notwendig in dieser Vision, diesem Traum. Wenn wir diesen Traum betrachten, teilen wir ihn. Wenn wir die Natur unseres eigenen Geistes ansehen, laß uns die Einstellungen und Gedanken sehen, die unseren wahren Lebenszweck vielleicht verdecken, und wahrlich beschließen, sie zum Wohle aller umzuwandeln.

DIE REISE ZUM TEMPEL DES VERSTÄNDNISSES[2]

Der Tempel des Verständnisses ist das Lagerhaus unserer Gedanken und Handlungen. Manche würden vielleicht auch vom Reich der Engel sprechen. Es ist ein mentaler Bereich, in dem unsere Gedanken, Worte und Handlungen im Laufe all unserer Leben aufgezeichnet werden. Der Tempel ist denen zugänglich, die sich dem Leben in Wahrheit verpflichtet haben und Harmonie erzeugen, die entschlossen geloben, zwieträchtiges Denken in ihrer eigenen Natur umzuwandeln, so daß Harmonie sich in ihren Beziehungen manifestiert.

Diese Übung basiert auf dem Prinzip des Webens von Mustern der wohlbringenden Beziehungen, wie sie Großvater Eonah Fisher lehrte. Unsere Gedanken und Beziehungsgewohnheiten bilden Muster, und der weise Mensch sieht nach, welche nicht mehr zweckmäßig sind und verstärkt jene, die harmonische Beziehungen entstehen lassen und das eigene kreative Potential erfüllen. Wir praktizieren dies, damit wir und andere von Gewohnheiten des Konflikts und der Zwietracht befreit sein mögen.

Phantasie bildet die Flügel der Gedanken. Also beginnen wir unsere Reise, indem wir uns vorstellen, in goldene Umhänge des klaren Geistes gehüllt zu sein. So von Licht umgeben beten wir, daß irgendwelche Hindernisse im Wege von Frieden und guten Beziehungen offensichtlich werden mögen, damit wir sie zum Wohle aller umwandeln können.

Spüre, wie der gesamte Körper von goldenem Licht erfüllt wird. Atme tief, bis hin zu deinen Fußsohlen, und wenn du ausatmest, spüre, wie du immer leichter wirst, bis du ein Adler bist, der auf dem Wind schwebt. Auf den wunderschönen

Winden steigend, segelst du in das Wolkenreich von Galunlati. Dort findest du eine subtile Welt des Lichts vor; riesige Kiefern kennzeichnen die Landschaft, und zwischen ihnen hindurch zieht sich ein Pfad.

Während du den Pfad entlang gehst und die prickelnde Luft tief einatmest, spüre, wie der Geist subtiler und klarer wird, wie die duftende Bergluft Zweifel und Unsicherheit auflöst. Sei dir dieses Pfades beim Weitergehen bewußt, daß der gesamten Existenz ein göttliches Muster zugrunde liegt. Dein Herz läuft über vor Freude, weil es die Einheit der Schöpfung spürt. Du kommst zu zwei riesigen Felsen, zwischen denen der Pfad verläuft. Dahinter ist ein lieblicher, stiller See. Tiere aller Art versammeln sich dort, um das erfrischende Wasser zu trinken; Berglöwe und Schafe verweilen dort gemeinsam. Der Hunger ist gestillt, Aggressionen sind besänftigt, so daß sich diese Tiere um Atagahi, den »Magischen See«, versammeln können. Selbst schwerverletzte Tiere und Menschen werden vollkommen geheilt, wenn sie im Wasser des Sees baden. Der See ist das kollektive Bewußtsein aller Wesen Sein süßes Wasser ist Balsam, der alle Schmerzen lindert. Seine Medizin ist groß und gut. Du hast das Glück, dich an sein Ufer begeben zu haben.

Während du den »See der Gespiegelten Weisheit« betrachtest, können alle aufsteigenden Gedanken von Hunger, Schmerz, Angst oder Konflikt durch das süße, magische Wasser des Sees geheilt werden. Wo sich hinderliche Muster oder Gewohnheiten in deinen Beziehungen verdeutlichen, wandle anklammernde Energie um in das klare Licht der richtigen Handlung.

Überdenke deine Beziehungen zur Familie, zu Freunden und Arbeitskollegen, und stelle dir vor, sie wären bei dir. Vergib dir und anderen für Dinge, die hätten sein können oder sollen, und gießt gemeinsam Wasser dreimal über eure Schultern, so daß Muster der Zwietracht in solche der klaren Beziehung umgewandelt werden mögen.

Vom See führt ein Pfad zu einem leuchtenden Tempel auf einer abgeflachten Pyramide. Sechzehn breite, geschwungene Stufen führen zum Eingang des Tempels des Verständnisses. Der Eingang ist mit schwarzen und weißen Fliesen ausgelegt, links von dir befindet sich die große Bibliothek, rechts der große Festsaal. Am Ende der Eingangshalle steht ein kleiner

Schrein, in dem das ewige Feuer der Umwandlung brennt. Tempelhüter werden dich am Eingang begrüßen und fragen, warum du gekommen bist. Antworte darauf mit einem Gelübde:»Ich bin gekommen, um die Natur meines Geistes zu verstehen, so daß meine Handlungen allen Wesen Gutes bringen mögen.« Wenn die Hüter davon überzeugt sind, daß deine Absichten im Sinne aller sind, werden sie es dir gestatten, die Bibliothek zu betreten, und ein Engelwesen wird dir helfen, dein Lebensbuch zu finden.

Man wird dir dein persönliches Lesezimmer zeigen und dir das Buch deiner Leben bringen, damit du deinen Lebenszweck feststellen kannst, deine Gaben und Gnaden erkennst und die Mittel begreifst, um dein Ziel zu erreichen. In dem Leseraum mit den engelartigen Hütern kannst du alle Phasen deines Lebens betrachten und überprüfen. Wenn du im Leben schwere Leiden ertragen mußtest, kannst du hier dein Schicksal wieder in die Hand nehmen, um in dieser Zeit deine Gaben zu verwirklichen. Wenn du dein Leben betrachtest, achte auf die Zeiten, in denen du dem Willen oder den Erwartungen eines anderen nachgabst. Bejahe, daß du in der Gegenwart solche Muster nicht wiederholen brauchst.

Lege zwei Blatt Papier auf deinen Schreibtisch und stelle eine Kerze daneben, damit du deine Gaben klar sehen kannst. Auf das linke Blatt schreibe die Muster, aus denen du herausgewachsen bist, die Gedankenformen, die du bei der weiteren Entfaltung deines Lebens für nicht mehr erforderlich hältst, die die Verwirklichung deines vollen Potentials behindern. Auf das rechte Blatt schreibe deine Stärken, die Gaben, die als Mittel gegen die alten Muster vollständig entwickelt werden sollten. Schreibe auch besondere Ziele auf, die in drei Tagen erreicht werden sollen, in drei Monaten oder in drei Jahren, und sieh die Aufgabe vor deinem inneren Auge bereits vollendet. In dem Wissen, daß du dir das nötige Rüstzeug zulegen wirst, das die Verwirklichung dieser Visionen erfordert, sieh deinen Lebensplan, deine Beziehungen, deine Bildungs-, Berufs- und Verdienstabsichten verwirklicht. Dann betrachte aufmerksam dein Leben, wie es sich vor dir entfaltet. Sieh es lang, stark und gesund, einen schönen Weg, der vor dir liegt. Sieh dich den Weg in guter Gesellschaft gehen, eine Freude für viele.

Lege das rechte Blatt in das Lebensbuch, das dann wieder

fortgenommen wird, und verbrenne das linke Blatt in der Kerzenflamme. Erinnere dich an die Schritte, die dich hierher führten, und wisse, du darfst wiederkommen. Danke den Engelwesen, die dir geholfen haben. Verlasse die Bibliothek und begib dich zu dem heiligen Feuer im Schrein. Sage dort ein Gebet des Dankes, daß du den Weg der Schönheit gehen darfst. Begib dich dann in den Festsaal. Nimm an dem Festessen teil, genieße die Früchte der Weisheit und sammle einiges an Weisheitsnahrung für deine Familie und Freunde zu Hause.

Folge dem Pfad vom Tempel um den See herum und durch den Wald und fliege wie ein Adler zur Erde zurück, dein Geist erbaut aus klarem Licht, das Herz übervoll mit Freigebigkeit für alle. Atme tief ein und vollständig aus, laß deine Füße und Schultern kreisen, strecke dich ausgiebig und setze dich langsam auf. Ende mit einem Gebet des Dankes. Wenn du es wünschst, schreibe Notizen in dein Tagebuch und genieße das Licht des klaren Wissens von diesem Tag an.

Du bist der Herr deines Schicksals. Den Mut zum Ziel, zu deiner Vision zu haben, sowie die Ausdauer und die Großzügigkeit, deine Vision zum Wohle aller Wesen zu verwirklichen – das sind die Verpflichtungen eines Friedenshüters. Sie klar zu halten heißt, sich den richtigen Beziehungen mit allen in der Familie des Lebens zu widmen.

Wir haben von den Wassern der Vergebung gesprochen. Sie sind auch die Wasser der süßen Erinnerung. Sie erneuern und beleben die Weisheit des Moments und die Schönheit, die uns mit unseren Freunden und Verwandten zusammenbringt. Vergebung ist ein grundlegendes Ritual der Tsalagi. Einmal im Jahr wird im Zyklus unserer Zeremonien das Fest »Erneut Freundschaft Schließen« abgehalten, und an jedem Tag wird man ermutigt, Platz für Vergebung zu schaffen. Im Verlauf der Zeremonie gehen wir ans Ufer des Meeres oder des Flusses und werfen Wasser siebenmal über unsere Schultern, wobei wir Erwartungshaltungen abstreifen, vergeben und unser Klammern an Dinge, die hätten sein können oder sollen, loslassen. Nachdem das getan ist, kann man sich sogar von den schmerzlichsten Erinnerungen trennen, und die schlimmsten Feinde können wieder Freunde werden. Wir wissen, wenn wir uns nicht erneuern, werden wir immer wieder unter den gleichen Mustern der Zwietracht leiden, also geloben wir zu vergeben und zu vergessen und fangen neu an. Die beste Zeit für die Zeremonie der Vergebung ist der Frühjahrs-Neumond. Sogar der gemeinste Verbrecher, der ein Jahr mit spiritueller Praxis und Meditation in einem Friedensdorf verbracht hat, auch derjenige, der sich selbst und anderen wehgetan hat, wird wieder rein und von der Gemeinde aufgenommen werden während der Zeremonie der Vergebung und Erneuerung der Freundschaft.

Das Vergebungsritual[3] kannst du jederzeit durchführen, draußen an einem Gewässer oder drinnen mit einer Schüssel voll frischem Wasser, oder einfach vor deinem inneren Auge. Sieh dich am Wasser. Visualisiere, wie du vorwärts gehst und ein Gebet des Dankes sagst für die Gelegenheit, dich in guten Beziehungen zu erneuern. Wirf Wasser siebenmal über deine Schultern. Spüre, wie alles weggewaschen wird, was gute Freundschaften in deinem Familien- und Freundeskreis beeinträchtigt.»Ich wasche Ignoranz weg, ich wasche Zweifel, Angst und Einsamkeit weg. Ich lasse das Leid los, ich wende Zorn ab. Ich freue mich im Licht eines neuen Tages.« Visualisiere einen rosafarbenen Lichtstrahl, der aus deinem Herzen hervorgeht und die Herzen derer berührt, mit denen du schlechte Kommunikation oder Differenzen hattest. Sieh, wie das rosa Licht sie umgibt und dann zu dir zurückkehrt, dein Herz erfüllt. Wenn du von dem Wasser zurücktrittst, sind die Wunden von gestern geheilt. Bejahe einen neuen Tag der klaren Beziehungen. Laß deine Stimme einen freudigen Dank singen.

In der Tsalagi-Tradition sind geistige und körperliche Gesundheit sowie gesellschaftliche Ordnung Ausdruck der richtigen Ausgewogenheit der Dinge. Wenn ein Mensch das Muster des Gleichgewichts bei sich selbst oder anderen stört oder bricht, schafft das unstimmige Schwingungen in den Energie-Meridianen des Körpers und kann Krankheit oder Leiden auslösen. Wenn es disharmonische Energie innerhalb einer Familie gibt, kann sich das in Mißstimmungen ausdrücken oder in einer schlechten Ernte. Wenn der Klan es vernachlässigt, sich um jemanden zu kümmern, der sich abgetrennt fühlt, oder wenn in deinem Freundeskreis jemand ist, der sich einsam fühlt, und der Kreis nimmt diese Botschaft nicht auf und holt jenen Menschen nicht ans Herz zurück, wird die ganze Freundesgruppe leiden, bis sich die Augen öffnen und alle erkennen:»Unser Freund leidet. Wir wollen ihm helfen; laßt uns ihm mitteilen, daß alles in Ordnung ist.«

Wir befinden uns in einem sehr empfindlichen Gleichgewicht in uns selbst, unseren Mitmenschen und unserer Umwelt gegenüber. Wir schwingen alle zusammen, sind ein einziges Resonanzfeld, ein Feld des Geistes. Wenn es ein Übermaß an ungeklärten Gefühlen im Herzen des Volkes gibt, dann wird die gesamte Nation unklare Emotionen zum Ausdruck bringen. Es gibt keinen Weg für den Einzelnen, sich von seiner Nation oder seinem Planeten abzutrennen. Dies ist dein Zuhause.

Jeder von uns trägt die Verantwortung dafür, Ausgewogenheit und Korrektur in die eigene Sphäre einzubringen. Die Vorurteile im eigenen Denken beiseite zu legen und die Beziehungen zu anderen zu klären heißt, einen Ton erklingen lassen, der im ganzen Lande gehört wird. Sehr viel hat sich bereits auf unserem Planeten dadurch geändert, daß Menschen nach Frieden verlangten und entschlossen waren, ihn zu verwirklichen. Wie wird er Wirklichkeit? Nicht durch Argumente, sondern indem wir uns als Einzelpersonen entwaffnen, auf der Ebene individueller Beziehungen Gedanken und Handlungen der Aggressivität und Verteidigung ablegen. Das hallt rund um die Welt, so daß Nationen erkennen, daß Menschen Veränderungen benötigen. Daher machst du tatsächlich einen Unterschied. Die Erde und deine Verwandten brauchen dich. Und wie unsicher du dich auch fühlen magst, komm zurück zu dem, was du mit Sicherheit weißt:»Ich atme ein, ich atme aus. Ich habe die Gabe des Lebens; daher habe ich mich verdient gemacht und bin somit des Verständnisses, des Lebens in Frieden und richtiger Beziehung würdig.«

In diesen Zeiten reicht es nicht aus, daß wir die große Wahrheit individuell begreifen. Wir müssen sie kollektiv leben, sie miteinander teilen. Diese Zeit ist eine ganz spezielle. Die Energie, die jetzt hervortritt, ist die des großen Friedenshüters. Sie wird sich in uns allen zeigen, wenn wir Zweifel und Illusionen beiseite tun und entschlossen den Weg der Schönheit beschreiten. Der Schöpfer wird fragen:»Bist du eins mit der Schöpfung?«, und du wirst mit ja oder nein antworten, ohne Ausflüchte oder Halbherzigkeiten. Wir nehmen einen Schritt nach dem anderen. Mit klarem Herzen und Geist sehen wir die Schönheit vor uns, hinter uns, um uns herum. Wer den Geist des Friedenshüters besitzt, lebt und stirbt mit Achtung und Mitgefühl für alle Wesen. Gedanken des Friedens und der Schönheit erfüllen die schwangere Frau und werden von dem sterbenden Mann das letzte Mal angeschaut. So beginnt und endet alles.

BEWUSST LEBEN,
BEWUSST STERBEN

Wenn unsere Alten von dem Weg der Tränen sprachen, waren die Erlebnisse und die Erinnerung daran bildhaft gegenwärtig, als wäre alles erst vor wenigen Tagen, höchstens einigen Wochen, geschehen. Wenn davon erzählt wurde, konnte man den Schock nachempfinden, aus dem eigenen Haus, dem eigenen Pfirsichgarten, dem eigenen Kornfeld vertrieben zu werden. Das erinnerte uns daran, daß die Vergangenheit in unserer Erinnerung sehr lebendig war, und daß einige von uns sehr wohl früher bereits gelebt und diese Erfahrungen selbst gemacht hatten. In diversen Momenten des geöffneten Geistes erlebten wir Kinder Erinnerungen an frühere Leben. Soweit ich mich an meine Kindheit zurückerinnern kann, sprachen die Erwachsenen − und besonders meine Großmutter und ihre Schwestern − von meinen früheren Leben als einem Kontinuum und einem Prozeß, der die Gegenwart hervorgebracht hatte. Sie sprachen regelmäßig von verschiedenen Zeiten, in denen wir gemeinsam gelebt hatten, die verschiedenen Formen, die unsere Beziehungen gehabt hatten, und wie wir gewählt hatten, zusammen zu sein. Meine Großmutter erzählte, daß ich einmal von einem anderen Stamm geraubt worden sei, von einer Familie, die ihr Kind durch unseren Stamm verloren hatte. Sie erzählte, daß sie jahrelang um mich geweint hätte, und wie glücklich sie gewesen sei, als ich in dieser Zeit ihr Enkelkind wurde. Obwohl wir seit meinem zehnten Lebensjahr in jenem Leben getrennt gewesen waren, glaubte sie, mein ganzes Leben zu kennen. Unsere Seelen trafen sich weiterhin, während wir unsere Morgengebete abhielten, und im Betrachten des Morgensterns konnte sie von ihrem Ort aus mein ganzes Leben überschauen.

Gelegentlich testete ich meine Großeltern, indem ich ihnen Fragen über verschiedene Zeitabschnitte stellte, um zu sehen, ob sie wirklich die gleichen Erinnerungen wie ich hatten, denn sie betrafen nicht nur Nord-, Mittel- und Südamerika, sondern auch Ägypten, Atlantis und die Sterne.

Mein Urgroßvater hatte eines Tages Brennholz aufgeschichtet, stand anschließend da und betrachtete die Wolken. Zwei Kusinen und ich sahen ihm dabei zu. Eine solche Ruhe und Kraft ging von ihm aus, daß Vögel heranflogen und uns umkreisten und dabei wunderschön sangen. Ich dachte mir: »Aha! Jetzt überlegt er nicht. Ich werde ihn befragen.« Also sagte ich: »Wie weißt du, daß wir schon einmal hier waren?«

»Weil wir jetzt hier sind«, antwortete er.

Ich sagte nur: »O«, und dann: »Wir sind jetzt hier. Was bedeutet das?«

Urgroßvater antwortete: »Das Jetzt ist das Ergebnis unserer gesamten Vergangenheit und der Ausgangspunkt für unsere gesamte Zukunft, also warum beschäftigst du dich nicht einfach mit dem, was momentan geschieht?« Und er nannte mich bei meinem Spitznamen, den er mir gegeben hatte und sinngemäß »Ehrwürdige Zecke« bedeutete, womit er meinte »Sehr weiser alter Quälgeist, der unter die Haut geht.«

Meine Kusinen verzogen sich, weil sie wußten, daß wieder einmal einer von Dhyanis Kämpfen bevorstand. Irgendwie war ein Halteseil losgemacht worden, und ich wanderte lange im Garten und im Feld umher, doch wußte ich, der alte Mann hatte mich fest im Griff, und wo immer ich hinging, spürte ich, daß er durch meine Augen blickte. Ich ging zum Brunnen und schaute hinab, und sein Gesicht sah zu mir herauf. Ich betrachtete den Himmel, und sein Gesicht sah aus den Wolken auf mich herab. Mein Lieblingsbaum trug das Gesicht des alten Mannes in seiner Rinde. Zu mir selbst sagte ich: »So, das Jetzt ist also die Grundlage von allem Weiteren« und ging meinen Arbeiten nach, ohne mich länger damit zu befassen. Ich bereitete Buttermilch, verbutterte Milch, sah zu, wie meine Kusinen Eis aus dem Keller hochbrachten, und war mit der Gegenwart beschäftigt, als ich am Butterfaß arbeitete. Und ich war mir bewußt, daß etwas mächtiges geschehen würde, nachdem die Sonne hinter den Hügeln verschwunden wäre.

Nach einer guten Mahlzeit aus selu (Mais), Blattgemüse, Sonnenblumensamen und Pfirsichen zum Nachtisch ließ meine Großmutter einige Kinder den Tisch abräumen. Sie fragte mich, ob ich gut gegessen hätte und sagte dann:»Komm, wir gehen.« Sie führte mich in den Wald zu der Medizinhütte, im ursprünglichen Stil der Tsalagi aus Holzstämmen gebaut, mit einem Fußboden aus Erde. Die Fenster der Hütte konnten abgedeckt werden, so daß es drinnen völlig dunkel war. Ich sah die Sonne untergehen und die Augen meiner Großmutter, die der Sonne zusahen. Ich hörte die Wassertrommel und Rasseln und wußte, daß die Fragen über Vorher, Nachher und Jetzt in Kürze beantwortet sein würden.

Sowie ich die Hütte betrat, waren alle Fragen oder Gedanken daran, etwas anderes zu tun, aus meinem Denken verflogen. Als die Wassertrommeln ertönten, die Lebenskraft spendenden Rasseln geschüttelt wurden, verstand ich, wie es ist. Wir beschlossen als Familie, mit welchem Stern wir uns verständigen würden, damit wir uns wiederfinden könnten, wenn wir das Gewand des jetzigen Körpers mit einem anderen getauscht hätten. Viele Zeiten zogen an meinen Augen vorbei, viele Lebensformen; viele Ausdrucksweisen des Bewußtseins wurden offenbart. Das Licht der Weisheit brannte hell, und der Gesang der Freude strömte aus unseren Herzen.

Die folgende Lehre basiert auf den Belehrungen und Einsichten jener Nacht.

In der Weltanschauung der Tsalagi sind Geburt, Leben und Tod tatsächliche Vorgänge im Kontinuum der Existenz. Uns wird gelehrt, jeden Tag voll gegenwärtig zu leben, als wäre er der letzte. Die Elo bietet Lehren zur Erhaltung der Harmonie des Geistes und zur Abwehr von Disharmonie. Im Einklang mit den heiligen Regeln und der Praxis der Großzügigkeit zu leben, pflegt den klaren Strom der Lebenskraft.

Er manifestiert sich in der eigenen Beziehung zu sich selbst, der Familie, dem Klan, der Nation und sogar dem Planeten. Behinderungen des klaren Stroms können Beziehungen beeinträchtigen und sich als Durcheinander und Zwietracht niederschlagen.

Inkonsequenz im eigenen Lebenszweck ist ein solches Hindernis. Sie zeigt sich unter anderem als Trägheit, Unbeweglichkeit und in widersprüchlichen Gefühlen. Klarheit läßt sich schaffen, indem man die eigenen Fähigkeiten und die noch zu entwickelnden abwägt, um dem Lebenszweck gerecht zu werden. Die Stabilisierung des Geistes durch Konzentration auf das Atmen sowie das täglich Überdenken des eigenen Handelns ermöglichen einem festzustellen, welche Handlungsweisen fruchtbar sind, und diese dann weiter zu entwickeln. Handlungen, die sich negativ auswirken, sollten durch konstruktive Muster ersetzt werden. Wenn zum Beispiel die erste Arbeitsstunde streßbehaftet ist, sollte man eine längere Anlaufzeit und Planung vorsehen, bevor man mit anderen zusammenarbeitet. In der Indianertradition werden vor Zeiten besonderer Aktivität Pausen des Ruhens und Betens eingelegt.

Unstimmigkeit mit dem Totem des Klans und Familienmitgliedern, besonders den eigenen Eltern, stellt eine weitere bedeutende Behinderung dar. Zustände dieser Art können durch das Ritual der Vergebung und durch den Tausch von Anteilnahme gegen Abneigung geklärt werden. Sollten Mißverständnisse von unerfüllten Erwartungen oder unklarer Verständigung herrühren, sollte ein Verständigungsmodus kultiviert werden, der frei von Beschuldigungen bleibt. Vereinbart Kommunikation nach klaren »Spielregeln«. Ersetzt das Aufeinandertreffen als Gegner durch gegenseitiges Einvernehmen. Jede Stimme und Meinung ist Teil des Kreises. Sucht den Konsens, der dem größten Wohle dient.

In dieser Zeit wenden sich viele Erwachsene auf der Suche nach Verständnis ab von der Weisheit des religiösen Glaubenssystems ihrer Familientradition. Ein Ergebnis davon kann sein, daß sich viele Eltern und Verwandte abseits und nicht respektiert fühlen. Der weise Mensch bedenkt, daß die Erfahrungen von gestern das Verständnis von heute bringen, und kultiviert übereinstimmendes Denken anstelle sektiererischer Betrachtungsweisen, da er die Gemeinsamkeiten der Glaubensrichtungen erkennt.

Das Totem des Klans symbolisiert dessen Stärken und subtile Eigenschaften. Mitglieder des Vogelklans bringen räumliches Denken und Leichtigkeit zum Ausdruck; Mitglieder des Rehklans, Schnelligkeit in Geist und Körper; Mitglieder des Bärenklans drücken die überlegte Vorgehensweise des Zurückgezogenen aus. Auch Körpertypen sind Ausdruck des Klantotems. Am bedeutendsten sind jedoch die besonderen spirituellen Verantwortungen, die jeder Klan in der Erhaltung der Harmonie der gesamten Nation hat. Für den Nicht-Indianer drückt sich das Klantotem als kreativer Mentor oder Muse aus, die Menschen zu ihren inneren Fähigkeiten führen. *Entweihung des Landes oder heiliger Stätten* kann dadurch zu einer Behinderung werden, daß der Energie-Fluß in dem Menschen gestört wird, der bewußt oder unbewußt eine heilige Stätte entweiht hat. Da die Erde Orte des Atmens und Meridiane besitzt, durch die Lebenskraft fließt, kann der Mensch die Harmonie beeinträchtigen, indem er in geweihten Hainen Bäume fällt, Wassereinzugsgebiete verschmutzt oder durch Unachtsamkeit einen Waldbrand auslöst. In der Tradition der Tsalagi wird nur totes Holz für Feuerzwecke gesammelt. Es ist wichtig, Opfergaben und Gebete darzubieten, bevor Kräuter oder Nahrung gesammelt beziehungsweise der Natur irgendetwas anderes entnommen wird. In vielen Familien wird vor den Mahlzeiten gebetet; traditionell bitten Tsalagi um einen Segen vor dem Sammeln der Nahrung wie vor deren Verzehr. Wer Bäume fällt, pflanzt auch verantwortungsbewußt neue an. Wenn Menschen von der Erde nehmen, ohne die Zukunft zu berücksichtigen, wie zum Beispiel beim Kahlschlagen großer Flächen, wird der Mutterboden fortgewaschen, Flüsse werden trüb, Fische sterben, und die Menschen haben weniger zu essen. Solche Entweihungen durch Einzelne lösen Geisteskrankheiten und Beeinträchtigungen der Winde aus. Klarheit kann durch das Darbieten von Gebeten und Opfergaben in Form von Früchten, dem Verbrennen von Salbei oder Zedernnadeln sowie dem Anpflanzen von Bäumen und Heilkräutern wiederhergestellt werden.

Das Nichteinhalten der Verpflichtung, heilige Rituale und Praktiken durchzuführen, kann die Ursache von Mißständen sein, die sich als geistige Verwirrung, körperliche Trägheit oder Krankheiten äußern. Es ist von oberster Wichtigkeit, Gelübde der Großzügigkeit und der Rücksicht auf zukünftige Generationen zu halten. Sprich Worte der Wahrheit, denn Unwahrheiten tragen bittere Früchte. Gewohnheitsgemäß von der Wahrheit abzuweichen, beeinträchtigt die Absicht und das Ergebnis des eigenen Schaffens.

Wenn man einer spirituellen oder religiösen Gemeinde angehört, muß man ihre Gebote klar einhalten. In der Tsalagi-Tradition stellen gewisse »Bündel« die Lehren, spirituellen Pflichten und Zeremonien dar. Ein solches Bündel zu pflegen, erfordert die Einhaltung von Gebetszyklen, eine entsprechende Geisteshaltung, die Abstandnahme von Rauschmitteln sowie das Vermeiden von Unaufrichtigkeit oder Gemeinheit in Wort und Tat. Wir bestätigen erneut unser Verständnis des Lebenszwecks und unsere Beziehung zu diesen wohlbringenden Ritualen, indem wir gewissenhaft die Gedankenformen und Einstellungen klären, die unserer vollständigen Entfaltung hinderlich sind. Wenn wir uns nicht in der Lage sehen, Gebetszyklen oder gegebene Gebote einzuhalten, sollten wir erwägen, unser Bündel zurück an den spirituellen Lehrer zu geben, von dem wir es erhielten, oder an einen anderen geeigneten Hüter. (Wenn dies nicht möglich ist, kann ein Bündel vergraben werden, wobei die heilige Energie zur Erde zurückkehrt.)

Abkehr von der grundlegenden Ethik, Moral und den Umgangsformen der eigenen sozialen Gruppierung stört die Harmonie und läßt oft den Geist des Konflikts aufkommen. Dieser stellt ein extremes Beispiel der Einstellung des Abgetrenntseins dar, da man sich mit der Gemeinde streitet, statt sich mit ihr zu beraten, was Verhalten außerhalb des Stromes aufkommen läßt und geistiges wie körperliches Leiden auslöst. Den Zyklus der richtigen Beziehungen erneuern heißt, zu erkennen, daß die grundlegenden Prinzipien von Ethik, Moral und Umgangsformen der Ausdruck des kollektiven Bestrebens sind, gleichartige Betrachtungsweisen, den Geist der Gemeinschaft, zu kultivieren.

Die hier genannten Hindernisse wurzeln in Trägheit, Zorn, Angst, Neid, Ablehnung und Begierde. Stolz oder übertriebene Selbsteinschätzung ist die Hauptquelle dieser Energien. Anhand der Illusion des Stolzes fühlt man sich diesem oder jenem im Kreis des Lebens über- oder unterlegen und bricht somit die Verbindung zu dem heiligen Strom.

Die Muster von Neid, Ablehnung und Verlangen sind die von Energie. Das Gegenmittel zu diesen Geistesqualitäten ist das Verständnis, daß alles im Kreise miteinander verwandt ist; jeder hat eine notwendige, einzigartige Funktion im Gesamtgefüge. Was erscheint, wird von unseren Emotionen projiziert. Im Erkennen, daß Erscheinungsformen dem Geiste entstammen, haben wir Gelegenheit, an der Schaffung schöner Beziehungen mitzuwirken.

Durch klare Lebensbeziehungen wird man befähigt, bewußt

die Wiedergeburt mit Freunden zu wählen. Geht man mit Gefühlen von Zorn/Feindseligkeit oder Verlangen/Begierde zu gewissen Menschen in eine andere Welt über, so kann es passieren, daß man sich in einem weiteren Leben unter unangenehmen Umständen wiederbegegnet, bis die emotionelle Unklarheit gelöst ist. Verlangen oder Begierde kann sich oftmals in Abneigung oder Feindseligkeit verwandeln und umgekehrt. Beide dieser anklammernden Energien können in einem zukünftigen Leben ähnliche Auswirkungen hervorrufen. Der weise Mensch erneuert daher Freundschaften dauernd und bejaht das Gute.

Anziehung und Ablehnung sind verschiedene Seiten des gleichen Kristalls oder der gleichen Münze. Es gibt die Zuneigung zwischen Freunden, Familienmitgliedern und Liebenden und das Wissen der Beteiligten im Kreise, daß der Prozeß der Veränderung dauernd stattfindet. Ein Beispiel ist die Liebe einer Mutter zu ihrem Kind. Während das Kind heranwächst, ändert sich der Ausdruck dieser Liebe. Will sie das Baby festhalten, kann ihre liebevolle Absicht Konflikt und Auflehnung in dem jungen Menschen auslösen, der im Begriff des Reifens ist. Wie bei Familien unterliegen alle Beziehungen der Veränderung, und dies zu erkennen bedeutet, die unveränderliche Essenz hinter den sich verändernden Formen wahrnehmen zu können.

In der Weltanschauung der Tsalagi wird das klare Gesicht, das Feuer, das in allen brennt, als ewig gegenwärtige Essenz betrachtet, die im Herzen jedes Wesens leuchtet. Wir sind eins in diesem klaren Licht. Wenn wir Dinge miteinander teilen und gemeinsam tun, sind das Gesicht und die Handlung des Moments lediglich das Flackern dieser Flamme. Die Essenz brennt hell und gibt das klare Licht wieder. Dieses ist die Fülle.

Nach Auffassung der Tsalagi hat man sieben Leben, in denen man wiederkommt, um zur vollkommenen Erkenntnis zu gelangen. Es kann aber auch in einem Leben vollbracht werden, und in sieben geschieht dies mit Sicherheit. Dann kann man zum Planeten werden, zum Stern, das essentielle Feuer, das alles durchzieht, oder in der Formlosigkeit ruhen. Es ist gut, jenen ein Helfer zu sein, die sich in Not befinden.

BEWUSSTE WIEDERGEBURT

Freunde oder Familienmitglieder, die sich dafür entscheiden, zusammen wiedergeboren zu werden, können eine besondere Konstellation am Himmel wählen, um sich darauf zu konzentrieren. Wenn man dann wiedergeboren wird und ein gewisses Alter erreicht hat, wird der Anblick dieser Konstellation die Erinnerung an das Gelöbnis wecken, mit jenen lieben Menschen zusammensein zu wollen. Während man stirbt, projiziert man das Bewußtsein hin zu dieser Konstellation. Und diejenigen, die auf der Erde verweilen, meditieren auch in dieser Weise, während das Leben der geliebten Person endet, so daß die Gedankenströme die gleichen sind. Die zurückbleibenden Personen halten in dieser Zeit auch den Strom ihrer Emotionen klar, damit die Reise des Sterbenden im klaren Licht nicht von Wolken überschattet wird. Auf einer höheren Bewußtseinsebene und mit Hilfe gewisser Rituale und Zeremonien kann man sogar die Art der Beziehung bestimmen, die man mit einem Menschen im nächsten Leben haben wird.

Sterben ist wie der Wechsel der Jahreszeiten, ein Kontinuum. Dieses Verständnis ist von höchster Bedeutung in der Erhaltung von Stabilität und Handlungsfähigkeit in jenem Moment. Die meisten Menschen leben nie vollständig, aufgrund ihrer Angst vor dem Tod.

Leben und Tod sind Teile eines Zyklus'. Sterben ist genauso wunderbar wie der Wechsel der Jahreszeiten; alt werden ist so wundervoll wie die Schönheit des Herbstes. Wenn man bewußt und aufmerksam gelebt hat, wird der Tod zu einer weiteren Qualität, die es zu erforschen gilt. In älteren Kulturen, in denen Leben und Sterben zu Hause geschieht, ist der Tod etwas, an dem jeder ohne Furcht Anteil nimmt. Wir bemühen uns, mögliche Schulden auszugleichen und anderen etwas zu schenken, da man eine Reise nicht mit unvollständigem oder überflüssigem Gepäck antreten möchte.

In der heute so geschäftigen Zeit bleibt das enorme Potential vieler Menschen wegen der Angst vor dem Tode unverwirklicht. Diese irreale Angst vor dem, was irgendwann jeden ereilt, verhindert oft die volle Teilnahme eines Menschen am Leben, so daß man möglicherweise aus Angst vor dem Versagen einiges gar nicht erst unternimmt. Der weise Mensch kultiviert jeden Moment seines Lebens als eine Gelegenheit, die Natur des Geistes und der Beziehungen zu erkennen. In der Kultur der Tsalagi heißt es, daß man einundfünfzig Jahre benötigt, um ein vollwertiges Mitglied der Gesellschaft zu werden. Also wird ein langes Leben angenommen, und man wird dazu ermutigt, jeden Tag so zu leben, als wäre es der letzte. Als Kinder wurde uns gesagt, daß diejenigen, die in Harmonie mit den heiligen Zyklen leben und die heiligen Praktiken klar beibehalten, oft ein langes Leben genießen. Lebenszyklen von 120 Jahren sind unter den Hütern des Feuers nicht ungewöhnlich.

Eine bedeutende Vision in den Weltanschauungen der Tsalagi und anderer Urvölker Amerikas besagt, daß der Tod kein Ende darstellt, sondern lediglich eine Veränderung. Genauso wie wir glückliche Beziehungen kultivieren, pflanzen wir auch die Saat für den positiven Übergang von dieser Welt in eine andere. Es ist gut.

𝖦𝖆𝖑𝖆 𝖦𝖆𝖑𝖆 𝖦𝖆𝖑𝖺

Yu(n) we hi   Yu(n) we hi   Yu(n) we hi

𝖦𝖆𝖑𝖺

Yu(n) we hi

𝖲𝖬𝖶𝖩 𝖫𝖍𝖶𝖳 𝖦𝖆𝖑𝖺

Ga lu(n)   la   ti   da tsi   lá   i   Yu(n) we hi

Ich bin vom Himmel herabgestiegen

𝖦𝖆𝖑𝖺 𝖦𝖆𝖑𝖺 𝖦𝖆𝖑𝖺

Yu(n) we hi   Yu(n) we hi)   Yu(n) we hi

𝟉𝖫𝖩𝟧 𝖲𝖫𝖣𝖺 𝖦𝖆𝖑𝖺

Nu(n) da gú(n) yi   ga tla   a   hi   Yu(n) we hi

Ich bin herab aus dem Sonnenland gestiegen

𝖪𝖆𝖩𝖲 𝖸𝖲𝖪 𝖩𝖦𝖫𝖶𝖸 𝖲𝖪

Ge ya gú ga   Gi   ga ge tsu wa tsi la   gi   ga ge

O Roter Ageyaguga, du bist herabgestiegen und hast

𝖪𝖡𝖶 𝖪𝖺𝖮𝖲𝖶𝗁𝖲

tsi   yé   la   tsi que ná du   la   ni ga

deinen roten Speichel auf meinen Körper fließen lassen

𝖦𝖆𝖑𝖺 𝖦𝖆𝖑𝖺 𝖦𝖆𝖑𝖺

Yu(n) we hi   Yu(n) we hi   Yu(n) we hi

𝖦𝖆𝖑𝖺

Yu(n) we hi

𝖵𝖺 𝖮𝖙 𝖬𝗁

To   hi   u   ha   lu   ni

Gelassenheit erhallt

6

EINE LEBENDIGE VISION DES FRIEDENS

WIR sind mit allen Lebewesen verwandt. Wir stehen alle in direkten Beziehungen zueinander, durch unser Denken, durch unsere Gefühle, mit dem »Einen Geist«, der uns alle träumt. Wir alle können uns darauf einstimmen und das eine klare Licht der Wirklichkeit mit unseren Herzen und die Erfassung der Bewegung unseres eigenen Geistes erkennen. Sich in Beziehung zu befinden, zu erkennen, daß alles miteinander verwandt ist, heißt, die natürliche Resonanz unseres Denkens und Handelns zu verstehen, zu wissen, daß unser Tun das Morgen gestaltet. Durch die Wahrnehmung des Flusses der Weisheit in uns, können wir den Weg der Schönheit energisch verfolgen, der Weg, der uns zur Erleuchtung führen kann. Alle empfindenden Wesen können das Potential des Unverwirklichten – während es wird – begreifen, indem sie ihre Herzen offen und empfänglich halten. So wie wir uns selbst und anderen liebevoll begegnen und in uns eine wunderschöne Vision der gesamten Welt als erleuchtet beibehalten, so wird es sein.

Wie die Kristalle formen wir ein geistiges Feld. Wir leben in einem solchen Feld. Wir können es Buddha-Geist nennen, oder Gott-Geist, oder »Was Es Ist.« Die Tsalagi sagen, es ist das »Große Mysterium«, Ywahoo, »das, was unverwirklicht ist und werden ist, und in sich die Saat unseres Potentials trägt.« Wir sind jener Geist. Durch die Verdunkelungen des Bewußtseins zu gelangen, die sich um Anklammern, Angst und Zweifel herum entwickeln, zeigt den mannigfaltigen Geist als einen Strom, in dem wir alle schwimmen. Zu diesem Strom der Wirklichkeit wieder zu gelangen heißt, wieder nach Hause zu kommen, sich selbst als Intellekt zu erkennen und den eigenen Werdegang um das Medizinrad des Lebens herum als die Weiterführung des Prinzips zu sehen, das wir in dieser Zeit, in anderen Zeiten, in der Zukunft und in der Vergangenheit leben. Die Kraft des Moments ist die Fähigkeit, unsere Wirklichkeit zu sehen und zu gestalten. Während wir um das Rad herumgehen, gewinnen wir zunehmend an Gewandtheit und ergreifen einen Stab wie aus Blitzen, die intuitive Weisheit, die die Natur der Wirklichkeit erkennt.

Die klare Vorstellung des ausgewogenen Wesens, das auf seinen Zweck ausgerichtet ist und die unmittelbare Beziehung zu der gesamten Schöpfung kennt, webt den Teppich des Lichts. Durch den Geist des Herzens und die Integration des inneren Auges erinnern wir uns an den Strom, der das Bewußtsein in das Reich des klaren Lichts dessen trägt, was ist. Mit wählerischer Weisheit verstehen wir dann Ursache und Wirkung und unterscheiden jene Gedanken, die uns von dem Strom unserer Ganzheit trennen. So viel Potential besitzt der Mensch.

Wir haben in dieser Zeit eine Gelegenheit, Frieden in unseren Herzen zu schaffen, einen Frieden, der in jedem Aspekt unseres Lebens widerhallen kann. Das Beruhigen des Geistes, das Erkennen der eigenen Gedankenmuster und die Kultivierung jener Denkweisen, die wie Lotos-Juwelen der Weisheit sind, dies sind Teile der Entwicklung der wählerischen Weisheit. Jeder Aspekt des Lebens bildet eine Gelegenheit, alles, was ist, wahrzunehmen; was immer man auch tut, sei es Geschirr waschen, Holz hacken oder Maschineschreiben. Jeder Moment enthält die Möglichkeit, das klare Licht der Wirklichkeit zu erkennen. Mögest du die Vision haben, um zu sehen, die Intelligenz, um zu handeln und die Weisheit, um Erfolg zu erlangen und die Natur der Dinge so erkennen zu können, wie sie sind.

Um die Natur der Dinge zu sehen, kultiviert man die Fähigkeit, mögliche Zukunftspfade zu sehen, um Schätze aufzutun, die der Familie und dem Klan dienen können. Die äußere Sicht nimmt wahr, was da ist und was sich in dessen Schatten verbergen könnte. Betrachtet man den Strom, so sieht man das sich bewegende Wasser, tanzende Lichtreflexe, Wasserläufer und unzählige Kreaturen, die in dem Gewässer leben. Man betrachtet dann die Ufer des Flusses, ihre Neigung und die Pflanzen, die an ihnen wachsen. Im Spätsommer ist der Fluß schmal und still; das Frühjahr macht ihn zum reißenden Strom. Wenn du dein Lager an seinem Ufer aufschlagen willst, verläßt du dich auf viele Aspekte deines Betrachtungsvermögens, damit du nicht von etwas überspült wirst, was auf den ersten Blick wie ein seichter Bach wirkt.

Großmutter Nellie und Tante Hattie wünschten, daß wir Kinder »Mehrfachvision« erlangten, um mehr als das Offensichtliche sehen zu können und die subtilen Botschaften unter der Oberfläche wahrzunehmen. Tante Hattie war eine Meisterin der Taschenspielerkünste und beherrschte viele Zaubertricks. Ihre oft wiederholte Überzeugung lautete: »Glaube nichts von dem, was du aus zweiter Hand gehört hast, und nur die Hälfte von dem, was du selber gesehen hast. Verschaffe dir wahre Sicht aus dem Auge des Herzens heraus.«

Im Auge des Herzens leuchtet eine Vision von Frieden und Schönheit. Wenn die Vision des inneren Friedens kultiviert wird, kann sie sich in unserem Umfeld verwirklichen. Innere Vision entsteht andauernd, doch können ihre Signale durch gedankliche Starrheit ignoriert werden. Den Fluß des eigenen Geistes zu betrachten, verfeinert den Prozeß der Wahrnehmung von Mustern des Denkens und Handelns, und zeigt uns somit deutlich, wo wir Flüsse risikolos überqueren können. Eine solche sichere Stelle wäre, wo wir über eine Denkgewohnheit hinwegtreten könnten, die wir nicht mehr benötigen. Die Brücke besteht aus Einsichten in unser eigenes Verhalten und ihre möglichen Konsequenzen.

Jeder Traum und jede Hoffnung des Friedens entsteht durch die Erforschung unseres Geistes. Wenn wir uns bemühen, unsere essentielle Natur wahrzunehmen, entfaltet sich richtiges Handeln, denn die Konsequenzen unseres Tuns werden deutlich. Die Intelligenz, in Harmonie zu handeln, erwächst aus dem Sehen von Ursache und Wirkung. Die Gedanken und

Taten, die wir säen, werden sich verwirklichen. Vorgänge, die der Familie und dem Klan zugute kommen und im Einklang mit dem Land sind, manifestieren sich durch die Hingabe der Menschen, und Geschick entsteht durch die Betrachtung dessen, was funktioniert.

Diese Naturgesetze des Manifestierens sind auf jeder Ebene des Lebens anwendbar: im Menschen selbst, in der Familie, im Klan, in der Nation, auf dem ganzen Planeten. 1978 glaubten viele Medizinleute dieses Landes, daß die Erde in Gefahr war, daß wir uns an einem bedeutenden Wendepunkt befanden, und wenn die Menschen keine Änderung bewirkten, die Erde eine große Katastrophe erleiden würde. Es schien wahrscheinlich, daß die Ost- und Westküsten Nordamerikas von einer schweren Flut heimgesucht würden, bei der viele Menschenleben verlorenzugehen drohten. Ein Ältestenrat, der viele Urvölker dieses Kontinents führt, rief viele dieser Medizinleute auf, hingabevoll zu beten und die Menschen zum Handeln und Visualisieren anzuregen, um gute Medizin für die Erde und zukünftige Generationen zu schaffen. Es war nicht sicher, ob dieses Experiment funktionieren würde, bis am 10. März 1981 klar war, daß es ein Erfolg war. Viele Prophezeiungen der völligen Vernichtung des Planeten wurden dadurch abgewendet, weil die Menschen bereit waren, bedeutende Bewußtseinsveränderungen durchzuführen. Viele Menschen, die früher das Zeitalter der Reinigung als eines der vollständigen Zerstörung betrachteten, erkennen es jetzt als eine Zeit der Umwandlung an, in der die Gedanken, Worte und Handlungen der Menschen Ergebnisse gestalten, die diesen Planeten bis weit in die Zukunft beeinflussen werden. Die Erde muß nicht leiden, und Menschen müssen nicht leiden. Wir müssen bereit sein, Verantwortung zu übernehmen und durch unsere Gruppenmeditationen und individuellen Praktiken die Wirbel des Lichts in Bewegung zu halten. In dieser Zeit der Umwandlung macht sich die gesamte Ignoranz in jedem Geist bemerkbar, so daß sie umgewandelt werden kann.

Wir sind eins mit unserer Mutter, der Erde, und die Nabelschnur unseres Denkens webt mit an dem Traum, den wir alle teilen. Wir machen diesen Traum zu Frieden. Wir erinnern uns an die heilige Medizin und erfüllen die heiligen Prophezeiungen des Klärens und Reinigens, uns in Harmonie zu sehen. Viele Wege bieten sich an, wenn man sich zum Gehen entschließt, und sie alle führen zum Ziel. Sei jedoch achtsam, wenn du gehst. Sei dir bewußt, wenn du an eine Wegesgabelung kommst, daß der Weg, den du wählst, dich bis zu seinem Ende führen wird, bevor du eine weitere Möglichkeit bekommst, die Richtung zu ändern.

Es gab eine Geistfrau, eine Mutter des Hirschfell-Klans, die den Wald von New England durchstreifte. Dieses Wesen fühlte sich verpflichtet, der Erde beizustehen, bis wieder Menschen kämen, um sich an ihr Lied zu erinnern. Es wurde ihr als Klan-Mutter und Formbauerin anvertraut, als eine, die der Kraft des Denkens bewußt ist, um eine Gedankenform des Friedens und des Wohlergehens im ganzen Nordosten hervorzurufen, so daß sich die Herzen der Menschen nach dem Land und seiner schönen Weise ausrichten mögen. Wir sahen ihr tanzendes Licht, und als wir stillsaßen und ihr zusahen, ging die Sonne unter; und sie erschien uns und bestand darauf, daß wir ihren heiligen Gesang erlernten. Feuer ist ihr Gebet, wodurch das Herz des Lichts wieder in den Menschen erwachen möge und sie das Leben ineinander achten mögen. Im Verlauf meiner Reisen habe ich seitdem Menschen im Nordwesten ein ähnliches Lied singen hören, etwas langsamer und bezogen auf das Lied der Schöpfung des vollkommenen Kristalls, dem Land des Galunlati, das Reich des wunderschönen Lichts, wo sich das Ideal in der materiellen Welt manifestiert. Gedankenwesen, Sternmenschen, Lichtwesen leben dort, und dort wurde beschlossen, weiter auf der Basis der Prinzipien der heiligen Welt, die auf Willen, Liebe und aktiver Intelligenz aufbaut, Form und Materie zu werden. Daher haben wir in dieser Welt die Saat der Sterne und der Vollkommenheit in uns als heilige Sinngebung, die ewig ihre Manifestierung anstrebt. Und in uns selbst brennen jene drei heiligen Feuer des Willens, der Anteilnahme und des aufbauenden Geistes. Mit ihrer Gnade gelangen alle Dinge zur Form.

Es gibt einen Fluß der mitfühlenden Weisheit, von dem wir alle ein Teil sind. Es ist der Fluß von Mutter–Vater, »Der Ausgewogene«, Ama Agheya, »Die Wasserfrau«, wie die Tsalagi sagen, oder Kuan Yin, »Die Mitfühlende«. Von diesem überströmenden Herz kommt eine große Weisheit auf, in die jeder durch die Erinnerung an den heiligen Klang der Schöpfung eingestimmt ist.

So lebt der Friede in uns als Saat, als Gesang. Ihn hervorzurufen ist die Praxis der klaren Sicht und Sprache. Sieh die Schönheit und lobpreise sie – und der Strom der Weisheit wird in Fülle aus deinem Herzen fließen. Deshalb sind Visualisierung und Gesang so wichtig in der Ausübung unserer Meditationen, beinhalten so viele spirituelle Traditionen die Praxis des Betgesangs. Der Kanal der Stimme ist ein Tor, durch das sich die Idee als Form manifestiert. Mit klarer Stimme bejahen wir unsere Entscheidung. Der Ton sagt:»Es ist so«, und so ist es! Visualisierung ist eine Disziplin. Gewisse Menschen beherrschen – je nach ihren Gaben aus diesem und anderen Leben – die Visualisierung mit großer Leichtigkeit, besonders Menschen, die Mathematik oder Musik studieren. Andere Menschen wiederum visualisieren überhaupt nicht, sondern können unmittelbar wahrnehmen, ohne tatsächlich zu sehen. Für manche ist es fast so, als würde es ihnen ins Ohr geflüstert. Visualisierung wirkt sich wohltuend aus, indem es die Meridiane des Körpers klärt. Und was man deutlich sieht, ist leichter zu manifestieren. In unserer Zeit sind viele Menschen durch ihre Schulbildung dahingehend traumatisiert, daß sie ihrem eigenen Sehvermögen nicht glauben. Die Arbeit mit Bewegung, Tanz und Selbstmassage ist hilfreich bei der Klärung von Beeinträchtigungen der Visualisierungsfähigkeit des inneren Auges.

Grundlegende Praktiken der Visualisierung:

1. Denke daran, wie dein Zimmer aussah, als du hinausgingst.

2. Sieh vor deinem inneren Auge deutlich die Gegenstände, die zum Beispiel auf der Kommode liegen gelassen wurden.

3. Tritt zurück und betrachte das Umfeld des Zimmers.

4. Konzentriere dich wieder auf einen einfachen Gegenstand im Zimmer; betrachte die Geometrie seiner Form.

5. Beachte die grundlegende Geometrie, die Grundformen der Dinge im Zimmer.

6. Beobachte, wie sich die Formen mit Farbe und Identität füllen.

7. Atme aus und kehre an deinen gegenwärtigen Ort und Augenblick zurück.

8. Gib Dank für die Gaben von Geist und Sehvermögen.

MEDITATION MIT KLANG UND VISUALISIERUNG

Ich lade dich jetzt ein, die »Drei Heiligen Feuer« in deinem Kreuzbein an der Basis deiner Wirbelsäule zu visualisieren; »Drei Heilige Feuer« in Rot, Gelb und Blau, den Grundfarben, die Form hervorbringen. Am Nabelzentrum visualisiere einen grünen Kreis, der die fünf Grundelemente des Lebens empfängt: Holz, Erde, Feuer, Wasser und Luft/heiligen Klang. Sieh im Solarplexus-Bereich ein blaues Quadrat, gefüllt mit einer orangefarbenen Sonne. Sieh im Herzen zwei Dreiecke, die sich mit den Spitzen berühren, den Ton *Ah* in ihrem Zentrum geschrieben haben und Wellen von rosafarbenem Licht ausstrahlen. Visualisiere im Hals einen indigofarbenen Tunnel, in dem ein einziger Stern leuchtet. An der Schädelbasis (Medulla) sieh ein violettes Unendlichkeitszeichen ∞, das alles webt, was war, was ist und was sein wird. In der Mitte deines Kopfes sieh ein Büffelhorn, das vom Himmel Licht empfängt. An den Brauen sieh ein goldenes Dreieck des erwachten Geistes. Über dem Kopf schütten sieben Sterne ihr Regenbogenlicht aus.

Singe den Herzgesang; laß den Klang hinausfließen, um alle deine Verwandten mit dem strahlenden Licht des Mitfühlens zu berühren.

Lichtspiralen tanzen in dir. Spüre den Fluß der lunaren und solaren Strömungen in deinem Körper – Mutter-Vater, ein ausgewogenes Wesen, das heilige Kind gebärend; die Dreifaltigkeit deines Willensausdrucks, der Liebe und des aktiven Intellekts bringt das klare Licht hervor.

In einer späteren Phase der Übung verwebt man das Licht der sieben Sterne mit den Energiezentren des Körpers, um den Diamantenkörper zu gestalten. Man zieht den Strahl des klaren Lichts vom siebenten Stern über dem Kopf hin zum fünften Stern und wieder hoch zum sechsten und siebten. Dieser Zyklus wird dreimal vollzogen und stickt Fäden des Lichts an jeden Stern. Dann wird der Faden vom fünften Stern zum dritten und hoch zum fünften gezogen; vom dritten Stern zum ersten, hoch zum zweiten Stern und wieder zum dritten. Das Licht wird durchgezogen, die Stiche gefestigt. Vom ersten Stern wird das Licht zum inneren Auge gezogen, durch die Schädelbasis und -decke zurück zum ersten Stern, dann vom inneren Auge zum Herzen, das Herz füllend, hoch durch den Hals zum inneren Auge. Dieser Webzyklus wird dreimal vollständig durchgeführt. Er ist wie eine Stickerei, ein heiliges Muster, das die Schnur stärkt, die dich mit deinem subtilen Wissen verbindet. Diese Übung verstärkt auch das elektrische Feld, das deinen Körper umgibt, und − durch Koppelung der Resonanzen − auch den Lichtkörper des Planeten. Während wir den heiligen Stoff unseres Wesens neu weben, wird die Aura von klarem Licht erfüllt.

Dies ist die Kraft der klaren Vorstellung und Affirmation; es ist, wie wenn Visualisierung, Gesang und Gebet ein so kraftvoll erneuerndes Energiefeld schaffen, welches das Herz bewegt, vor Freude zu singen. Gewissenhaft Freude im Herzen erhalten, Gedanken der Selbstablehnung umwandeln, Zweifel ablegen und die Kraft deiner Stimme und deiner Wahl dessen, was sein soll, hervorrufen − das ist Schönheit hervorzurufen!

Der Weg der Schönheit ist der klare Geist im Herzen und ist der Regenbogen, der die Hirnhälften vollkommen in jenem Herzgeist integriert.

So verändern wir die Auffassungen der Welt von Verzweiflung und Krieg, indem wir den inneren Frieden verwirklichen. Die Ergänzung der Mutter-Vater Energien ist die Spirale, das Kind der Vollkommenheit, der Geist, der mit allem eingestimmt ist. Erinnere dich an die Spirale, visualisiere sie, und begreife dich als eins mit ihrem Licht. Zuerst ist die Visualisierung Übung, dann wird sie eine erkannte Wirklichkeit. Die Energie ist da, ihre Stärke wird von der Einstimmung deines Geistes bestimmt, deiner Wahrnehmung, was ist.

Deine Gabe in dieser Zeit zu erkennen heißt, deinen Geist, deine Stimme und dein Herz zusammenzubringen, mit Klang und Gedanken eine Welt der Harmonie und Schönheit zu schaffen. Wenn jeder von uns den inneren Frieden verwirklicht, werden wir dieser Welt einen großen Frieden bringen.

Der Weg der Schönheit ist ohne Schwankungen. Darauf begibt sich derjenige, der entschlossen ist, den Geist der Erleuchtung zu verwirklichen, die sechzehn Stufen zum Tempel auf der heiligen Pyramide zu erklimmen. Die Pyramide ist ein Hinweis auf die Stadien des menschlichen Bewußtseins, die Phasen unserer Entwicklung. Wenn wir in unser Bewußtsein schauen, erkennen wir, daß Denken die Saat unserer eigenen Wirklichkeit ist. Wenn wir denken, daß die Welt chaotisch ist, wenn wir wenig oder nur Schlechtes von uns selbst halten, dann wird das Wirklichkeit. Es ist das Element der wählerischen Weisheit, das uns befähigt, die Dinge so zu erkennen, wie sie sind, ohne uns an Form, Gestalt oder Schuldzuweisungen zu klammern. Die Dinge zu kennen, so wie sie sind, zu wissen, daß wir uns im Prozeß der Veränderung befinden, heißt, die Form unseres höchsten Ausdrucks zu schaffen. Man muß in der Wahrnehmung der gesamten Erleuchtung sehr energisch und gewissenhaft sein, den Geist fest in herzempfundener Weisheit halten, um den Klang der Schönheit durch jeden Aspekt des Geistes hallen zu lassen. Wir wenden wählerische Weisheit an, um das zu erkennen, was korrigiert werden sollte, und um zu sehen, wie es zu harmonischem Einklang wird. Alles, was wir im Leben sehen, ist Reflektion des Geistes. Wir haben zu wählen, was dieser große Geist für uns verwirklicht. Wir können den Bereich der Wirklichkeit begren-

zen, indem wir unseren eigenen Geist begrenzen, oder wir
können die immense Dimension unseres Bewußtseins erkennen und die kreativen Edelsteine, die unsere besonderen
Gaben in diesem Leben sind, freudvoll verfeinern und als
Opfergabe darbringen.

SUBTILE KOMMUNIKATION

Die kristallene Vollkommenheit des eigenen Geistes zu erforschen bedeutet, zu sehen, wie dein Denken andere und die
Erde berührt. Das folgende Experiment der subtilen Kommu-
nikation wird verdeutlichen, wie wichtig es ist, gewissenhaft
mit Gedanken und der Fähigkeit des Geistes umzugehen, die
Vision des Friedens zu bilden. Wenn wir in unserer eigenen
Natur das Gleichgewicht komplementärer Elemente erken-
nen, spüren wir auch die Resonanz, die aus unserem Herzen
hervorgeht und allen dienen kann. Das ist eine der höchsten
Zielsetzungen der indianischen Völker dieses Landes: Das
Herz so vor Mitgefühl überfließen lassen, daß man Mutter —
Vater aller Dinge wird, die Energie der Erneuerung aus dem
eigenen Herzen fließt. Ein solcher Geist hält sich immer an die
Disziplin der klaren Wirklichkeit, sucht immer den Weg des
richtigen Handelns, das unseren Verwandten möglichst viel
Gutes zuteil werden läßt. Mit wählerischer Weisheit erkennt
man die Wellen, die durch Ablenkungen ausgelöst werden,
ohne davongetragen zu werden. Konzentriere dich auf die
Feststellung: »Ich bin ein Wesen des Lichts, ich werde das
Licht in allen erkennen, ich werde vollständige Erleuchtung
erlangen.« Somit hast du in dir selbst die Einstimmung
geschaffen, daß es so wird. Das ist die Kraft der klaren Sicht,
die Kraft des klaren Ausdrucks, der Affirmation.

Subtile Kommunikation beginnt im Herzen, in deiner Affirmation der Resonanz mit der klaren Lichtessenz in dir und in
allen Wesen. In diesem Licht sind wir immer in Kommunikation. Visualisiere die »Drei Feuer«, die im Kreuzbein brennen
— Willen, Mitgefühl und aktiver Geist —, und sieh die beiden
Spiralen des Lichts, die in deiner Wirbelsäule tanzen: Sonne
und Mond, Mutter und Vater. Im Herzzentrum visualisiere die
beiden sich an den Spitzen berührenden Dreiecke und spüre

die sieben Sterne über deinem Kopf, sieben Pforten zu subtilem Wissen, die Kaskaden des reinigenden Regenbogenlichts ausschütten, das Körper und Geist belebt. Während du im Licht sitzt, laß eine Vision des Friedens vor dem inneren Auge deines Herzens aufsteigen. Sieh dich, deine Familie und Freunde friedvoll wie auch deine Arbeitskollegen, deine Nachbarschaft und erweiterte Familie, deine Nation und deinen Planeten. Wie würde sie aussehen, sich anfühlen, sein, diese friedvolle Welt, in der alle Wesen im Frieden leben, alle Bedürfnisse harmonisch gestillt und alle Rohstoffe der Erde geschätzt und durch die Gaben der Menschen wiedergegeben würden? Sieh, wie klare Kommunikation von Mensch zu Mensch und von Nation zu Nation erklingt. Spüre Großzügigkeit in deinem Herzen und betrachte, wie Mutter Erde in Fülle gibt und alle ernährt werden. Empfinde dich als klares, fließendes Wasser, damit die Gewässer erneuert werden. Studiere diese wunderschöne Vision; laß sie deinen Geist durchziehen und erfüllen.

Schicke nun aus der Mitte deines Herzens, dem Herzen dieser friedvollen Vision, einen Lichtstrahl in das Herz der Erde und vermittle ihr auf jenem Strahl deine leuchtende Vision eines friedvollen Volkes, eines Planeten in Frieden. Teile Mutter Erde den Traum ihrer Kinder von Liebe und Harmonie mit, so daß er für alle Wesen in allen Welten Wirklichkeit werden möge. Sende die Botschaft des Friedens dreimal auf dem Lichtstrahl deines Herzens hinaus zum Kristallherzen der Erde, dann halte inne. Warte auf den wiederkehrenden Impuls. Spüre die Energie, bestätige die Verbindung. Erkenne und bestätige die gedankliche Verwandtschaft. Ruhe eine Zeitlang in glücklicher Verbindung, den Traum des Friedens mit der Erde träumend. Zieh abschließend den Lichtstrahl zurück in dein Herz, zieh alle Energien in die Lichtspiralen in deiner Wirbelsäule hinein. Gib Dank. Es ist gut.

Unsere Herzen und das Herz der Erde sind eins. Gemeinsam singen wir einen Gesang des Friedens. Dieses Experiment der subtilen Kommunikation ist von großer Bedeutung, denn von nun an wirst du dich und die Erde immer als eins erkennen. Wenn du den Nektar einmal gekostet hast, ist es sehr leicht, dich an seinen Geschmack auf deiner Zunge zu erinnern, ist es sehr leicht, jene Klarheit des Lichts zu sehen. Wenn du über diese Erfahrung meditierst, wird sie weiter in dir schwingen. Deine Freunde und Kollegen werden die Schwingungen des Friedens zunehmend in ihren Herzen spüren, wo sie die Erkenntnis entfachen, daß wir als Gruppe und als Nation, als planetarische Familie der Menschheit, verantwortungsbewußt handeln können.

Durch dieses Experiment erfährst du die kreative Kraft des Geistes und siehst deine Verantwortung als Mensch deutlicher. Dein Denken ist ein Instrument, eine Optik, die gewissenhaft eingestellt werden muß, ein großer Kristall, dem behutsam Facetten angeschliffen werden, damit das Licht der Wirklichkeit durchstrahlen kann. Welche Gedanken gibst du in den planetarischen Geist ein? Siehst du das Leben als einen sich ergänzenden Prozeß an oder als einen des Kampfes und der Konfrontation? Bist du friedvoll in dir selbst? Konflikte in uns beizulegen, Frieden in unserem Geiste zu schließen, wie wird sich das auf den planetarischen Geist auswirken? Könnte das der Stimulus sein, der erforderlich ist, damit Nationen ihr Kriegswerkzeug beiseite legen? Das Schaffen von Frieden, das ins Gleichgewicht bringen der Elemente, von Mutter-Vater im Innern, ist ein Prozeß, der ständig in uns abläuft. Das Potential für die Hervorbringung von Wirklichkeit planetarischen Friedens in unserem Geist, dem erleuchteten Zustand für alle empfindenden Wesen, ist lediglich ein Gedanke, eine Handhabung. Allein durch die Kenntnisnahme unserer inneren Vision und das Erinnern unserer subtilen Kommunikation − unsere mentale Beziehung zur Erde − erkennen wir, daß jeder von uns den Lebensfaden schafft und wir gemeinsam den Teppich unserer Wirklichkeit weben. Wir können die Form des planetarischen Friedens als Wirklichkeit in unseren Herzen halten. Es ist eine Praxis des Gebens und Empfangens und dabei gewissenhaft dem Weg der Schönheit zur vollständigen Erleuchtung zu folgen. Und für manche, die Friedenshüter und -erhalter, bedeutet es, den Pfad um das Medizinrad immer wieder zu gehen, bis alle Menschen zu der Erkenntnis des Friedens, ihrer wahren Natur, gelangt sind.

Die Wahrheit − das Sehen der Dinge wie sie sind − kann vom Geist wahrgenommen werden, wenn er frei von Störungen und Mustern ist. In dieser Zeit der Umwandlung haben wir die Gelegenheit, die grundlegendsten Muster unserer Existenz neu anzulegen, die Fasern unseres Lebens neu zu verweben. In unseren Herzen können wir den Konfliktmodus durch das gegenseitige Bewußtsein ersetzen, das unsere eigene Gabe des Mitgefühls ist. Wie sollen wir den Zorn oder die Angst beiseite legen, die uns von dem Licht trennt? Indem wir sie als Energie anerkennen und wissen, daß sie nicht »Ich« bedeutet. Zorn und Angst – das sind Gedanken. Was »Ich« darstellt ist ein Strom, der sich ohne Unterlaß im Prozeß der Veränderung befindet, immer eingestimmt auf das klare Licht der Wirklichkeit. Laß dieses Medium sich verfeinern; laß diese Gelegenheit des Besitzes eines Körpers mit heiligem Geist einen Moment sein, in dem du klare Sicht verwirklichst.

Deinen Lebenszweck zu sehen, deine kreativen Gaben zu verstehen und ihre Verwirklichung zu erkennen, benötigt Disziplin. Wir können uns erneuern und Vorstellungen von Schmerz und Leid abwenden. Daß wir geboren wurden, ist lediglich ein Aspekt des Lebens – das kann auch ein schmerzhafter Vorgang sein. Während du heranwächst, stellst du fest, daß deinem Körper Grenzen gesetzt sind, besonders dann, wenn Geist und Körper in entgegengesetzte Richtungen streben. Doch das wissende Licht, die innere Vollkommenheit, singt an irgendeinem Punkt aus sich heraus, »ich bin das Wesen, das ich bin«, um zu bestätigen, daß es einen speziellen Lebenszweck hat und die Fähigkeit besitzt, ihn zu erfüllen. Dann sieht man, daß Disziplin erforderlich ist, daß jeder Moment die Option einer Entscheidung in sich birgt. Wir können wählen, unsere Existenz im Leben als einen Leidensweg zu verkörpern, oder wir können die freudvolle Gelegenheit sehen, das Leben und unseren Körper. Und wir haben die wunderbare Chance, Erleuchtung zu verwirklichen.

Wenn wir unser inneres Auge erwecken, das Licht aus unserem Herzen hervorströmt, wird ein großes Licht rund um diesen Planeten erstrahlen, das auf dieser und allen anderen Welten wahrgenommen wird. Dies ist das Weben des Traumes der Schönheit. Die Vorstellung von Entbehrung können wir beiseite tun und stattdessen erkennen, daß dies hier ein Universum der Fülle ist. Wir alle besitzen Gaben, die wir schenken können, und alle haben einen Korb, um damit entgegenzunehmen. Vom Meer der Illusion zum Ufer des Wissens zu wechseln, das ist die Wahl des Mitgefühls. Wir können zu dem Ufer gelangen, indem wir uns selbst lieben, indem wir das kreative Maß und unsere Gaben bejahen. »Ich kann. Ich will. Ich werde. Ich bin, was ich bin.« Somit bejahen wir das Gute in unserem Leben. Die Worte, die wir verwenden, um über uns selbst und andere zu sprechen, können eine aufbauende Form sein oder eine Form, die Energie abbaut, das Herz brechen läßt. Es ist Zeit für uns, das heilige Herz zu erneuern.

TRANSFORMATION:
DIE EMOTIONEN ZÄHMEN

Wenn wir in dieser Zeit den letzten Zyklus überdenken, jenes neunte Stadium der Reinigung, zeigt sich die Gelegenheit, das Fundament für den »Größten Frieden« zu erstellen. Jetzt haben wir Gelegenheit, Verschleierungen umzuwandeln; wir alle haben die Gelegenheit, Erleuchtung zu erlangen. Sogar in der Finsternis der letzten der neun Höllen waren die Fesseln der Illusion zu brechen. Frauen wie Männer haben die Möglichkeit, die Ignoranz in sich selbst zu meistern, den Drachen zu zähmen. Du kannst den begrenzenden Ideen, die du hast, begegnen. Und mit dem klaren Licht des Geistes kannst du dich dafür entscheiden, Ideen zu schaffen, die dir und anderen gegenüber schön und liebevoll sind. Du kannst dein Festhalten am Leiden abtun, das von Gedanken stammt wie,»ich bin nicht gut genug«, oder,»ich armes, bedauernswertes Wesen.« Das Konzept von Ignoranz wird durch Affirmation umgewandelt.»Ich achte das heilige Gesetz des Lebens. Ich achte die Schönheit in mir selbst, ich achte die heilige Pflicht. Ich achte Mutter-Vater in mir.« Einfache Worte, mächtige Worte.

Habe Mut im Geben und Empfangen von Liebe. Liebe ist ein Strom, und wir alle sind ein Teil davon. Aus dem Meer der Ignoranz können wir sofort herausgefischt werden; das Rettungsseil ist direkt über unseren Köpfen und kann jederzeit gefaßt werden. Es liegt an uns, uns aus dem Festhalten von Ignoranz, Schmerz und Verlangen zur Erkenntnis des Augenblicks zu ziehen. Das heißt nicht, zu leugnen, was sich bereits im Prozeß der Berichtigung befindet. Es ist das Bestätigen des Guten und des Lebens im Moment. Jeden Moment in seiner Ganzheit zu sehen und ihn als einzigartiges Geschenk zu schätzen. Das ist in sich eine Disziplin: Still sein, liebevoll sein, wissen,»in diesem Moment schaffe ich eine Ursache für alle Momente.«

Wir stellen mächtige Energien zur Umwandlung bereit, indem wir die Entfaltung von Dingen anerkennen, Bewußtsein dafür entwickeln, wie wir sprechen, richtige Sprachmuster schaffen, die Saat der Affirmation pflanzen. Das ist die herausforderndste Arbeit für den Menschen, der sich der Erleuchtung verschrieben hat: Die richtige Sprache entwickeln, eine Methode des Sprechens und der Kommunikation, die das Positive hervorhebt. Sprache, Schwingung bestimmt unsere Wirklichkeit. In dieser Zeit ist es unsere Aufgabe, Schwingungen zu meistern, damit wir den richtigen Ton hervorbringen können, die richtige Harmonie in der sich entfaltenden Welt. Und wir müssen neue Pfade im Gehirn entwickeln, Markierungen der Freude, Pfade zur harmonischen Übereinstimmung. Denke: »Auf welche weitere Weise kann ich mich und meine Welt betrachten?« Hier ist der Punkt, wo wir Mut zeigen müssen. In dieser Weise tun Medizinleute manchmal unerhörte Dinge. Sie können dich zum Beispiel in aller Ruhe entspannt werden lassen, dann zu dir gehen und dich hart zwischen die Schulterblätter treten. Manche Menschen benötigen einen Schock, bevor sie ihre ausgetretenen Pfade verlassen können. Was immer dich zum Aufwachen bringt, ist Medizin.

Die reinste Medizin ist die Einheit mit dem Geist selbst. Um Verschleierungen der ursprünglichen Klarheit und des Lichts des Geistes zu entfernen, rufen wir das heilige Feuer an, die heilige Energie innerhalb der Wirbelsäule.

Die drei aufbauenden Feuer brennen andauernd in der Wirbelsäule. Da ist das blaue Feuer des Willens, der Wille zu sein, die klare Absicht zu handeln. In seiner Absicht und in seinem Handeln ist auch Reaktion enthalten, so daß ein Feuer zu zweien wird. Dann ist da das Anteil nehmende Feuer, das Feuer der mitfühlenden Weisheit, das aufbaut, versteht, den eigenen Zweck und das eigene Leben nährt und erhält. Und da ist das Feuer der aktiven Intelligenz. Dieses ist das Feuer, das besonders in unserer Zeit die Menschen aufruft, noch schöner zu leuchten, aus der heiligen Feuerstelle die Asche wegzufegen, die den Geist trübt, so daß klarer Geist und richtiges Handeln manifest werden können; Handeln in Harmonie mit dir selbst und deinem Lebenszweck sowie dem wahren Zweck der Menschen um dich herum, Harmonie mit dem Land selbst.

Wenn die »Alten-Feuer im Himmel« nicht gewissenhaft

gehütet werden, entstehen Verdunkelungen. Die »Drei Feuer« müssen fünf Tore innerhalb deines Körpers durchbrechen, an denen Energie blockiert werden kann: am Solarplexus, am Herzen, am Hals, an der Schädelbasis und -decke. Am Nabel empfängst du fünf subtile Lüfte von der Erde, fünf Flüsse, die fünf Organsysteme in deinem Körper aufbauen und erhalten. Da gibt es die Luft des Windes, der deinen Geist und deine Lunge stark macht und den Klang von Glocken enthält. Dann ist da das Element Holz, das deine Leber nährt, und das Element Feuer des Herzens und des Dünndarms für den Aufbau. Dann gibt es das »Feuer-das-abbaut« des Magens und der Milz und der Knochen der Erde, deiner Nieren und selbst der Knochen deiner Natur. Auch gibt es Kanäle des Feuers, die sich durch deine Wirbelsäule bewegen: Entlang ihrer linken Seite bewegt sich Mondenergie, an der rechten Seite bewegt sich Sonnenenergie, und in der Mitte befindet sich der Zentralkanal. Diese Energien fließen auf und ab und wechseln die Richtung entsprechend deinem Biorhythmus. Sie bewegen sich nie in derselben Richtung, es sei denn, du verläßt deinen Körper endgültig. Wenn du kurz davor bist, fließen sie alle gleichzeitig in der gleichen Richtung.

Was ist der Zweck des Feuers? Warum bewegt es sich in der Wirbelsäule hinauf? Sein Zweck ist die Belebung eines Traumes. Der Zweck des Feuers ist deine Gelegenheit, dein Gedanke, Verlangen und Gefühl zu sein, in einem bestimmten Körper manifest zu werden. Du gestaltest einen Körper, der am meisten deinem bisherigen Denken, Empfinden und Verlangen entspricht. Du erhältst die Art von Körper, die dich durch dein Empfinden und deinen Traum nehmen kann.

Das Nervensystem ist das Tor zum Himmel. Die Wirbelsäule ist dabei die Jakobsleiter. Sie ermöglicht uns, in der Erde verwurzelt und lebendig zu sein. Indem wir den Atem wahrnehmen, der auch Geist ist, sind wir fähig, uns des heiligen Pulses des Feuers im Körper bewußt zu sein. Laut Tsalagi-Tradition kannst du in diesem Leben Erleuchtung erlangen, doch mußt du bereit sein, sehr hart dafür zu arbeiten. Das ist die Herausforderung: Deine Angst und deine Zweifel abzulegen und immer achtsam zu sein, auch im Schlaf, auf deinen Atem zu achten und auf die heilige Kraft in dir.

Solarplexus

Der Biorhythmus im Körper jedes Menschen ist mit der Lebensspirale und dem eigenen Denken verwandt. Die Verschleierungen der Gedanken zeigen sich an manchen Stellen, an den bereits erwähnten Toren, und der Solarplexus ist eines davon. Wenn man an Angst festhält, sich anklammert, immer böse und vom Gefühl des Neides erfüllt ist, dann schließt sich der Solarplexus. Die Energie des klaren Geistes an diese Stelle der Undurchlässigkeit zu bringen, kann den Stau auflösen. Das Tor kann durch Großzügigkeit und die Bereitschaft zu geben geöffnet werden. Dann kann die Energie noch höher in der Wirbelsäule steigen.

Viele Leute sagen:»O, bei meinen Meditationen werde ich abgelenkt, oder dies oder das geschieht.« Das kommt, weil die Kanäle nicht klar sind. Gewisse Tore halten Dinge, die losgelassen werden sollten. Der Gedanke, der dir dazu einfällt, sagt dir genau, was du loslassen solltest. Und dort, wo du im Körper Spannung oder Schmerz empfindest, wird dir auch gesagt:»Arbeite daran, dieses Denkmuster loszulassen, dieses Muster der Spannung.« Im Verständnis der Ureinwohner Amerikas ist alles, was du denkst, so wirklich, wie wenn du Wasser auf den Fußboden spucken würdest. Weil du etwas gedacht hast, hat dies bereits etwas in Bewegung gesetzt. Also sind wir sogar für unser Denken verantwortlich. Das stellt eine bedeutende Herausforderung in unserer Zeit dar, denn die Welt hat begonnen, verrückt zu denken, produziert Vernichtungsmittel und andere Dinge, die keinen Wert für die Menschen haben. Wir müssen an das Leben denken, bereit sein zu leben.

Zorn ist ein reales Energiefeld, das zur Zeit diesen Planeten umgibt. Bei vielen Menschen ist Energie im Solarplexus blockiert. Also gibt es auf der Erde heute die vorherrschende Gedankenform des Festklammerns, nicht geben Könnens, das ständige Reagieren aus Zorn heraus. Ob du von dieser Energie eingeschlossen wirst oder sie als etwas verstehst, das sich entfaltet und verändert, ist eine Frage deiner Entscheidung. Einige Menschen, die die Saat der gegenseitigen Übereinstimmung aktivieren und hingebungsvoll in ihrem eigenen Handeln Frieden verwirklichen, werden das Tor öffnen, so daß alle inneren Frieden kennenlernen können.

Wenn ich sehe, wie viele ältere Menschen darunter leiden, daß Sozialprogramme von der Regierung gekürzt werden, weil Leben weniger wichtig erscheint und Krieg und Rüstung mehr, steigt etwas in meinem Herzen auf, das sagt:»Sprich frei heraus und mach die Menschen aufmerksam. Äußere dich und sage, ›das darf nicht sein, daß ältere Menschen Hunger leiden müssen, damit noch mehr Bomber gebaut werden können.‹« Es ist heutzutage für Menschen höchst frustrierend, Ungerechtigkeit, Unterdrückung und Leiden wahrnehmen zu müssen und das Gefühl dabei zu haben, nichts unternehmen zu können, um dies zu korrigieren. Vergiß nicht, daß dein Geist sehr wohl Einfluß darauf hat, wie sich dieser Planet entwickelt. Dieses Wissen kann dich befähigen, von Wut und Empörung zu richtigem Handeln überzugehen. Wenn du dich machtlos fühlst, das, was du weißt, auch auszudrücken, sammelt sich die Wut in deinem Körper. Die Wut eines Kindes, die sich im Laufe von Jahren aufgebaut hat, könnte aus Worten der Weisheit bestehen, die es ausdrücken wollte. Sie wurden dadurch blockiert, daß die richtigen Einstellungen und Strukturen nicht vorhanden waren, als sie gebraucht wurden. Solche Fehler der Bildung und Kulturveränderung haben Wut und Entfremdung in vielen Menschen hervorgerufen, die in ihren Schuljahren in eine Form gezwungen wurden, die ihrer inneren Weisheit nicht gerecht wurde.

Indem wir auf die Verantwortung für unsere kreative Stimme, unser inneres Wissen, verzichteten, haben wir die Realitäten manifest werden lassen, die heute solche Gefahr für den Planeten darstellen. Im Akzeptieren der Rationalität von »die« und »wir« haben wir das Konzept einer so massiven »Verteidigung« geschluckt, so daß sie jetzt das gesamte Leben auf der Welt bedroht. Und doch sprechen meine Alten so, als könnten wir die Bomben am Explodieren hindern, daß notfalls die Flugzeuge durch die Herzen einiger guter Menschen vom Himmel geholt werden könnten. Im Laufe der Jahre habe ich im Arbeiten mit Menschen erkannt, daß dies so ist. Angesichts der Zwietracht und Krankheit, des Vernichtungspotentials und atomaren »Overkills« reagiert der weise Mensch nicht mit Angst oder Wut und dem Nähren von negativen Geisteshaltungen, sondern erwidert bewußt die Energie des Friedens.

Es ist äußerst wichtig, daß der Einzelne nicht in die Rolle verfällt, sich für die Zwietracht und Unausgewogenheit auf der

Welt schuldig zu fühlen. Das wäre wie wenn ein geschlagenes Kind glaubt, es hätte die Prügel verdient, und dann die Geisteshaltung, »ich tauge nichts«, ein ganzes Leben lang beibehält; wenn der einzig wirkliche Mißstand der ist, daß das Kind in ein finsteres Zeitalter hineingeboren wurde. Wir alle haben Ursachen entstehen lassen, um in dieser Zeit hier zu sein; es ist weise, aus dem Fehler dieser Wege zu lernen und ihn abzuwenden.

Es ist die subtile Anwendung von Worten und ein tieferes Bewußtsein der Macht der eigenen Stimme, die die Umwandlung von Zorn bewirken. Es ist wichtig die Entwürdigung zu erkennen, die man als Kind vielleicht durch Erwachsene erfuhr, die nichts von der sensiblen Natur einer Blüte begriffen hatten. Es ist wichtig zu bestätigen: »Ja, das ist geschehen und ist jetzt etwas, das ich hinter mir lassen muß.« Es gibt einen Weg, Zorn zu betrachten, ohne von ihm mitgerissen zu werden. Es wäre ignorant, deine Erfahrungen zu leugnen, und noch viel ignoranter, sich darin zu verlieren. Der zur Unterscheidung fähige Mensch öffnet die Augen zur Weisheit und sieht Zorn als eine Gedankenform, eine Form, die dem Verstand entspringt und nicht der wahren Natur der Person. Man kann am Zorn festhalten und denken: »Das ist mein Selbstverständnis, das ist, wer ich bin.« Man kann im Reich des Zornes polarisiert werden (wie auch im Geiste des Eremiten oder des Hüters) und meinen, »so ist es«. Um dich vom Muster der Zornwiedergabe zu befreien, betrachte den Zorn als eine Energie. Dann kannst du die Energie betrachten, sie zur Kenntnis nehmen und wissen, daß sie Teil eines Prozesses ist, und denen vergeben, die sie ausgelöst haben und dir selber verzeihen, daß du sie angenommen hast. Zorn kann als Energiefeld innerhalb der Aura gesehen werden. Du kannst visualisieren, wie du diese Emotion zum inneren heiligen Feuer trägst und sie darin umwandelst.

Wenn du etwas fühlst, nimm es als Gefühl zur Kenntnis. Irgendwann wirst du von diesem Gefühl befreit sein und die noch unverwirklichten Möglichkeiten erkennen, das Potential deiner Natur. Nimm zur Kenntnis, daß du das Recht hast, die Wirklichkeit wahrzunehmen, das Recht hast zu fühlen, und das tust.

Zorn kann eine große Falle werden, wenn du ihn nicht achtsam angehst. Du kannst ihn als eine riesige Mauer betrachten, die überwunden werden muß. Doch hat er einen Platz in der universellen Ordnung der Dinge. Er ist nicht allzuweit von dem »hungrigen Geist« entfernt, der ausdrücken, verstehen, im Licht leben will, doch immer noch in den unwürdigen Zustand verwickelt ist, richtige Beziehungen nicht schaffen zu können.

Wenn du frei sein willst von deinem Festhalten an Zorn, wäre es weise, das Muster des Zorns in deinem Leben zu sehen. Welche Situationen waren es, die dich dem Zorn zustimmen oder ihn sammeln ließen? Wo sind die Wege der Umwandlung? Ist die Lösung Vergebung? Solltest du dir selbst und anderen mit sanften Worten schreiben: »Diese Dinge wollte ich schon lange sagen, doch war ich dazu nicht in der Lage?« Oder kannst du den Zorn besänftigen, indem du seine Auflösung einfach geistig visualisierst? Eine Entscheidung ist fällig. Sie hat viel mit deiner Natur in diesem Leben zu tun, denn jeder von uns kommt mit einem besonderen Zweck und dem Bedürfnis her, zu verstehen und zu geben. Für jemanden, dessen Pfad der des Eremiten ist, mag der Zweck sein, den Zorn zu stillen, sich davon zu entleeren. Für einen anderen, dessen Weg der des Kriegers ist, kann der Zweck darin liegen, den Zorn voll zu erkennen und ihn als Mittel der energischen Umwandlung einzusetzen. Das sind Entscheidungen, die man dem eigenen Lebenszweck entsprechend trifft.

Vielleicht findest du dich wiederholt in Mustern des Konflikts mit anderen Menschen oder den Behörden wieder. Das wäre eine Gelegenheit, dieses fundamentale Muster von Konflikt in gegenseitige Übereinstimmung umzuwandeln. Betrachte dein Muster und dann die »Schlüssel« in den anderen Menschen. Sieh, wie deine Handlungsweisen ihrer Auffassung nach eine Beeinträchtigung ihrer Rhythmen darstellen könnte. Es ist wichtig, die gegenseitigen Rhythmen zu achten und nach Wegen des einvernehmlichen Handelns zu suchen, statt feindselig zu reagieren. Statt des »Entweder/Oder« suche das »Beides/Und«. Finde heraus, wo der Konsens zwischen euch liegt und mache Platz in deinem Herzen, damit sich diese Energie bewegen kann. Das kann eine Gelegenheit sein, mehr über zwischenmenschliche Beziehungen und die Kraft der Vorstellung zu lernen. Willst du an einer Konfliktform gegenüber Autoritäten ein ganzes Leben lang festhalten? Wenn dein eigener Geist konfliktbehaftet ist, was stellt dann echte

Autorität dar? Befähige dich selbst. Erkenne das klare Licht der Wirklichkeit und deine Beziehung dazu. Vielleicht sagt ein kleiner Teil deines Geistes, »so ist es«, vielleicht aber auch dein ganzes Wesen, oder kleine Teile des Geistes von zwei Personen sagen es; das könnte der Ansatzpunkt des Durcheinanders sein. Und dennoch ist alles ein Aspekt des Geistes, also ist es besser, mit keinem anderen Ziel zusammenzutreffen als dem, sich zu verständigen.

Wenn Autorität den Hauptfaktor in deinem Leben darstellt, dann ist die hintergründige Frage eine des sich Ergebens an das große Herz des Mitgefühls, das die vielen Hände der Liebe entstehen läßt. Der Verstand ruft Verwirrung hervor, und alle Situationen sind Gelegenheiten, es zu erforschen, weshalb es besser ist, Situationen als Experimente zu betrachten und nicht auf Formen zu bestehen, denn wenn die Chance für Klarheit nicht wahrgenommen wird, kehrt die Situation immer wieder. Das ist eine Facette des Bewußtseins, die wir allzuoft vergessen. Was immer wir mit unserem Denken in Bewegung setzen, was wir über uns und unser Umfeld denken, es kehrt zu uns zurück.

Wenn wir das Gefühl haben, daß wir von Konflikt umgeben sind, dann sind wir es, denn er ist in dem Moment Teil des planetarischen Geistes. Der verändert sich auch. Immer mehr Menschen sprechen offen über einvernehmliche, sich ergänzende Realitäten. Was ist Abrüstung, wenn nicht das Abbauen von Festungen, die uns von unserer Schönheit und untereinander trennen? Hören wir also den planetarischen Geist von Abrüstung sprechen, so bedeutet das, daß individuelle Herzen und der Geist gesagt haben: »Laß mich Frieden machen, laß mich in meiner eigenen Natur Mutter und Vater zusammenbringen.« Das ist die Stimme, die auf planetarischer Ebene widerhallt und sagt: »Jetzt abrüsten!« Abrüstung fängt mit jedem von uns an.

Manchmal sehen Nicht-Indianer bei indianischen Zeremonien Dinge, die sie verwirren. Ein Medizinmann läßt die Flügel eines toten Adlers schlagen und heilt Menschen von ihren Illusionen. Wie macht er das? Sein Geist ist frei. Er weiß, daß dies ein Traum ist, und spielt seinen Part für die Mitspieler und die Betrachter. Wenn man sich des klaren Lichts bewußt geworden ist und die inneren Kanäle geklärt hat, sich jenseits der Tore von Solarplexus, Herz, Hals, Schädelbasis und

-decke bewegt, dann ist es unwichtig, was man tut, jede Handlung wird erleuchten und erleuchtet sein. Das ist der Grund, warum die Urvölker solchen Respekt vor ihren Medizinleuten haben: Sie sehen und verstehen wirklich, was diese tun. Sie wissen, daß die geweihte Person ein Hinweis darauf ist, daß auch sie den heiligen Atem in sich klarwerden lassen können. Auch wenn die Wirbelsäule gekrümmt ist, lassen sich Wege finden, um sie zu begradigen, so daß das Feuer sich richtig bewegen kann. Die gekrümmte Wirbelsäule ist nämlich eine Frage des Denkens: »Nun ja, ich weiß nicht, vielleicht.« Mit solchem Denken kannst du kaltes Wetter nicht überstehen – vielmehr mußt du aufwachen und sicher sein. Wenn du bei $-20°$ keine Handschuhe anziehst, kann es sein, daß du deine Finger verlierst.

Mit deinem Denken ist es ebenso kritisch. Wenn du nicht die Verantwortung für deine wütenden oder traurigen Gefühle übernimmst und dich nicht dazu aufrufst, dich wohl zu fühlen, schmälerst du deine Lebenskraft. Wenn dein Solarplexus mehr von der Wut- und Schmerzenergie aufnimmt, bewegt sich entsprechend weniger Lebenskraft durch deinen Körper. Nimm dir die Zeit, dich innerlich gründlich zu betrachten.

Wir wollen eine einfache Übung des Atmens und der Bewegung durchführen, um dich von den Mustern des Festhaltens zu befreien, die den Solarplexus blockieren. Du hast dabei nichts zu verlieren. Du sollst nur die Wege in dir so öffnen, daß die »Drei Feuer« aufsteigen und sich durch deine Wirbelsäule bewegen können. Es ist nicht etwas, worüber man einfach nachdenken kann. Das würde die Schwingungen zwar in Bewegung setzen, reicht aber nicht aus; du mußt es tun.*

Setz dich auf den Fußboden, den rechten Fuß auf dem linken Oberschenkel, die Hände auf den Knien. Fange an, dich zu drehen, bewege dich vom Becken aufwärts nach links in einem sanften Kreis. Ziehe die Magengegend zusammen und laß sie wieder locker. Atme tief durch die Nase ein und aus. Schiebe die Energie nicht nach unten; spüre einfach, wie deine Wirbel-

---

* Es müssen mindestens vier Stunden zwischen dem letzten Essen und dieser Übung vergangen sein. Es könnte sehr gefährlich sein und gesundheitliche Schäden verursachen, diese Übung durchzuführen, solange der Körper noch Nahrung verdaut.

säule an einem Faden hängt und sich herumdreht, wie in einer Spirale. Spüre die Sterne über deinem Kopf, spüre dich selber an diesen Sternen der klaren Einsicht hängen. Wechsle die Richtung und dreh dich in einem sanften Kreis nach rechts. Dreh dich mindestens sechsunddreißig Mal in jede Richtung. Zum Schluß sitze still, atme tief und ruhe.

Diese Übung soll Behinderungen im Solarplexus beheben und den Weg zur Klärung des Herzens vorbereiten. Laß die Gedankenformen von Zorn und Angst an dir vorbeiziehen. Laß das Tor des Solarplexus sich öffnen, so daß die »Drei Heiligen Feuer« in dein Herz steigen können.

Herz

Das Herz ist nach Auffassung der Ureinwohner Amerikas der Geist; dort befindet sich der Intellekt. Um das Herz herum sind zwei elektrische Felder, die sich immer gemeinsam drehen, das eine im Uhrzeigersinn, das andere in entgegengesetzter Richtung. Diese zwei Energiefelder sind dein Zweck, die Saat deines Lebens, dein in der körperlichen Form manifest werdender Traum, zusammengehalten durch die Energie der Leber. Das Herz ist der Balancepunkt von Himmel und Erde, ein Gefäß, in dem das heilige Feuer der Weisheit brennt. Die Erinnerung an das, was du warst und sein wirst, ruht im Herzen, wird aber auch in der Gehirnbasis festgehalten. Das Herz pulsiert ständig. Wenn der Mensch meint, »ach, ich liebe nicht, ich kann nicht lieben«, wird das Herz auf körperlicher Ebene verstopft, finden tatsächliche Ablagerungen statt. Gegenseitigkeit ist Gleichgewicht im Fluß von Geben und Nehmen.

Um Verschleierungen vom Herzen zu entfernen, rufe das klare Licht und seine Einsicht an. Spüre die sieben Sterne über deinem Kopf und ihr Regenbogenlicht, das sich um dich herum ergießt. Das Licht erfüllt und umgibt dich, durchscheint dein ganzes Wesen, alle deine Handlungen. Spüre das Licht der Sterne; atme es in dein Herz hinein, durch dein Herz hindurch. Sende es als Wellen des Mitgefühls aus, Wellen der großzügigen Umsorgung aller deiner Verwandten. Spüre jenen Zyklus der Energie, das Geben und das Empfangen.

Du mußt sehr fleißig üben. In der Lehrtradition der Urvölker gibt der Lehrer den Leuten häufig Arbeiten auf, die helfen können, Verschleierungen des Denkens zu klären. Manchmal muß ein Mensch etwas immer wieder tun und bekommt jedesmal zu hören:»Unvollständig. Versuch es nochmal.« Damit wird gesagt:»Widme dich der Sache vollständig. Bring deine gesamte Energie zum Tragen.« Ist nur ein Energiekanal oder nur ein Teil deiner Konzentration der Sache und der Handlung gewidmet, so ist es unvollständig. Wenn du an Medizinzeremonien teilnimmst, kannst du hören wie Medizinleute sagen: »Tue dies, tue es nochmal, tue es nochmal. Tue es nochmal.« Das kommt daher, weil die Person es allzu halbherzig oder mit Abneigung tat, sich zurückhielt und es immer weiter tun mußte, bis er oder sie die Abneigung loslassen konnte, bei der Handlung völlig gegenwärtig war. So viele Menschen geben auf. Es handelt sich aber um dein Leben, und du kannst nicht aufgeben. Vielleicht glaubst du, daß du es kannst. Aber sogar wenn du dein Leben beendest, wirst du jenseits der Trennung weiter an dir arbeiten müssen. Also ist es besser, es jetzt zu tun, besser die Kanäle jetzt, in deiner körperlichen Form, zu klären. Du mußt sehr achtsam sein. In dem Augenblick, in dem du spürst, daß sich ein Gedanke des Zweifelns oder des Zorns in dein Denken einschleicht, konzentriere dich auf die entgegengesetzte Energie. Du hast die Wahl, du kannst dich sicher fühlen. Fühlst du dich jedoch unsicher, so atme ein und aus und sage:»Ich atme.« Sei dir dessen bewußt. Zur Kenntnis nehmen, worin du dich sicher fühlst, baut einen Grundstock an Sicherheit auf, und wenn dann die Mäuse des Zweifels kommen, um Körner der Weisheit zu fressen, wird soviel da sein, daß sogar sie erleuchtet werden!

Eine der Schwierigkeiten, die das Herz verschleiern, ist das Vergleichen.»Diese Person tut das. Heißt das, ich kann das gleiche tun, sollte es tun? Bin ich mehr wert; bin ich weniger wert?« Das sind Fragen, die dein Herz sehr müde werden lassen. Tatsächlich verringern sie die lunare Energie, so daß du weniger Inspiration erfährst und die solare Energie immer enger wird. Dann wunderst du dich, daß du keine Energie hast. In dem Moment, in dem du merkst, daß dein Verstand

Vergleiche zwischen dir und einer anderen Person anstellt, halte an und überprüfe den Energiefluß in deinem Körper – du wirst erkennen:»Dies ist nicht gut für mich.« Gut für dich ist zu erkennen, wie wir unsere Beziehungen mit anderen gestalten, ohne in Vergleiche zu verfallen. Achte darauf, wie dein Denken gewisse Muster etabliert, wie deine Einstellungen oder vielleicht deine Verbindungen zur Vergangenheit im Moment widerklingen. Sei gewillt, die Fäden solcher Verbindungen zu durchtrennen. Vielleicht war der einzige Weg für dich, Liebe oder Aufmerksamkeit zu erhalten, der, Menschen zu belästigen, bis sie dich anschrien. Oder vielleicht war das ein Muster der Vergangenheit, weil die Menschen um dich herum keinen anderen Weg kannten, sich mitzuteilen. Es ist jetzt nicht mehr nötig. Jetzt kannst du deine reinen Gaben zeigen, ohne darauf warten zu müssen, daß andere dich zurechtweisen. Es ist dein Leben, und es ist deine Entscheidung, wie du es gestaltest. Das Feuer zur Umwandlung von Gedankenmustern und Beziehungen brennt in dir. Es liegt lediglich an dir, es anzufachen.

Kummer ist eine weitere Energie, die das Herz beeinträchtigen kann, wenn sie nicht zu einem Schluß gebracht wird. Und ein Übermaß an Kummer in den Menschen kann die Erde traurig werden lassen. Die Erde verläßt sich auf uns, Energie wiederzugeben, die Dinge im Zyklus fließen zu lassen. Wenn wir Kummer in uns behalten, unterbrechen wir den Energie-Fluß zur Erde; du fühlst dich zu voll, und die Erde ist leer. Du kannst deinen Kummer der Erde wiedergeben. Umarme einen Baum und schütte deine Traurigkeit aus. Erzähle dem Baum:»Diese Dinge sind mir zugestoßen, und ich habe mich traurig gefühlt. Ich weiß, daß das Leben weitergeht, und ich werfe die Traurigkeit beiseite.« Es ist gut, deine Gefühle zu erkennen und zu wissen,»ja, ich empfinde Kummer.« Kummer hat eine Funktion in unserer Gesellschaft, eine heilende Funktion. Damit die Vergebung stattfinden kann, müssen wir die Verletzung zulassen, um sie dann dem Fluß der Vergebung zu übergeben. Dann finden wir uns von neuem erfüllt mit Freude und Dankbarkeit für die Gelegenheit, unser Herz öffnen zu können. Daher kann Kummer ein Lehrer für dich sein. Dadurch, daß du etwas verloren hast, wird dir auch etwas klargemacht.

Was im Herzen eines Menschen vor sich geht, ist von

Bedeutung für die ganze Welt. Das Gefühl der Vergebung zurückzuhalten schließt Meridiane im Körper, beeinträchtigt deine Gesundheit und die deiner Gesellschaft und deiner Heimat, der Erde. Also ist die Fähigkeit zu Verzeihen sehr wichtig. Sie ist eine der ersten Gaben des spirituellen Pfades, die wir annehmen müssen: der Becher mit dem süßen Wasser der Vergebung. Erneut Freundschaft schließen ist so kostbar.

Halszentrum

Drei Feuer bewegen sich durch die Wirbelsäule. Das Herz wird klar und legt seine Ängste beiseite, läßt die Gedanken anderer los. Die Feuer steigen zum Halszentrum, einem weiteren Tor. Für viele Menschen ist es etwas Neues, die Macht der Stimme anzuerkennen, zu wissen, daß man bejahen und sagen kann:»So wird es sein.« Beten, singen und Affirmationen laut sprechen ist daher sehr wichtig, denn durch das Halszentrum wird das,was du denkst, manifest. Aus dem Licht, dem Klang, kam alles hervor, was wir wissen. Der Klang deines Wortes, der Klang deines Denkens, geht hinaus in die Welt und kehrt zu dir zurück als deine Wirklichkeit.

Die Kraft der Affirmation ist ein Weg, Behinderungen der Stimme zu klären, wie auch die Selbstverpflichtung, so wahrheitsgetreu zu sprechen, wie nur möglich. Wenn du sagst, du wirst es tun, dann tust du es, so gut du nur kannst. So gewinnst du immer mehr an Stimmeskraft und immer mehr an Lebenskraft. Die Stimme singt hinaus:»Ich bin, was ich bin. Ich schaffe einen Traum der Schönheit; Schönheit davor, Schönheit dahinter, Schönheit rundherum.« Das wird mehr und mehr die Wirklichkeit, und der Zweifel, der dem Sprechen von Wahrheit im Wege steht, wird immer geringer. Die Möglichkeiten in einer schönen und wohlbringenden Weise zu sagen, was ist, werden ständig größer.

Deine eigene Stimme finden bedeutet nicht, andere Stimmen weniger zu achten. Vielmehr ist das Finden deiner Stimme das Wahrhaben und Hervorrufen von Schönheit. Laß deine Stimme klar sein, damit du eine Vision von Frieden und Harmonie keimen lassen kannst, damit sich der Geist der Weisheit in all deinen Handlungen verwirklicht und damit sie den Kreis umwandern möge und wiederkehrt, so daß alle deine Verwandten erleuchteten Geist wahrnehmen, die Klarheit des großen Lichts in seiner Immensität. Schon ein kurzer Blick darauf genügt, um Menschen zum richtigen Kurs zu bewegen.

Gehirnbasis (Medulla)

Die Feuer der Wirbelsäule steigen nun hoch zur Gehirnbasis, wo die Vernebelungen der Vergangenheit, dem frühen Teil dieses Lebens und anderer Leben dich zurückhalten könnten. Viele Menschen schaffen es nicht, weiter als bis zum Herzen zu kommen. Wenn in dieser Zeit der Geist zum Hals vordringen kann, ist das großartig für die Menschen − mit etwas Saat in Form erleuchteter Menschen wird er ganz durch die Erde ziehen. Was immer du also tun kannst, tue es jetzt. Und die Gehirnbasis klar zu machen ist ein kraftvoller Schritt vorwärts auf dem Wege der Schönheit.

Viele Menschen reagieren in ihren gegenwärtigen Beziehungen aus früheren Leben heraus, sind noch immer behaftet mit dem Zorn oder der Angst anderer Lebenserfahrungen. Wie können solche alten Muster geklärt werden? Konzentriere dich auf das violette Unendlichkeitszeichen ∞ im Gehirnbasiszentrum. Sieh das Licht, wisse, daß das, was auch geschah, geschehen ist. So ist es. Was im Jetzt ist, ist klares Licht; es gibt keinen Grund, jene Gedanken des Zweifels oder der Vergeltung zu nähren. Sieh alles in diesem Moment. Im Prozeß der Klärung der Gehirnbasis werden dir viele Dinge einfallen, und das ist gut so. Nimm sie einfach hin, ohne davon betroffen zu sein; sie sind kein Grund zur Aufregung. Sei dir nur sicher, daß du jene Muster nicht in dieser Zeit wiederholst.

Schädeldecke

Etwas höchst Wunderbares geschieht in jener Klarheit des Nichtfesthaltens an dem Leiden der Vergangenheit. Es gibt ein großes Summen, und jede Art von Energie wird im obersten Teil des Kopfes spürbar. In der Handhabung der Tsalagi bildet sich in der Schädeldecke eine tatsächliche Mulde, die

Flüssigkeit abgibt. Es gibt auch andere Stellen am Kopf, die Flüssigkeit abgeben. Daran erkennt ein Lehrer, daß du eine gewisse Ebene der Einsicht oder Realisierung erreicht hast. Man kann dem Lehrer sagen:»O ja, ich verstehe, ich habe es begriffen.« Dann sagt der Lehrer:»Komm her, laß mich deinen Kopf fühlen. Er ist noch immer hart. Mach ihn weicher. Laß das Licht hinein.«

Abschließend sage ich dir, achte auf deinen Atem. Sei dir bewußt, daß er die »Drei Heiligen Feuer« anfacht, die ständig in deiner Wirbelsäule brennen. Wisse, daß du in diesem Körper, in diesem Leben Erleuchtung erlangen kannst, indem du jene Kanäle, die deinen Körper durchziehen, klar werden läßt, indem du auf deine Gedanken, Worte und Handlungen achtest, indem du mit Großzügigkeit, Mitgefühl und Geduld handelst – und indem du sehr hart an dir arbeitest.

Vieles glänzt in dieser formerfüllten Welt. Da ist der Glanz von Position und Status; der Glanz von Fülle oder Entbehrung, der Glanz von Gesundheit oder Krankheit; verschiedene Arten, sich an einem kritischen Punkt in der Spirale verfangen zu können. Alles ist ein Bewußtseinsfeld in Bewegung. Welche Beziehung wir zu diesem Bewußtseinsfeld haben, ist eine Frage der Disziplin. Die Entwicklung von wählerischer Weisheit ist ein Prozeß, der nur in dem einzelnen Menschen selbst stattfinden kann. Wir können das Wissen um Techniken und Praktiken miteinander teilen, aber der Vorgang ist eine Sache deines Willens und deiner Hingabe.

Welche Sache wirst du schaffen? Wirst du die Welt im Sinne sich ergänzender Kräfte sehen, die sich im Gleichgewicht halten? Mutter–Vater, yin–yang, Sonne–Mond: Sie sind die Elemente der Schöpfung, aus ihnen geht Form hervor. Die »Drei Heiligen Feuer« – Wille, Liebe (die Weisheit ist) und aktive Intelligenz – sind die Formgeber, durch die sich der Weg der Schönheit in uns entfaltet.

Die Macht der Stimme, das ist die Macht des Willens. Sie ist die Macht des Geistes, eingestimmt auf die heilige Harmonie, das heilige Gesetz. Der Quarzkristall ist sechseckig und hat manchmal eine zusätzliche Facette; das ist das Gesetz des Kristalls. Ein Mensch hat zwei Arme, zwei Beine, einen Kopf und sechs Sinne; auch das ist ein Gesetz. Und es ist Bestandteil des Gesetzes, daß nicht manifestiertes Potential Form annehmen wird in Übereinstimmung mit den heiligen Prinzipien des Willens, der Liebe und der aktiven Intelligenz. Formgeben, die Suche nach Ordnung durch harmonisches Zusammenspiel, ist eine Beziehung. Unser Denken schafft unsere Umwelt und unsere Beziehung zu dem, was wir zur Form gebracht haben. Wissen entsteht durch die wiederholte Erfahrung dessen, was geschieht, was richtig ist. Wir atmen ein, wir atmen aus. Das wissen wir. Die Augen nehmen Licht wahr, die Ohren Klang. Durch Erfahrung können wir sagen, wir wissen. Das Gefühl des Herzens, das Wissen durch Hingabe, berührt werden von der intuitiven Reflektion der idealen Form, das ist ein Weg des Wissens. Durch andauernde Übung zu begreifen, durch regelmäßiges Singen und Beten, das ist ein weiterer Weg des Wissens. Alleine durch Sprechgesang können wir die Welle der Harmonie erneuern, denn der Ton trägt die Energie der Umwandlung.

ZORN UMWANDELN

Ich möchte eine einfache Übung mit dir teilen, um den Geist zu untersuchen, um zu sehen, wo Saat des Zorns sein könnte, sie umzuwandeln und dem Feuer zu übergeben. Der weise Mensch ist auf die Fülle des Lebens eingestimmt und erkennt, daß Zorn lediglich ein Aspekt davon ist. Kein Schuldgefühl, keine Scham, nur eine Emotion, die nicht unsere wahre Natur ist.

Spüre, wie sich das Licht spiralartig in dir bewegt. Sei dir des inneren Auges in der Mitte deiner Stirn wie deines Herzens bewußt, dem Kopfzentrum und dem Licht. Spüre dich selbst als Licht. Während du dich mit dem Licht befaßt, bewege dich in dich selbst. Bei der Bewegung kannst du einer jener Basisenergien begegnen, die den Menschen von der vollständigen Erleuchtung abhalten können. Laß uns solche begrenzenden Gedanken wahrnehmen und sie im klaren Licht der Wirklichkeit zu Vergebung umwandeln. Sieh die begrenzenden Gedanken des Verstandes, die Gedankenformen des Zorns in deinem Leben. Laß deine Weisheit durch sie leuchten, verfolge den Strom deiner Erfahrungen zurück, bis du die reine Saat deines kreativen Potentials siehst, die in dem Durcheinander versteckt sein mag. In deinem inneren Auge denke zurück an den Moment, als die kreative Energie blockiert oder verdeckt wurde. Geh dahin zurück und entferne die Hindernisse, laß den Strom der Weisheit fließen, dein kreatives Potential von der Welt des Zorns befreien. Bejahe:»Ich bin, was ich bin. Ich spreche die Wahrheit aus meiner Erfahrung. Ich realisiere meine Vision der Schönheit.« Bring zum Licht des klaren Bewußtseins die Energie, um das umzuwandeln, was in der Vergangenheit eine Ursache der Entwürdigung war, in der Gegenwart Kummer bereitet und dir Angst macht, in die Zukunft zu gehen. Laß uns aus unseren Lichtkörpern den Gedanken, das Bedürfnis ausmerzen, was Zorn und das Rufen nach Vergebung schafft. Sing den Herzgesang, laß Gedanken der Vergebung von deinem Herzen und deinem ganzen Wesen ausgehen. Siehe alle deine Verwandten und Freunde von diesem Licht umgeben.

Viele Gebete der Ureinwohner enden mit den Worten,»alle meine Verwandten«, was bedeutet:»Möge das Gute, die Schönheit in all meinen Verwandten verwirklicht werden durch alles, was lebt, läuft, fliegt, schwimmt oder kriecht.« Ah ho, es ist so.

Magst du weiterhin in dir die Weisheit der Ausgewogenheit suchen und kultivieren? Erkenne, daß aus der Leere Form hervorgeht, und laß dich einstimmen auf das klare Licht ihrer Entfaltung. Die Gelegenheit des menschlichen Lebens führt zur Fülle der Erleuchtung. Laß uns uns selbst erkennen, unsere eigene Energie, wie wir denken und fühlen, und in uns jene Gedanken kultivieren, die unsere Evolution am meisten fördern. Laß uns die Gaben der Liebe anerkennen. Laß uns das Licht des klaren Geistes kultivieren.

HE! HAYUYÁ HANIWÁ.
IN WAHRHEIT WURDEST DU GEZEUGT.

Erdmandala: Die Lehre des Sichelmondes

Auf dem Altar des Herzens ist ein Sichelmond, das Symbol des Lebenspfades, den alle Wesen gehen. Er ist Teil des Kreises. Die sichtbare Sichel stellt unseren Verbleib im Reich der Formen dar, die andere Hälfte des Kreises repräsentiert das formlose Reich.

Als ich klein war, machte mein Vater diese Form aus Erde und sprach zu mir über die Gabe des Lebens. Dieses ist die Lehre des Erdmandalas, des Sichelmondes.

Als er mir die einfache, aus Erde gemachte, Form zeigte, sagte mein Vater: »Dieses ist der Pfad, den alle Wesen gehen. Welcher Nationalität wir auch sind, wo immer wir auch hergekommen sein mögen, wir alle wurden von einer Frau geboren, wir alle gehen den Weg des Lebens, und wir alle verlassen ihn durch das Tor.«

Das Tor führt uns wieder in die Leere, in das Mysterium, aus dem wir kommen. Jedes Wesen kommt in das Reich der Formen, in das es durch sein Verlangen, den Wunsch zu sein, gezogen wird – durch das Tor der Geburt aus der Leere. Die Geburt ist die Spitze der Sichel, die einen auf den Lebensweg setzt; und der Pfad führt über die Sichel und bildet so den Kreis.

Wir wählen eine Familie, in der unsere Gaben erblühen können, durch die wir den Zyklus des Lernens vervollständigen können. Bereits, wenn wir noch in unserer Mutter sind, beginnen wir, unsere Familie um uns herum zu hören und zu spüren. Während der Zeit im Mutterleib spürt der junge Mensch bereits die Qualitäten des Geistes seiner Eltern und fängt an, einen Elternteil sehr zu lieben und den anderen weniger. Knaben lieben ihre Mutter über alles, und bei Mädchen bildet sich die geistige Verbindung zum Vater hin. Dort also beginnt der Tanz der Sonne und des Mondes. Wenn sich das Kind im Leib der Mutter bewegt, erfährt es ihre Gedanken und reagiert auf die, die andere Menschen auf die Mutter richten. Aus diesem Grund ist es sehr wichtig, daß werdende Mütter liebevoll unterstützt werden und daß ihr Umfeld weitestgehend von Zorn frei bleibt.

Die Zeit, in der eine Frau ein Kind in sich trägt, ist äußerst kostbar, wie auch das Geschenk des Elternwerdens. Wir hören immer die Geräusche von Kindern in der Gemeinschaft. Die Säuglinge halten uns immer auf Trab. Jeder von uns fing einmal so an. Wir kamen ohne Kleidung und ohne Besitz. In unseren Herzen haben wir lediglich das Geheimnis der Schöpfung und eine Gabe, die wir unserer Familie, Freunden, unserem Land und dem Planeten anbieten.

Das erste Lächeln des Kindes ist ein wunderbarer Moment, denn dabei geht es aus sich heraus und erkennt seine Verwandten. Das ist für die Familie eine Zeit des Feierns und Beschenkens. Geschenke werden jenen alten und weisen Menschen erbracht, von denen man hofft, daß sie dem Kind beratend zur Seite stehen werden. Wenn das Kind drei wird, ist das ein weiterer Grund zu feiern. Danach ist der Zyklus vom siebten Jahr bis ins Alter von vierzehn, dann einundzwanzig, achtundzwanzig; und eine besondere Feier wird abgehalten, wenn der Mensch Enkel bekommt und einundfünfzig wird.

In den ersten drei Jahren des Lebens lernen wir Kommunikation verstehen und die Macht der wahrheitsgetreuen Stimme. Auch lernen wir, harmonisch mit unseren Verwandten zu leben. In den ersten Jahren des Lebens beginnen gewisse Eigenschaften, erkennbar zu werden. Diese Charakterzüge sind Zeichen der speziellen Begabungen des Kindes. Sie werden im Heranwachsen zunehmen und sich entfalten.

Das Kind ist ein wunderbares Geschenk und ein wunderbarer Moment im Leben. Die meisten von uns lernen das Krabbeln, bevor wir richtig gehen können. In den frühen Jahren bilden wir gute Beziehungen zu unseren Eltern und unserer Familie, und ein Kind kann sich glücklich schätzen, wenn es eine ausgedehnte Familie hat, in der es leben kann. Wir machen dann weitere Fortschritte. Und wenn wir sechs Jahre alt sind, ist unsere Sprache bereits sehr klar. Wir sind fähig, die Wahrheit zu sagen und zu verstehen, was gut ist. Auch haben wir bereits eine Vorstellung von den Gaben, die wir unserem Freundeskreis anbieten können. Mit sieben sind wir in unserem Körper ganz gegenwärtig. Unser Potential zu sein ist nun in der Erde verwurzelt. Ein Mensch benötigt sieben Jahre, um ganz in den Körper einzuziehen.

Wir gehen unseren Weg, und in den Jahren zwischen sieben und zwölf lernen wir, mit einer erweiterten Gruppe von Menschen umzugehen. Auch haben wir bis dann einiges über die Erhaltung eines gesunden Lebens gelernt. Wir lernen, daß unser Handeln zu uns zurückkommt. Auch lernen wir, miteinander zu spielen und zu arbeiten, was die Basis des Rests unseres Lebens bildet.

Im Alter von zwölf bis vierzehn spüren wir in uns das Rühren der Energie des Südens, die Gabe der Fortpflanzung, deren Saat die Großmütter des Südens tragen, wie auch jeder von uns. Die Saat des Lebens beginnt aufzublühen, damit auch wir Eltern unserer eigenen Wirklichkeit werden mögen. Dies ist eine kostbare Zeit. Wenn ein Mädchen die Reife erlangt, ist das eine Zeit der Ehrung, wie auch, wenn der junge Mann seinen Lebenszweck deutlich erkennt.

Nun gehen wir etwas weiter, stärken unseren Körper und unseren Geist, so daß wir dem Volk und dem Land von Nutzen sein können. Dann erreichen wir das Alter von einundzwanzig, wo wir unsere Gaben bereits verstehen und sie teilen möchten. Mit einundzwanzig steigt aus dem Osten der Wind der Inspiration auf, der uns dazu anregt, unsere Gaben hervorzubringen. In diesem Alter sind wir sicher: »Dieses weiß ich, dieses habe ich anzubieten, und jenes muß ich tun, um eine Gabe noch wirklicher werden zu lassen.«

Wir gehen weiter am heiligen Rad des Lebens entlang, bis wir den Ort erreichen, wo wir unsere andere Hälfte erkennen, »der Mensch, der daneben sitzt.« So heißt der Ehemann oder die Ehefrau. Wir beginnen, unseren Freund und Partner auszumachen. Jeder von uns hat die Energien von Mutter und

Vater in sich und auch den Wunsch, wieder die Hand jenes Sternenpartners zu halten, der Person, die den Traum mit uns begann.

Wir verbinden uns, bringen Kinder hervor und bemühen uns, eine Umwelt der Schönheit und des Friedens zu schaffen. Jede Familie will ein eigenes Heim haben, und jeder wünscht sich ein Leben in guten Beziehungen. Die frühen Jahre der wachsenden Familie dienen ihrer Stärkung. Das ist ein sehr heiliger Zeitraum. In dieser Zeit obliegt es den Eltern, einander mit Liebe anzusprechen und sich nie mit Ärger im Herzen schlafenzulegen, um die Leben der Kinder nicht mit Zorn zu verfärben. Kinder haben ist also eine Gelegenheit zu dienen. Auch ist es eine Verantwortung und eine Pflicht, schöne Wesen zum Wohle des Landes und der Nation hervorzubringen.

Im Alter von einundfünfzig gelten wir als erwachsen. Es erfordert so viel Zeit, um damit zu beginnen, die Mysterien in uns zu verstehen. Mit einundfünfzig verstehen wir Ursache und Wirkung, und unsere Stimme erhebt sich klar. In diesem Alter können wir zum westliche Tor hinsehen und entscheiden, welche negativen Gedanken und Einstellungen hinausgeworfen werden können, so daß wir einen Gesang des Friedens und der Harmonie für alle Menschen anstimmen können, um allen ein Leben ohne Angst zu ermöglichen. An diesem Punkt im Leben entscheiden wir: »Werde ich weitermachen zum Wohle der Familie, des Klans, der Nation und des Planeten?« In diesem Alter widmen wir uns dem Hervorbringen von Schönheit in allen Menschen und werden vielleicht auch Großeltern. Mit einundfünfzig sind wir nach der Tsalagi-Tradition Erwachsene.

Das Potential des menschlichen Lebens beträgt insgesamt 127 Jahre. Das ist die Gabe, die unser Erbgut enthält. Wenn wir den Weg der Schönheit in Harmonie beschreiten, wenn wir unsere Beziehungen zueinander klar halten, wird die Lebenskraft nicht vermindert und man kann den Weg 127 Jahre lang gehen.

Während wir den Pfad des Lebens gehen, beginnen wir gewisse Qualitäten der Richtungen zu erkennen, die uns helfen, unser Bewußtsein zu verfeinern und zu klären. Vom Norden her fangen wir an, die Ursachen und Wirkungen unseres Handelns zu sehen. Im Norden sehen wir die Reinheit des klaren Geistes. Die Büffelfrau und ihre Weisheit, ihre Gabe der guten Beziehungen kommt zu uns allen. Der Norden spiegelt klar die Weisheit der Dinge so wie sie sind wider. Wenn wir dann weiter um das Medizinrad gehen, steigt im Osten die Sonne auf. Auch aus der dunklen Leere der Nacht steigt sie empor, um die Chancen und die Schönheit des Lebens zu erleuchten. Im Süden keimt die Saat der Erneuerung. Dort verstehen wir, was es bedeutet, die Saat der guten Sache zu pflanzen, klare und starke Beziehungen zu bilden. Und im Westen lernen wir vom »Tanzenden Bären«, wie wir Zweifel und Angst beiseite tun können, damit wir für alle unsere Verwandten ein wahrhaftiger Freund sind.

Also ist dies eine einfache Lehre. Und auf diese Weise lehrte mir mein Vater die Gabe des Lebens, wie es ihm seine Mutter und sein Vater gelehrt hatten.

Als wir klein waren und fragten: »Warum kann der oder die das tun und ich nicht?«, oder: »Warum ist das so?«, berief man sich auf die Lehre des Sichelmondes. Gelegentlich wurde der Mond auf den Fußboden der Hütte oder draußen auf die Erde gezeichnet, damit wir darüber nachdenken konnten, die Schönheit der verschiedenen Lebensphasen wirklich zu verstehen. Die schönste Lektion, die uns unsere Alten lehrten, war die, nichts zu überstürzen, zu wissen, daß alles zu seiner Zeit erblüht und jeder von uns eine einzigartige Blume ist und nicht erwarten kann, daß das Blühen zur gleichen Zeit bei einem anderen stattfindet. Es gab gewisse Gemeinsamkeiten, wie z. B., daß ein Siebenjähriger Muskelkraft besaß, die ein Dreijähriger nicht hatte. Doch kann ein dreijähriges Kind sehr agil sein, während ein anderes eher zurückhaltend ist. Uns wurde gelehrt, solche Unterscheide zu respektieren. Durch unsere erweiterte Familie floß das Blut vieler Rassen und Völker, und die Kinder waren wirklich ein buntgemischter Garten einzigartiger, kostbarer Blüten.

Jede Nation hat eine eigene Beschreibung des Ganges durchs Leben. Dennoch wissen wir alle, daß wir nackt und besitzlos hierher kamen und auch so fortgehen werden. Der größte Reichtum, den wir erfahren können, ist gute Kameradschaft, gute Freundschaft. Du kannst sie mitnehmen in die nächste Welt, in das Reich des Unsichtbaren. Und je größer die Freude und guten Beziehungen sind, die wir in unserem Leben geschaffen haben, um so länger können wir in jenen leeren, stillen Regionen verweilen. Oder vielleicht entscheidet man sich dafür, immer wieder schnell zum »Heiligen Reif« zurückzukehren, bis alle Familien und Freunde sich in guten Beziehungen befinden.

So ist diese Lehre des Sichelmondes etwas sehr einfaches, und ich bete dafür, daß sie dir von Nutzen sein möge. Die Botschaft des Medizinrades an uns alle ist, daß wir den Kreis des Lebens beschreiten mögen. Seine Anwendung ist eine Erinnerung an die Heiligkeit der Schritte des Weges, und daß wir darauf hoffen können, in gewissen Stadien unseres Lebens Verständnis und Weisheit zu erlangen. Im Medizinrad sehen wir in jeder Handlung und in jeder Phase unseres Lebens verdeutlicht, daß wir eine Beziehung zur Erde haben, daß wir einen Weg gemeinsam mit anderen gehen. Jeder Mensch ist geboren, und jeder Mensch stirbt. Das verbindet uns als Menschen. Also ist das Mandala des Medizinrades wie eine Straßenkarte. Es läßt unseren Weg etwas deutlicher werden, wenn wir die Wegweiser des Lebens sehen.

Magst du diese Lehren in deinem Leben zum Wohle aller Menschen anwenden?

Meine Großeltern und Großtanten besaßen kraftvolle Mittel, um die Beziehungen von Geist, Verstand und Körper auszudrücken. Die drei am häufigsten angewendeten Analogien lauteten:

1. *Der Körper ist ein Gewand, zusammengehalten durch Verlangen, Gedanken und Handlungen;* der Stoff ist eine Gabe der »Drei Alten-Feuer im Himmel«, der dreifaltigen Natur des Göttlichen, das sämtliche Form erschafft.

2. *Der Körper ist ein Tempel, in dem das heilige Feuer der Weisheit brennt.* Der Altar besteht aus mitfühlenden und großzügigen Handlungen. Die Stufen zum Tempel, Stadien des Lernens in diversen Phasen der eigenen Entwicklung, werden manchmal so beschrieben:

   a. Wunsch nach Geburt oder Absicht.
   b. Bewegung – das erste Rühren im Mutterleib.
   c. Das Träumen der Beziehung zur Familie.
   d. Geburt.

e. Das erste Lächeln.
f. Erste Worte und Lachen.
g. Krabbeln.
h. Laufen.
i. Das Gefühl, dem Kreis anzugehören; Formannahme grundlegender Tendenzen (mit drei Jahren).
j. Freundschaft (mit sieben Jahren).
k. Großzügigkeit.
l. Fertigkeiten entwickeln; Lernen, Ansammeln (mit vierzehn Jahren).
m. Kultivieren; Saat pflanzen, Familie gründen (mit einundzwanzig Jahren).
n. Ernten mit anderen; gemeinschaftliche Gärten teilen (mit achtundzwanzig Jahren).
o. Aufbau von Familie und Gemeinde.
p. Das Teilen von Lebenserfahrungen im Ältestenrat und als Lehrer der Kinder (mit einundfünfzig Jahren und danach).

Die Steine des Tempels bestehen aus Elementen, die von den »Alten-Feuern im Himmel« gestaltet und geformt wurden, und werden von dem Mörtel der vier Schnüre zusammengehalten, die alle Reiche miteinander verbinden. Der Altar wurde als zwei Dreiecke beschrieben, deren Spitzen sich berühren und die Weisheit darstellen, und die überlagert waren von dem Sichelmond, dem Symbol des Lebenspfades, den alle Wesen gehen.

3. *Der Körper ist vom Schöpfer geformter irdener Ton, der den Lebensatem erhielt, die Welle, die den Geist trägt.*

Das Weben einer Schärpe oder eines Teppichs war eine Gelegenheit, uns Kindern beizubringen, wie Fasern des Denkens miteinander verwebt werden, um etwas schönes herzustellen oder etwas, was aufgrund von mangelndem Geschick oder unklarer Absicht fehlerbehaftet ist. Was mit den Händen geschaffen wurde, galt als Spiegelung der Schönheit oder Verwirrung des Erschaffers. Es wurde erzählt, daß »Schnüre« aus je sieben Fäden unsere Körper zusammenhielten. Drei Hauptschnüre innerhalb der Wirbelsäule verbinden uns mit dem Himmel und der Erde. Von ihnen gehen strahlenförmig einundzwanzig Fäden durch den Körper als Bahnen für Blut und Plasma aus. Durch den Nabel treten fünf Schnüre von der Erde in den Körper, die fünfunddreißig Fäden enthalten und fünf Organsysteme nähren (Leber, Herz und Dünndarm, Lunge, Magen und Milz, Nieren und Knochen). Jeder dieser Fäden besteht zusätzlich aus drei plus vier Fäden, die miteinander verwunden sind. All diese Fäden reorganisieren sich ständig in Anpassung an unsere Gedanken und Handlungen. In der Weltanschauung der Tsalagi beginnt das Leben in Schönheit. Unsere Gedanken und Handlungen können jedoch zwieträchtig sein und uns somit Disharmonie bescheren. Der Teppich der Schönheit kann aber durch Reue und Reinigung sowie der Entwicklung von klarem Denken und Handeln neu gewebt werden.

Wenn der Vergleich des Körpers mit einem Tempel zum Ausdruck kam, wurde immer die Erhaltung des Feuers der Weisheit auf dem Altar betont. Zwieträchtige Gedanken und Handlungen behindern das Brennen des Feuers der Weisheit, indem sie die Wege des Windes beengen oder die Asche unreiner Handlungen auf die Feuerstelle schütten.

Jeder Stein des Tempels stellt zuträgliche Gedanken oder Handlungen dar. Unangebrachtes Handeln läßt den Mörtel der Beziehungen schwach und brüchig werden. Also ist die Stabilität des Tempels – und die des Körpers – das Ergebnis von harmonischem Denken und Handeln. Es hieß, daß 127 Jahre die Lebenserwartung derer sei, die in Schönheit gehen.

Die Geschichte der Menschen aus rotem Ton wurde Kindern oft als Erklärung für das Phänomen der Geburt erzählt. »Der, der den Atem macht« blies in die Tonfiguren und gab ihnen so Leben und Geist. Durch diesen Atem sind alle Wesen miteinander verbunden; der Atem, der den heiligen Geist enthält, durchzieht alles. Dies diente uns Kindern als Erinnerung daran, kleine Lebewesen mit Güte zu behandeln, da wir mit dem einen Atem verbunden waren.

Das Geschenk des Körpers durch Massage, Leibesübungen, Tanz und Kräuterpräparate zu pflegen war täglicher Teil unseres Lebens. Die erste Lektion bestand darin, den Körper zu durchatmen, so wie sich der Wind durch das Laub des Baumes bewegt, den Bauch mit Atem zu füllen, damit die Essenz der Nahrung der Mutter Erde, die durch den Nabel einging, richtig »gekocht« werden konnte und ihre kräftige Energie für

Geist und Körper freisetzte. Der Bauch galt als Kochtopf, der von der Erdenergie beheizt wurde. Gesang und Tanz waren Mittel, durch die vollständiges Atmen gelehrt wurde.

So wie Rauch spiralenförmig aufsteigt und Blätter in Spiralen tanzen, öffnen Spiralbewegungen der Gelenke (Schultern, Finger, Taille, Hüften, Knie und Sprunggelenke) die Entlüftung der Wirbelsäule, so daß die »Drei Feuer« hell brennen können. Atem, Wasser und Nahrung sowie innere und äußere Bewegung halten den Körper in Harmonie.

Wenn ein Kind geboren wird, massieren es die Großeltern, bewegen sie sanft die Finger, die kleinen Gelenke, dann die größeren der Arme, Schultern, Zehen, Fußknöchel, Knie und Hüften, streichen dann behutsam über den Rücken, die Beine, die Brust in Richtung Herz, damit sich das Potential des Kindes verwirklichen möge und sein Geist voll gegenwärtig ist.

Während das Kind heranwächst, wird es von der Mutter oder älteren Geschwistern getragen und nimmt immer am Familiengeschehen teil. Kinder sollen bei allem mitmachen, doch wird gegen Weinen der Mund festgehalten oder gestreichelt. Das Kind lernt bald, auf anderen Wegen Aufmerksamkeit zu erregen, durch Lachen oder dem Winken mit Spielzeug. Die Tsalagi und andere Stämme sind der Auffassung, daß lautes oder ungestümes Verhalten den Menschen zu selbstbezogenem Handeln neigen läßt. Deshalb werden Kinder ermutigt, subtilere Mittel der Kommunikation und Versorgung zu entwickeln. Dadurch, daß sie an allem teilnehmen, was geschieht, sprechen Tsalagi-Kinder oft sehr früh.

Gegenstände werden von den Zimmerbalken gehängt, mit denen ganz kleine Kinder spielen können. Glöckchen, Knochen und Spiegel an Schnüren fördern die Koordination zwischen Auge und Hand und die Entwicklung der Muskeln. Die Kleinen lernen, Puppen und Spielzeug aus Gartenerzeugnissen zu machen – Kürbisse werden Rasseln, aus Maiskolben werden Puppen, vertrocknete Äpfel werden zu Gesichtern alter Menschen. So wird die Natur und werden alltägliche Aktivitäten als Quellen der Freude erlebt.

Wenn Kinder laufen gelernt haben, sind sie eingeladen, an Tänzen teilzunehmen und Trommeln und Rasseln zu spielen. In dieser Zeit fingen unsere Großeltern an, uns diverse Übungen zur geistigen, körperlichen und spirituellen Entwicklung beizubringen. Wir wurden aufgefordert, den Wind nachzuahmen, der durch den Himmel, die Bäume und über das Wasser wehte. Damit kamen gemeinsame Bewegungen der Spiraldrehungen auf; unsere Versuche, den Wind nachzumachen, brachten ein hohes Maß an Geschmeidigkeit mit sich. Das Nachahmen von Vögeln, Rehen, Fischen oder was uns sonst begegnete, war ein Weg, die eigenen Fähigkeiten festzustellen. Wenn wir dieses Spiels müde wurden, kamen unsere Alten herbei und führten uns ein Lied vor, das zu gewissen Bewegungen paßte. Manchmal forderten sie uns auf, einen Besenstiel mit beiden Händen zu halten und darüber zu springen. Das zu tun erforderte beherrschtes Denken, flinke Füße und das Gleichgewicht eines Vogels.

Unsere Spiele wurden Opfergaben an die Adawees der Richtungen. Wir selbst wurden zu den Winden und dem Regen, die der Erde zugute kamen. Auf den Flügeln der Phantasie segelten wir als Wolken, die der Erde süßes Wasser brachten. Diese Bewegung wandelte die Sicht des Kindes um in eine Sicht des offenen Himmels.

Bewegung selbst ist Umwandlung. Die Weisheit des Körpers wird manifest durch Aktivität. In der Handhabung der Tsalagi beginnt jede Bewegung mit dem Atem, in der Wirbelsäule, und zieht sich spiralenförmig von innen nach außen.

In der Weltanschauung der Tsalagi ist alles gut, alles ganz. Heilung ist eine Frage des Erinnerns an die Ganzheit und der Reinigung des Körpers, so daß sich der Geist vollständig in diesem Tempel manifestieren kann. Der Eckstein, der Fußballen, ist sehr wichtig. Den meisten Amerikanern wurde beigebracht, auf den Fersen zu gehen, aber dann wird man nicht wirklich von Mutter Erde genährt. Wenn man zuerst mit dem Fußballen auftritt, wird der Körper gestützt und ein Heben von der Hüfte aus findet statt. Viele unserer spielerischen Tänze, wie die Grastänze und auch heiligere Tänze, beginnen auf dem Fußballen, und grazil folgt man den Trommeln und Rasseln: Zehen, Ferse, Zehen, Ferse. Der Tanzschritt verleiht einem ein Gefühl der Unbeschwertheit und von »Hügel-und-Tal«. Man fühlt sich flink und still, wenn man so tanzt. Gelegentlich bemerkte meine Tante Hattie: »>Der-und-der‹ geht auf den Fersen, als wolle er die Welt beherrschen.« Sie hielt Menschen, die hart mit den Fersen auftreten, für gefährliche, böse Leute. Sie sagte, je lauter der Schritt, um so größer die Unausgewogenheit; je lauter die Stimme, um so schwächer der

Mensch. Also waren wir in unserem Tanzen und Singen bemüht, Harmonie miteinander und mit der Erde zu erhalten, setzten unsere Füße sanft auf die Erde, um keine Narben zu hinterlassen.

Das harmonische, durch Atem genährte, Fließen sichert den andauernden Fluß von Orineida, manchmal als Nuwati beschrieben. Orineida ist »der subtile Geist, der alle Dinge vereint«; Nuwati ist »die heilige Medizin, die alle Dinge durchdringt.« Atem ist der Wind, der die Feuer in unseren Körpern anfacht, damit gesunde Aktivitäten hervorkommen mögen.

Uns wurde beigebracht, besonders darauf zu achten, mit dem rechten Nasenloch Energie und mit dem obersten Teil des Kopfes Atem zu sammeln. Wir wurden gehalten, beim Tanzen aufzupassen, wie Energie durch die Fontanelle herabsank bis durch den Fußballen. Erst befreien wir das linke Nasenloch von angesammeltem Wirrwarr oder Schleim, dann danken wir der Erde und dem Himmel mit jedem Atemzug. Die rechte Hand und der rechte Fuß geben, die linke Hand und der linke Fuß nehmen entgegen – einatmen, ausatmen, der Atem wärmt das »Gute Herz«, so daß unser Handeln zum Wohle von Familie, Klan, Nation und Land sein möge.

Der Nabel bildet unsere Basis, denn durch ihn wurden wir im Mutterleib genährt, und durch ihn nährt uns die Erde immer noch. Während wir die Energie des Planeten erhalten, geben wir auch etwas wieder. Fünf Qualitäten, fünf Lüfte dringen im Bereich des Nabels ein. In den Lehren der Ureinwohner Amerikas ist Holz das Fundament. Der wohlintegrierte Mensch ist wie der festverwurzelte Baum, dessen Zweige sich frei bewegen.

In der Tsalagi-Tradition heißt es, »alles ist gut.« In der Vorstellung der Krankheit liegt bereits die Heilung. Jedes Organsystem erhält seine Ausgewogenheit durch harmonische Bewegung zu einem bestimmten Ton, einem Ton der optimalen Gesundheit. Dieser Ton kann durch unreines Denken, Sprechen oder Handeln verzerrt werden und wird mit den richtigen Klangformeln und Kräutern wiederhergestellt. Viele Krankheiten sind das Ergebnis von zwieträchtigen Gefühlen, die durch Gebet, Gesang und gewisse Übungen in Einklang gebracht werden können, um die Gedanken- und Handlungsmuster erneut in Harmonie zu bringen.

Krankheit schlägt sich nieder, wenn Menschen ihre Ganzheit vergessen, wenn gewisse Beziehungs- oder Handlungsmuster den Fluß der Liebe in ihren Herzen beeinträchtigen. Die Herausforderung des Freilassens von Energie, von einem kranken in einen ausgewogenen Zustand, wurde bereits in vielerlei Weise beschrieben. Es ist besser von »Heilen« zu sprechen als von »Freisetzen«. Heilung versetzt Zwietracht in Harmonie durch die Umwandlung der Saat der Disharmonie, dem Ursprung des Mißstandes. Es gibt viele Arten des Freisetzens von Energie, doch bleibt die Vorstellung der Saat der Zwietracht erhalten. Man kann zum Beispiel Jahre der Therapie durchmachen, schreien und heulen und immer tiefer in die eigene »Geschichte« eintauchen, und sich trotzdem nicht von den Mustern unrichtigen Denkens befreien. Zwieträchtiges Denken sucht immer nach Lösung. Wenn man sich auf Schmerz konzentriert, ohne sich auf die Qualität des Willens zu berufen, um eine schmerzhafte Situation in ein konstruktives Muster umzuwandeln, wird sich das schmerzbereitende Muster andauernd wiederholen.

Denken wird von Atem getragen. Eine sofortige Veränderung der Atmung tritt ein, wenn jemand einen Schock oder Konflikt erlebt. In der Einstellung auf den Atemfluß sind wir fähig, jede Behinderung auszuräumen und Muster des Durcheinanders umzuwandeln. Visualisiere den Atem, der sich durch den Körper bewegt, interne Schmerzen wegwäscht, die Energie des Lichts bringt, um destruktives Denken durch konstruktive Affirmationen zu ersetzen.

Der Atem nährt Fleisch und Knochen, so daß man sein Potential verwirklichen kann. Alleine durch die Art und Weise, in der du deinen Tag beginnst, kannst du die Fähigkeit von Atem und Bewegung erfahren, Harmonie herbeiführen und den Geist klarwerden lassen.

Bleibe beim ersten Erwachen still im Bett liegen. Beginne dich zu dehnen, laß die Hand- und Fußgelenke sanft kreisen, dehne dann die Wirbelsäule, so daß du gegenwärtiger wirst. Wenn du aus dem Bett aufstehst, dehne weiter. Der Atem, vom Geist geführt, bewegt sich von der Wirbelsäule weg nach außen, und deine Bewegungen werden größer. Du bewegst den Hals kreisend, verschiebst dein Gewicht von einem Fuß auf den anderen, kreist mit den Hüften und bist dir des Lendenbereichs bewußt. Unterstützt wirst du vom Licht, dem Atem.

Mein Großvater und Urgroßvater, gelegentlich auch meine Großmutter und Großtanten, begannen jeden Tag mit einem Tanz. Sie sagten, er halte sie jung und zeige ihre Wertschätzung des Lebens, da er auch eine Opfergabe darstelle. Sie nannten ihn den Tanz der Richtungen.

Bevor sie mit jemandem sprachen oder Essen zu sich nahmen, tanzten diese alten Leute. Manchmal sahen sie aus wie flatternde Wäschestücke im Wind. Uns wurde gesagt, daß sie im Bach badeten, bevor wir Kinder aufwachten, und sie sogar im Winter im kalten Wasser schwammen. Wenn wir ihnen beim Tanzen zusahen, sahen wir die Elemente der Übungen und Spiele, die sie uns beigebracht hatten.

Zuerst begrüßt man die aufsteigende Sonne mit einem Gebet oder einem Gesang der Dankbarkeit und ist dankbar für den schimmernden Tau auf dem Gras.

Man beginnt den Tanz, indem man sich nach Osten richtet, die Hände erhebt und die Sonne begrüßt, die über den Horizont steigt; ihre Strahlen empfängt, dann die Hände wieder herabnimmt und das Herz streichelt, wie auch den Bereich zwischen Solarplexus und Nabel. Dann werden die Hände wie beim Beten aneinandergelegt, und man verbeugt sich. Die geschmeidigeren der Alten verbeugten sich so tief, daß ihr Kopf die Knie berührte. Beim Aufrichten waren die Arme so weit gestreckt, daß sie wie von der Luft getragen wirkten. Man konnte die rechte Hand geben und die linke nehmen sehen, ein Mensch in guter Beziehung zum Himmel und zur Erde.

Obwohl sich die alten Leute nicht gegenseitig ansahen, waren ihre Bewegungen synchron und manchmal so langsam oder so schnell, daß man nicht ganz sicher war, wie sie in ihre Positionen gelangten. Auch die älteste Person hob die Füße und durchschritt Raum mit der Anmut eines jungen Baumes, der im Wind tanzt. Sie führten die gleiche Schrittfolge für jede der Hauptrichtungen durch und wiederholten das Muster viermal pro Richtung. An speziellen Tagen wurde der Tanz auf einer Plattform durchgeführt und dauerte den ganzen Tag.

Wir Kinder fragten uns oft, wie diese alten Menschen die Kraft aufbrachten. Sie schienen nicht zu ermüden, sondern wirkten eher gestärkt durch den Tanz, und alle sagten, der Tanz halte sie jung. Sogar im Alter von sechsundachzig und neunzig Jahren bewegten sich Tante Hattie und Tante Leila mit großer Geschmeidigkeit und Anmut. Sie sagten, dadurch, daß wir die Gabe eines Körpers erhalten haben, wir auch gewisse Verantwortungen hätten, den Körper zu pflegen, damit sich der Geist der Klarheit leicht darin bewegen könne. Und jene Opfergabe des allmorgendlichen Tanzes war ein Mittel zur Erhaltung der Gesundheit und Integrität des Körpers.

In unseren geschäftigen Tagen kann jeder von uns etwas von dem Rat dieser uralten Menschen annehmen. Sei gut zu deinem Körper. Erlaube es den Gelenken, geschmeidig zu bleiben, mach Kreisbewegungen mit Schultern, Kopf, Knien, Fußknöcheln, sogar mit den Handgelenken und Fingern. Mache die Bewegungen der Tiere nach. Das ist die einfache Medizin der Tsalagi.

Bewegung als Opfergabe ermöglicht der Lebenskraft, beweglich zu bleiben, so daß sich unsere Absichten in einer Weise verwirklichen können, die wohlbringend für uns und alle unsere Verwandten ist. Indem wir den Gelenken gestatten, sich nach der Form der heiligen Spirale zu bewegen, läßt man die Hirnhälften sich verständigen, können Information klarer ausgetauscht werden. Wie meine Verwandten es ausdrücken würden: »Die Spirale ist der Gesichts-Winkel des Lebens; wenn du nicht tanzt und nicht singst, wird nur ein Teil deines Gehirns erwacht sein.« So spiegelt die Beweglichkeit der Wirbelsäule und der großen Gelenke auch eine Beweglichkeit des Geistes wider.

Die Bewegung ist Erforschung, damit man die Lebenskraft verstehen möge, die durch einen selbst zieht, und sich der aufsteigenden und herabkommenden Energieströme des Rückgrats bewußt ist. Durch die nach außen drehende Bewegung der Hände begreift man die Heiligkeit des Gebens und Empfangens. Wie mein Großvater sagte: »Ich tanze, um zu leben.«

ᏣᎩ ᏣᎩ ᎯᏫᎳᎯ

Tsá gi Tsá gi hi wí la hí

Stromaufwärts, stromaufwärts mußt du gehen

ᏣᎩ ᏣᎩ ᎯᏫᎳᎯ

Tsá gi Tsá gi hi wí la hí

Stromaufwärts, stromaufwärts mußt du gehen

ᎨᎢ ᎨᎢ ᎯᏫᎳᎯ

Gé i gé i hi wí la hí

Stromabwärts, stromabwärts mußt du gehen

ᎨᎢ ᎨᎢ ᎯᏫᎳᎯ

Gé i gé i hi wí la hí

Stromabwärts, stromabwärts mußt du gehen

ᎭᎹᎹᎭᎹᎹᎭᎹᎹᎭᎹᎹ

Há- ma má há- ma má há- ma má há- ma má

Laß mich dich auf meinem Rücken tragen

ᎤᏓᎭᎴᏱ ᎯᎷᏄᎯᎷᏄ

U dá ha lé yi hí lu(n) nu hí lu(n) nu

Auf der sonnigen Seite, schlafe ein, schlafe ein

ᎤᏓᎭᎴᏱ ᎯᎷᏄᎯᎷᏄ

U dá ha lé yi hí lu(n) nu hí lu(n) nu

Auf der sonnigen Seite, schlafe ein, schlafe ein

7

DAS DIAMANTENE LICHT

WIR schauen in unsere Herzen, um die göttliche Gegenwart zu sehen. Der Kristall ist das Symbol jener Vollkommenheit, die in uns ist. Diese Lehren über den Kristall kamen zu uns vom Siebengestirn, die Konstellation der Sieben Tänzer. Auch kamen sie von der Konstellation des Bären und durch den Strahl der Tsalagi-Medizin zu den Pristerinnen und Priestern, die die heilige Tradition hüten. Wir Ywahoo sind die Hüter des Kristalls, und die Kristall-Lehren wurden mir von meinem Großvater und Urgroßvater überliefert.

Diese fundamentalen Lehren werden nun verbreitet, damit die Menschen die Kraft und die Heiligkeit der Kristallenergie verstehen können. Sie stammen aus den allgemeinen Lehren, die für alle Menschen passend sind. Es ist zu hoffen, daß die Leserin, der Leser durch sie eine klare Perspektive des inneren Kristallgeistes erhält und die Bereitschaft gewinnt, jene klare Weisheit für alle Wesen hervorzubringen. Mögen diese Lehren helfen, die falsche Anwendung von Kristallenergie auszugleichen, die heute zur Mode geworden ist.

In dem traditionellen System der Tsalagi durften nur gewisse Personen den Kristall direkt berühren, jene, die geistige Stabilität erreicht hatten und Reinheit im Handeln bewiesen. Die Hüter von Kristallen tragen die Verantwortung, in sich Gelassenheit zu bewahren, denn der Kristall verstärkt die Gedanken und Gefühle im Kontinuum der Menschen, die mit ihnen in Wechselwirkung treten.

Heutzutage wird viel falsche, verwirrende und gefährliche Information über Kristalle verbreitet, und diese heiligen Steine werden von Menschen mißbraucht, die Ignoranz und Habsucht noch nicht in richtiges und großzügiges Handeln umgewandelt haben. In unserer Tradition bereiten sich Studierende sehr hingabevoll und über eine lange Zeit des Lernens, des Übens, des geistigen Trainings und der Reinigung des Handelns darauf vor, ehe sie mit Kristallen arbeiten. Es benötigt manchmal einundzwanzig Jahre, um das Nervensystem zu verfeinern und zu stärken, damit man dem Potential von Quarzkristallen gewachsen ist. Viele Menschen leiten heute Kristall-Workshops und lehren Praktiken, deren subtile Auswirkungen sie nicht wirklich verstehen. Das ist gefährlich, denn Kristallenergie ist so explosiv wie eine Atombombe, und wenn du mit einem Kristall arbeitest, wird alles verstärkt, was in deinem Verstand vorgeht.

Der Mißbrauch von Kristallenergie kann sich auf den materiellen Körper des Menschen und seinen Lichtkörper so destruktiv auswirken wie der Mißbrauch von Drogen. Viele der sogenannten »erleuchteten Kristall-Lehren« besitzen das Potential, einen Menschen zu töten. Es ist besonders gefährlich, Kristalle auf die Energiezentren zu legen oder innerhalb gewisser Anordnungen von Kristallen zu sitzen, ohne vorher die Stabilität des Geistes und die Reinheit des Handelns etabliert zu haben. Solche »Kristall-Spiele« schwächen das ätherische Netzwerk des Körpers und beleben negative Gedankenkräfte, die darauf abzielen könnten, durch den Körper zu leben und nach außen zu wirken. Kristallenergie hat die potentielle Fähigkeit, die Bahnen von Elektronen und den molekularen Zusammenhalt in jeder Form zu stören. Dieses Potential des Kristalls ist größer als das der mächtigsten Kernwaffen, die heute verfügbar sind. Schäden, die dem eigenen Körper in der Gegenwart zugefügt werden, beeinträchtigen auch zukünftige Lebenszyklen.

Jeder Kristall, der der Erde entnommen wird, bleibt in Kontakt mit dem Herzen der Erde. In gewisser Weise ist der Kristall wie das »Auge Gottes«, welches dem Himmel und Erde die Gedanken und Handlungen der Menschheit berichtet.

Aus diesen Gründen betont das Geschlecht der Ywahoo der Tsalagi-Nation die Entwicklung geistiger Stabilität, den Geist des Altruismus und starke Gemeinschaftsbeziehungen, damit keiner in Selbstherrlichkeit verfällt und glaubt, er oder sie würde über irgend etwas herrschen. Vielmehr kultiviert man einen Geist der guten Beziehungen und des verantwortungsbewußten Handelns.

Viele Menschen lesen heute über spirituelle Praktiken der Ureinwohner Amerikas oder haben sogar das Glück, an ihnen teilzunehmen. Leider mißverstehen Menschen oftmals die Direktheit und anscheinende Einfachheit solcher Praktiken und Zeremonien und meinen, sie könnten sie selber durchführen. Die urtümlichen Rituale der Pfeife und der Reinigungshütte sowie die Arbeit mit dem heiligen Kristall – viele dieser tiefergreifenden Zeremonien und Handhabungen sind für Ureinwohner bestimmt, die sie in Beziehung zu den heiligen Zyklen der Erde und des Himmels ausüben, deren Pflege ihnen übergeben wurde. In der heutigen Zeit sind die äußerlichen Merkmale dieser Mysterien in Praktiken des »New Age« abgewandelt worden, um bei religiösen oder gesellschaftlichen Versammlungen angewandt zu werden. Solche Aktivitäten haben schädliche Auswirkungen für diejenigen, die daran teilnehmen, und tragen dazu bei, die Weisheiten der Ureinwohner weiter abzubauen und zu vergewaltigen. Die in diesem Buch enthaltenen Lehren werden weitergegeben, um Mißverständnisse über die Weisheit der Uramerikaner auszuräumen, und besonders, um das Feuer der Weisheit in allen Menschen neu zu entzünden, damit wir die Saat des Guten bis hin in die siebente Generation pflanzen mögen. Diese Kristall-Lehren sind besonders dafür gedacht, einiges an Leid zu beheben, das durch den Mißbrauch von Kristallen entstanden ist. Da jeder Kristall zur Erde gehört, beeinflussen die Energien, die ein Kristall verstärkt, auch das Herz der Erde. Mögen all jene, die sich vom »Glamour« des Kristalls angezogen fühlen, einen kristallklaren Geist des Denkens, Sprechens und Handelns kultivieren.

Verstehe zuerst die Natur deines eigenen Geistes. Wenn du regelmäßig Meditationen durchführst, kannst du einen Kristall auf deinen Schrein legen. Mit der Zeit wirst du klarer werden.

Wenn besonders die drei Hauptkanäle geklärt sind, ist man dazu fähig, mit Kristallen zu arbeiten. Sie sind wundersame Geschenke der Mutter Erde. Behalte vor Augen, daß ein Kristall ein Lebewesen mit Bewußtsein ist. Er ist verkörperter Geist. Ein Kristall ist kein Gegenstand oder ein Ding; er beeinflußt dich und du ihn. Er ist mehr Freund als Gegenstand. Mit einer solchen Einstellung werdet ihr eine schöne Freundschaft haben.

Begreife, daß der Kristall ein Spiegel deines Geistes ist. Bringe zuerst Stabilität in deinen Geist und reinige dein geistiges wie körperliches Kontinuum − um dich dann mit deinem kristallenen Freund zu verständigen.

Nun folgt ein Umriß der Entwicklung von guten Kristallbeziehungen:

Bergkristall ist Quarz und somit Siliciumdioxid. Seine medizinischen Eigenschaften sind Adstringenz und Entschlackung des Körpers. Kristalle wirken innerhalb des Körpers durch Resonanz-Kopplung, ein Prozeß, der dem ähnelt, wenn Sonnenlicht die Haut berührt und sich Vitamin-D3 bildet; da geschieht die direkte Einwirkung des Lichts auf den Körper und die Reaktion darauf in ihm. Das ätherische Netz des Körpers ist dem des Quarzes sehr ähnlich, da es sechseckig ist; und ein Photon, ein Lichtquant, das durch den Raum dieses Hexagons zieht, wird zu zweien. Licht verdoppelt sich in solchen Räumen. Das läßt das große Potential erahnen, das Menschen haben, um Energie zu erzeugen. Der Mensch besitzt die Fähigkeit, die Elemente dieses Planeten zu verändern und umzuwandeln. Die Flüsse können wieder rein gemacht werden. Zur Zeit wartet die Erde darauf, daß wir uns daran erinnern, daß wir die Elemente wieder zum Frieden und ins Gleichgewicht bringen. Dieser Prozeß findet zuerst in unserem eigenen Herzen und Geist statt.

Quarzkristalle werden durch Klang, durch Hitze und durch Druck entlang der Achse aktiviert. Aktivierte Kristalle strahlen in einem Energiefeld von zirka 0,23 m^3 pro Pfund Kristallmasse. Ein aktivierter Kristall pulsiert Energie entlang seiner Achse und verstärkt sie,welche gedankliche Energie auch immer von diesem Puls getragen wird. Beim Halten eines Kristalls magst du ein Pulsieren und ein Erweitern der Energie gespürt haben. Genau jenes Pulsieren ist es, was dem Quarzkristall die fundamentale Rolle in der technologischen Gesellschaft einbrachte, vom drahtlosen Rundfunkempfänger bis hin zum komplexen Computer. Er läßt das Licht des klaren Geistes erklingen. Wie verständigt man sich mit dem Kristall? Von Herz zu Herz und von Geist zu Geist. Du wirst eins mit dem Kristall. Der Kristall lebt, genau wie du. Wir können uns nicht vorstellen, seine Energie zu mißbrauchen, weil wir selbst nicht mißbrauchen oder mißbraucht werden wollen. Dieses wunderschöne Lebewesen teilt mit uns entsprechend unseres Respekts und der Bereitschaft, unsere eigene Schönheit zu akzeptieren. Er reflektiert die Schönheit für uns, er teilt seine Weisheit mit uns, er zeigt uns, daß die Weisheit wir selbst und der fundamentale Puls des Lebens sind.

Aus dem Meer des Nichts steigt ein Klang – A-E-I-O-U – fünf Töne, fünf Winde, fünf Atemstöße kommen aus der Leere hervor. Diese einfachen Klänge sind von großer Bedeutung für Menschen vieler Traditionen. Sie stehen in Beziehung zu den heiligen Tönen der Kabbalah, den afrikanischen Religionen, den alten christlichen Gesängen, den buddhistischen Litaneien. Dieser Urton bedeutet:»Aus dem Kreis des Licht-Klanges kamen fünf Spitzen hervor, fünf Strahlen der Energie, ähnlich dem Fuß der Krähe.« In gewissen Kristallen (zum Beispiel Fluorit) wird der Krähenfuß sehr deutlich, wenn sich das Licht hindurch bewegt. So wie alles im Universum jenen einen Klang wiedergibt, das eine – in viele Formen unterteilte – Licht, so erkennen wir im Sitzen mit dem Kristall wieder das Eine, die essentielle Einheit in uns selbst.

Es ist gut, deinen Gesang des Geistes oder des Gebets zu singen, während du dich mit dem Kristall verständigst. Die musikalische Resonanz des Kristalls ist von großer Bedeutung. Musik, Mathematik – welches System du auch studierst, grundsätzlich basiert alles auf einer Wahrheit. Die Energieschwingungen dieser Einen Wahrheit bewegen sich in Terzen und Quinten und in Oktaven, wie auch bei dem Kristall.

Die Disziplin der Meditation ist wichtig für alle, und besonders für diejenigen, die aufgerufen sind, Heiler zu werden und mit dem Kristall zu arbeiten. Unsere eigenen Energien zu disziplinieren, unseren eigenen Veränderungsprozeß zu verstehen, ohne zu urteilen, ist sehr wichtig, denn jeder Gedanke von Selbstablehnung, Trennung, Angst oder Zorn, den dein Verstand enthält, wird vom Kristall verstärkt. Also muß der erste Schritt der sein, dein Bewußtsein klar werden zu lassen. Das Mittel zur Klarheit ist die Betrachtung des Lichts. Erkenne, daß alle Formen aus Atomen in Schwingung bestehen. Durch Resonanz, durch bewußte Auseinandersetzung mit deiner Umwelt nimmst du keine Trennung von inneren und äußeren Ausdrucksformen wahr.

Mit deiner Einstellung zum Kristall kannst du Kontinuität und erweitertes Sehen spüren, die Fäden sehen, durch die das innere Sehen mit Hilfe deines Tuns manifest wird. Manchmal, wenn du dich mit dem Kristall auf die Spiralbewegung einstellst, macht sich die Tendenz bemerkbar, schläfrig zu werden. Wenn sich der Geist jenseits der Schläfrigkeit konzentriert, tritt ein Gefühl von starkem Licht und großer Energie ein. Je mehr du übst, um so stärker spürst du das Licht.

Spirituelle Praktiken bauen das Fundament des stabilen Geistes. Der Kristall ist ein Symbol von standfester, klarer Weisheit. Angesichts dessen, daß der Kristall auf gedankliche Energie reagiert und sie verstärkt, kultiviert der weise Mensch ethisches Denken, Sprechen und Handeln. Wer meditiert, während er wütende Gedanken einem anderen Menschen gegenüber hegt, pflanzt die Saat der Zwietracht im eigenen Kontinuum. Es ist daher weise, den Geist des Mitgefühls und des Altruismus zu kultivieren, damit die schöneren Qualitäten des Menschseins verstärkt und zum Tragen gebracht werden können. In uns selbst suchen wir Vollkommenheit, und es sind unsere Freunde, die Kristalle, die uns befähigen, sie zu sehen. Der Kristall verstärkt das Auge des Schöpfers in dir, wodurch du das wahre Licht sehen kannst und die wahren Schwingungen in dir spürst.

Der Quarzkristall ist der Kristall des Willens, des Wunsches zu sein. Allein durch seine Gegenwart in deinem Umfeld ruft er deinen Willen hervor, ganz zu sein, und regt in dir einen Prozeß der Umwandlung auf vielen Ebenen an.

Bergkristall setzt viele Gifte in deinem Körper frei und hilft ihm somit, bestimmte Stoffwechselprodukte loszulassen. Ein saurer Geschmack im Mund kann auf Unausgewogenheit der Aminosäuren hinweisen, und wenn ein bitterer Geschmack auftritt, der fast an Fäkalien erinnert, braucht der Körper bessere Entleerung.

Der Kristall beinflußt auch den Parasympathikus über den Sehnerv. Die Augen nehmen Lichtenergie auf, die außerhalb des sichtbaren Lichtspektrums liegt. Das periphere Sehvermögen ist sensibler gegenüber den subtilen Lebensenergien, wie zum Beispiel gegenüber der Aura. Beim Sehen am Rande des Blickfeldes wird Energie absorbiert, und sogar wenn ein Mensch blind geboren wurde oder ein körperliches Trauma erfahren hat, besitzt der feinstoffliche Körper immer noch diese Funktionen. Diese Aufnahme von Licht wirkt sich direkt auf die Zirbeldrüse und die Hirnanhangdrüse aus. Wir können uns einen kleinen Becher innerhalb des Geistes vorstellen, der feinstoffliche Energien aufnimmt und im ganzen System verteilt. Manche Menschen meinen, daß die Zirbeldrüse das violette Licht empfängt, andere sind der Meinung, es sei die Hirnanhangdrüse. Eine oder beide dieser Drüsen können das violette Licht aufnehmen, je nach Lebenszweck des Einzelnen und seiner Entwicklungsstufe. Menschen mit viel Übung im Meditieren oder in der Musik können violettes Licht mit beiden Drüsen aufnehmen wie auch Chemiker, deren Verstand durch das Studium des Oktavengesetzes geschult ist. Also vibriert die Kraft des Kristalls durch Resonanz-Kopplung in uns, und die Energie des Kristalls wird direkt durch die Haut wahrgenommen.

Viele Menschen können diese Lichtenergie des Kristalls durch die Backenknochen, die Stirnhöhlen und das Brustbein aufnehmen. Blinde nehmen Tiefe und Abstände über die Gesichtsknochen wahr. Mit der feinstofflichen Energie, die der Kristall verstärkt, verhält es sich genauso. Beim Meditieren kann man ein Prickeln von Energie feststellen, die sich die Nasenlöcher hinauf durch die Stirnhöhlen bewegt. Eine Verbindung kommt zustande, und die Energie wird in einem besonderen Dreieck ausbalanciert: die in Harmonie wirkenden Energiezentren des Kopfes, das der Schädeldecke, der Zirbeldrüse und der Gehirnbasis. Ein weiteres Dreieck, das durch diszipliniertes Üben ins Gleichgewicht kommt, besteht aus dem Hals, dem Herzen und einem feinstofflichen Zentrum über dem Herzen (von manchen als die Thymusdrüse angesehen), das ins Gleichgewicht kommt, wenn das Zentrum der Schädeldecke aktiviert wird. Durch das Ausbalancieren der Thymusenergie, heißt es, kann man nicht nur schlechte Gedanken, sondern unedle Metalle in Gold umwandeln und in diesen Moment alles einbringen, was das Volk braucht. Die universelle Fülle manifestiert sich durch die Einheit von Herz und Geist. Wenn sich Himmel und Erde im Herzen vereinen, dann ziehen wir das, was benötigt wird, an uns heran. Wenn man über das Vorhandene schimpft, beschwört man schwere Zeiten herauf. Daher braucht man am Busen der Mutter Erde nie hungrig zu sein. Es kommt nur darauf an, die dortige Fülle zu erkennen. Kristalle machen sehr deutlich, was das eigene Bewußtsein ist. Was für viele aufkommt, wenn sie beginnen im Licht zu arbeiten, sind Zweifel und Ängste – das, was umgewandelt werden muß. Und dabei müssen wir konsequent und standfest sein, unseres Ziels sicher und ausgewogen bleiben, damit das, was umgewandelt werden muß, zu seiner natürlichen Quelle zurückkehren kann. Nicht jeder Zorn oder Schmerz muß in Worte gefaßt werden. Sie ohne Beurteilung zu betrachten und jene Energie in den Strom zurückkehren zu lassen, ist zu dieser Zeit reinigend. Hier wird die Gabe des Kristalls sehr wichtig. Kristalle zeigen unserem Bewußtsein wie auf einer Leinwand die tatsächlichen Momente, in denen der Fluß der Lebensenergie gehemmt wurde. Kristallbetrachtung offenbart den Fluß des eigenen Geistes. Erinnerungen, die bislang in Durcheinander eingekapselt waren, werden durchsichtig und setzen Energie für konstruktives Handeln frei. Während sich Transparenz einstellt, wird Energie losgelassen, die die Mauer zwischen Idee und Handlung aufrecht hielt. Viele Menschen fühlen sich nach Kristall-Meditationen mit Energie erfüllt.

Krankheit setzt ein, wenn die Lebensenergie in ihrem Fluß gehemmt wird. Krankheit manifestiert sich als Element der Gesellschaft, Menschen, die sich gegenseitig bekämpfen, die die Erde zerstören. Das sind Aspekte von Krankheit und Unausgewogenheit. Wenn Menschen das Gleichgewicht in sich selbst finden, die Harmonie pflegen und darin handeln, verstärken die Kristalle diesen Gesang und helfen bei der Heilung des Planeten. Der Kristall vibriert schneller als Licht sich bewegt und ist weder fest noch flüssig. Du kannst ihn in der Hand halten und betrachten, doch seine Definition überfordert die derzeitigen Möglichkeiten unserer Sprache. Wir sprechen davon, daß der Kristall die heiligen Gesänge von Galunlati erhält, dem Reich idealer Form. Durch den Saat-Gesang und die Gedankenschwingungen haben wir die Welt in Gang gesetzt, die wir heute kennen. Jeder von uns ist eingestellt auf den heiligen Kristall im Herzen der Zeit, im Herzen des Jetzt.

Die Beziehung des Menschen zum Kristall ist seine Beziehung zum Strom des klaren Geistes. Der Quarzkristall hat sechs Seiten, wie das ätherische Netz des menschlichen Körpers. Durch beide Formen bewegt sich Energie des Geistes, die sich jedesmal verdoppelt, wenn sie auf einen Winkel des Hexagons trifft. Menschen sind, wie Kristalle, Energieerzeuger. So wie der Kristall negative Ionen abgibt, die die ungesunde Ladung der Umgebung reduzieren, so können wir das auch, indem wir unser Denken und unsere Natur klar werden lassen. Es beginnt auf sehr einfache Weise, wenn wir die auf- und absteigende Bewegung anerkennen, den Wirbel von Sonne und Mond in unseren eigenen Körpern, und die Querströmung von Osten und Westen erkennen, durch die die Welt manifest wird.

Der Kristall wird durch Klang angeregt; die Stimme und Gedankenströme bewirken, daß der Kristall ein Energiefeld um sich herum erzeugt. Das menschliche Wesen, deine Gedanken und deine Wünsche erzeugen ein Energiefeld um dich herum, bestimmen die Wirklichkeit, in der du dich in diesem Augenblick befindest. Wir sind also nicht besser als die Steine; wir sind wie der Kristall.

In dieser Zeit befinden sich im Herzen der Erde viele Kristallfelder, die angeregt werden von den Planeten um Sirius herum, von der Energie des Siebengestirns. Dies geschieht, damit wir uns an unsere Heimat in den Sternen erinnern mögen und damit jeder von uns seine Wurzeln zurück zum Großen Baum des Friedens verfolgen möge, dem Baum des Lebens. Der einzige Weg, auf dem wir unsere Wurzeln zurückverfolgen und die Saat des Sternengeistes in uns erkennen können ist, in uns zu blicken und anzuerkennen, daß das, was wir um uns herum sehen, die Wiedergabe unseres Denkens ist, daß das, was wir erfahren, das Ergebnis von Ursachen ist, die wir selbst hervorriefen.

Unsere Heimat in den Sternen anzuerkennen bedeutet, alle Nationen dieser Erde für den Sprung in die Erkenntnis unserer universalen Beziehung vorzubereiten. Damit dies Wirklichkeit wird, müssen wir als Einzelpersonen gewisse Pflichten erfüllen. Als erstes müssen wir ein starkes Gefäß sein, ein ganzes Gefäß, ein würdiger Kelch. Mögliche Risse in unserer Aura oder Störungen des Geistes müssen wir klar werden lassen, so daß wir das Licht hochhalten können, um es alle Verwandten sehen zu lassen und sie daran zu erinnern, daß wir gemeinsam die Weber des Traumes sind.

Wie lassen wir unsere Aura klar werden? Zuerst erkennen wir, daß wir uns mit den Gezeiten bewegen, daß wir Zyklen steigender Energie haben und Zyklen der Ruhe. Diese werden auch Biorhythmen genannt. Mondenergie, Sonnenenergie, Erdenergie und die Energie, die diesen gesamten Quadranten der Milchstraße vereint, das sind die vier Faktoren, die auch die Adawees sind, die Energie der Richtungen und die Bestandteile des Bewußtseins, das sie ausdrücken, sind es, die uns befähigen, so wie wir jetzt sind, hier zu sein. Der weise Mensch erkennt, daß wir vom Norden her die Saat unserer Handlungen sehen. Wir erkennen die Ursachen, die wir in der Vergangenheit hervorgerufen haben, ohne uns dafür zu schämen oder schuldig zu fühlen; wir nehmen einfach wahr, daß diese Ursachen jene Handlungen hervorbringen. Und in der Stille des Nordens lernen wir, den See mit seinem erstarrten Wasser der gespiegelten Weisheit zu betrachten, damit wir die Dinge so sehen können, wie sie sind, ohne Unterscheidung und ohne Trennung. Der Geist neigt dann immer weniger zu Reaktionen; man versteht, daß Gefühle, die aufsteigen und abfallen, nur Gefühle sind. Es gibt eine essentielle Natur, es gibt Stille.

Die Natur des eigenen Geistes zu verstehen ist die größte Gabe dieser Zeit. Im Verständnis unserer Natur beginnen wir zu erkennen, daß wir Energiefelder um uns herum erzeugen. Das Potential des gefrorenen Wassers ist es, zum Fluß zu werden und zum Meer zu fließen. Wie der Lachs kamen wir aus der Leere, wir wurden in jenem großen See gezeugt. Die Wasser tauten, die Saat reifte, und die Lachse gingen ihren Weg, hinaus in den Ozean der Erfahrung, wo wir alle aufeinandertreffen. Es gibt viele Illusionen in jenem Ozean, und wie der Lachs sind auch wir bemüht, unseren Weg nach Hause wiederzufinden. Der Weg mag uns viele Hürden bescheren, doch sind die Lachse zur Ostküste zurückgekehrt. Das ist ein Zeichen, daß wir Menschen zur Klarheit des Geistes und zu richtigen Beziehungen zurückkehren. Wir werden deutlicher. Wir erkennen die Kraft der Gedanken und des Gebets an, und wir verstärken unsere Aura.

Als Menschen werden wir von Mutter Erde genährt, empfangen wir durch den Nabel die Lebenselemente von Klang,

Luft, Feuer, Erde, Wasser und das Holz der Bäume, das uns befähigt, im Jetzt verwurzelt zu sein. Viele Menschen leiden, weil sie ein Loch in der Nähe des Nabelzentrums haben und nicht den gesamten Segen bei sich behalten können, den ihnen die Erde beschert. Manchmal empfängt man durch den Nabel sogar das, was andere weggeworfen haben, was im Geist Konfusion auslöst. Aus diesem Grund haben wir eine Übung, die dazu beiträgt, das Nabelzentrum stark und ganz zu halten. Es ist eine einfache Übung, die die Systeme der Körperflüssigkeiten und der Drüsen dazu anregt, Elemente hervorzubringen, die dir guttun. Wenn du dich beengt fühlst, setzt dein Körper Elemente frei, die dir schaden. Also ist es klug, dem Körper sanfte Gedanken und sanfte Bewegungen zu geben, ist es klug, dir selbst im Moment zu vertrauen.

Knie mit geradem Rückgrat, die Hände auf den Knien, den rechten Fuß über dem linken. Spüre, wie sich Spiralen des Lichts die Wirbelsäule hinauf und herab bewegen. Bringe nun die Hände vor dir zusammen, wie beim Gebet. Atme ein und erhebe dich auf den Knien, atme aus, und laß dich wieder zurücksinken. Beim Einatmen nach oben, beim Ausatmen nach unten. Sanfte Bewegungen wie der Atem und mit dem Atem. Spüre dich an deinem Atem hängend, von den Sternen getragen.

Diese einfache Übung klärt die Energie deines emotionellen, mentalen und physischen Körpers und deines ätherischen Netzes. Im physischen Körper wird die Wirbelsäule durch den Atem und die anhebende Bewegung gerade ausgerichtet. Der ätherische Körper kommuniziert deutlicher durch die Wirbelsäule mit den emotionellen und mentalen Körpern, da der ätherische Körper ein Netz ist, der Beförderer aller deiner Beziehungen auf dieser Welt. Auf subtilerer Ebene finden Veränderungen innerhalb der Wirbelsäule und in den Zentren des Kopfes statt, und später, wenn man mit dieser Übung und den Praktiken der Sunray-Basismeditation und des Diamantenen Körpers weitermacht, werden Veränderungen im Schädel und im Kreuzbein spürbar. Die Knochenplatten des Schädels verschieben sich und werden wieder beweglich wie bei einem Säugling, und das Kreuzbein verlängert sich und wird flacher. Die Wirbelsäule scheint nach dieser Übung mehr Luft zu haben, denn man fühlt sich nicht nur von den Muskeln des Körpers gestützt, sondern auch vom Atem. Es ist gut, diese Übung regelmäßig zu betreiben, wenn möglich wären fünfzehn Minuten dreimal pro Tag sehr nützlich.

Die Haltung, die in dieser Übung angenommen wird, ähnelt den Gebetshaltungen bei vielen religiösen Praktiken. Es gibt einen Grund für die Haltungen, die Menschen immer beim Beten eingenommen haben, kniend sitzen, im Schneidersitz oder im halben oder ganzen Lotossitz. Auf der ganzen Welt haben sich diese Positionen als gute Mittel zum Stabilisieren des Geistes erwiesen. Feine Unterschiede der Haltung in verschiedenen Kulturen weisen auf die Auswirkungen der Bioresonanz hin, wie eine bestimmte Umwelt unser Denken und sogar unsere körperliche Entwicklung beeinflussen kann.

Für die Tsalagi ist Bioresonanz ein sehr wichtiges Konzept in der Elo, der Philosophie und Tradition des Volkes. Die Bioresonanz erkennt das aufeinander Eingehen und die gegenseitige Verantwortung von Individuum und Umwelt an. Jede Person besitzt eine Gabe, und die steht in Beziehung zu der Umwelt. Vielleicht siehst du deine Umweltbeziehung nicht im Sinne von Landschafts- oder Wasserschutz, aber du kannst sie sicherlich als eine Nachbarschaft sehen. In den Beziehungen von Einzelpersonen, der Familie und Gruppen hat dein Verhalten durchaus Wirkung auf deine Nachbarschft und deine Umwelt. Schon ein Mensch oder nur wenige machen bereits einen Unterschied. Allein dadurch, daß wir unsere Natur klar werden lassen, unsere Aura intakt halten, bereits durch die Resonanz unserer Stabilität, werden unsere Nachbarschaft und die Umwelt diese Stabilität des Geistes reflektieren. Daher betrachten wir uns in der Tsalagi-Tradition als spirituell verpflichtet, unsere Herzen und unseren Geist zum Wohle aller Wesen klar zu halten.

Wenn wir als Kinder etwas Unschönes dachten, bemerkten es die Erwachsenen und wiesen uns zurecht. Sie sagten, daß etwas zu denken das gleiche wäre, wie es zu tun, und daß wir uns um unser Denken kümmern sollten. Sie lehrten uns, den Ursprung unseres Handelns zu verstehen und zu wissen, daß das, was immer wir über einen anderen dachten, zu uns zurückkehren würde. Also ist es weise nach dem Besten im Menschen zu suchen, und wenn Fehler geschehen, in Gedanken zu haben, daß wir uns alle im Prozeß der Veränderung befinden. Indem wir Schönheit sehen und anerkennen, schaffen wir den Wirbel, in dem sie sich durch jeden Aspekt unseres Seins verwirklicht.

Mutter Erde wird uns nähren, so wie wir sie nähren. Gegenseitigkeit: Was immer wir durch unseren Umgang mit der Natur in Bewegung setzen, es kehrt zu uns zurück. Wenn wir diesem Wesen, der Erde, etwas vorenthalten – unser Herz, unser richtiges Handeln, unsere Fürsorge und die Achtung vor anderen Lebewesen –, wird sie sich ausgetrocknet fühlen und unfähig sein, etwas zu geben.

Wohlsein oder Unwohlsein wird in uns entsprechend manifest, wie frei von Behinderungen unsere Energiemeridiane sind. Das gleiche Prinzip trifft für die Erde und für das soziale Geflecht unseres Lebens zu. Gruppen von Menschen mit verstopften Herzzentren werden zum Beispiel eine Beeinträchtigung des Flusses der Lebenskraft erfahren, und auch die Erde wird davon beeinträchtigt. Wenn die Wege des Herzens verstopft sind, erleidet der Mensch einen Herzanfall oder -infarkt; die Erde erfährt ein Erdbeben. Wenn Menschen das Herz offen halten und den Lichtwirbel sich frei bewegen lassen, dann bewegen sich die Ley-Linien der Erde unbehindert.

Es gab eine Zeit in den frühen 80er Jahren, in der viele der Ley-Linien der Erde stark verstopft waren. Gewisse Menschen beteten und hielten Zeremonien an jenen Orten ab, um die Meridiane erneut zu stimulieren und ins Gleichgewicht zu bringen – eine Art Akupunktur für die Erde, was ihr eine verbesserte Gesundheit brachte.

Gegenseitigkeit ist eines der sehr wichtigen Prinzipien, die verstanden werden müssen. Wenn wir geben, empfangen wir. Wenn wir den Zyklus der Gegenseitigkeit begreifen, werden wir fähig, uns von der Anbindung an Schuldzuweisungen und -gefühle zu befreien. Wir können dann einfach erklären:»Ich werde diese Saat der guten Beziehung in diesem Augenblick pflanzen, und das Ergebnis wird all meinen Beziehungen zugute kommen.«

Der Kristall bringt die Gabe der Vision mit sich. Das Ideal der Medizinperson ist, dermaßen eins mit der gesamten Schöpfung zu sein, daß ihre mit dem Kristall mitschwingenden Gebete Frieden und Harmonie in der Familie der Menschheit und dem Körper der Erde weiter verstärken und erklingen lassen. Kristall-Verständnis ist in uns allen vorhanden. Wenn wir den Kristall zum ersten Male berühren und ihm als Freund begegnen, begreifen wir, wieviel von unserem Denken umgewandelt werden will. In dieser Zeit stehen die Kristalle bereit, jedem von uns bei jenem Umwandlungsprozeß zu helfen. Das Leben ist ein andauernder Veränderungsprozeß. Zu irgendeiner Zeit war jeder Kristall undurchsichtig und wurde durch Umwandlung klar. Ebenso ist es mit dem Bewußtsein des Menschen. Aus dem Kohlenstoff der Erfahrung entsteht der Diamant der vollständigen Angleichung und des Verständnisses.

DEM KRISTALLENEN FREUND BEGEGNEN

Die Beziehung zum Kristall ist eine freundschaftliche. Beim Begegnen dieses kristallenen neuen Freundes ist es wichtig, ihm zu danken, indem man einige Tabakkrümel oder Maiskörner auf ihn legt − ihm opfert −, nachdem man ihn etwa zwanzig Minuten lang in Quellwasser oder einem frischen Bach gespült hat. Verbrenne dann Zedernnadeln und führe den Kristall durch den Rauch; laß den Weihrauch jeden Teil des Steins berühren und durchdringen. Wickle den Kristall dann in ein weiches, dunkles Tuch und bewahre ihn zwei Wochen lang − von Neumond bis Vollmond − so auf. Lege ihn auf deinen Schrein, dein Mandala des klaren Geistes. Nimm ihn so eingewickelt jeden Abend an dein Herz und verständige dich mit ihm. Spüre die hinauf- und herabsteigenden Lichtspiralen, wie sich Himmel und Erde in deinem Herzen treffen. Visualisiere die Sterne über deinem Kopf, die dich mit Licht erfüllen. Während du das Licht visualisierst, verständige dich mit dem Kristall; singe den Herzgesang oder einen anderen Choral oder Gesang, der deinen Schwingungen entspricht. Bald wird eine Verbindung zu dem Kristall entstehen. Wenn er mit dieser Energie deines Gebets erfüllt ist, wird er sie halten und an dich zurückgeben, falls du sie vergißt. Wenn die zwei Wochen vergangen sind, kannst du den Kristall beim Gebet oder bei der Meditation auswickeln.

Im Einstimmen auf den Kristall halte ihn in den Händen, spüre die Kontinuität des Lebens, des Lichts, die sich in ihm,

in dir und in allen Wesen bewegt. Der Kristall spiegelt das,
was ist. Subtile Vorgänge finden im Körper statt, wenn man
den Kristall hält und die Schwingungen der Spirale anruft, die
aufsteigende Energie der Erde, die herabsinkende Energie des
Himmels, yin und yang, Mutter und Vater, die sich im Herzen
treffen – Energie, die von den Sternen in riesigen Kaskaden
über dem Kopf herabströmt.

Traue deiner eigenen Wahrnehmung. Es ist sehr wichtig,
den Schwingungen zu trauen. Was immer du auch empfinden
magst, es ist der einzige Weg zu verstehen, was der Kristall
sagen will. Die Energie, die du spürst, ist die Botschaft des
Kristalls an dich. Und während du übst und mehr in dir selbst
verstehst, wird die Botschaft immer klarer.

Wenn du dem Quarzkristall das erste Mal begegnest, richte
ihn nach Norden aus, halte ihn so, daß seine größte Fläche
nach Norden zeigt. Stimme dich auf die Energie des Nordens
ein und spüre, wie sie durch den Kristall zu dir und durch dich
fließt, dann wieder zurück zum Kristall. Spüre den Zyklus,
den Fluß.

Wenn wir uns mit dem Kristall verständigen, können wir
sehen, wie er zunehmend leuchtender und klarer wird. Der
Kristall singt, und man kann eine Stille spüren, eine Subtilität
seiner Energie und seines Gesangs. Es ist, als würden Gedanken und ihre Obertöne klarer werden, wie wenn Bedeutung in
vielen Wirklichkeiten klarer wird. Durch die sechs Seiten, die
Spiegel von uns selbst, wird diese Fülle verstärkt und zum
Schwingen gebracht.

Was wir bei der Verständigung mit dem Kristall erfahren,
wird für eine Aktivität der rechten Hirnhälfte gehalten. In dieser Zeit ruft die Menschheit der westlichen Welt nach dem
Wiederaufbau der Brücke zwischen den Hirnhälften, der
Regenbogenbrücke. Der Kristall ist ein Freund, der den Menschen bei diesem Vorhaben hilft.

KRISTALLMANDALA

Als Teil der Lehren, die an mich weitergegeben wurden,
zeigte man mir Darstellungen von Dreiecken, die zehn Punkte
enthielten. Was stellen jene zehn Punkte dar? Den Kreis:
Vollendung, Ganzheit. Das sind die Qualitäten der Zahl zehn.

Innerhalb des Kreises ist die innewohnende Energie, das Potential, wie auch die manifest gewordene Energie, das, was Form annimmt.

Der Quarz ist fundamental. Er ist die Saat des Lebens, die uns an den Willen erinnert. Im Kreis des Lebens steht Quarz in Beziehung zum Norden. Aus dem Norden kommt Absicht, die Essenz, der Lebenspuls; der Wille zu sein, Handlung, das Verständnis, das aus dem Durchleben von schweren Zeiten entsteht. Von dem weißen Licht, dem Quarz und dem Diamanten (der auch die Energie des Willens symbolisiert) kommt die Erkenntnis: »So bin ich.«

Wenn wir uns um den Kreis herum bewegen, kommen wir zu dem zweiten Ton aus dem Nordosten, der Liebe und Weisheit, die wie zwei Flammen aus einer Quelle wachsen und von Rosenquarz und Carneol symbolisiert werden. Die rote Koralle trägt diesen Ton auch. Man würde die Energie von Rosenquarz und Koralle anrufen, um ein Herz wiederzuerwecken, das durch Leid still wurde. Wir berufen uns auf die Koralle, wenn sich der Körper in einem schweren Trauma befindet, wie zum Beispiel durch erheblichen Blutverlust. Sie hat die Eigenschaft, überschüssige Hitze abzuleiten und ist daher bei Entzündungen der Lymphwege nützlich. Rosenquarz erfrischt und erneuert die Körperzellen.

Während du den Rosenquarz hältst, spüre die Bewegung des Lichts in dir. Spüre den Zyklus der Energie der Erde und des Himmels, die sich in deinem Herzen treffen, und spüre die Sterne über deinem Kopf, jene subtilen Energiezentren und die in deinem Körper. Verständige dich mit der lieblichen Resonanz der Liebesweisheit, während sie dein Herz zu Mitgefühl für dich selbst und alle mit dir verwandten anregt.

Rosenquarz besitzt eine andere Energie als klarer Quarz. Sie ist subtiler birgt eine spirituelle Hingabe in sich, die vieles umfaßt. Die Energie des Nordostens, wie die des Südens, inspiriert und bereitet den Weg für etwas weiteres vor, das kommt. Die Weisheit des Nordostens öffnet dem Weg der aktiven Intelligenz die Tür, wie auch der aufsteigenden Sonne, und läßt die Stimme des Windes, den Geist anregen, zu wissen, daß er ist.

Die Polarisierung des Kristalls, die Weise, in der er Licht aufnimmt, bestimmt, wie sich die Energiespiralen um gewisse Flächen herum vereinen und aus der Ganzheit des weißen Lichts die Farben hervorholen, die der einzelne Mensch benötigt. Die rosa Färbung verleiht dem Rosenquarz eine andere Polarisierung, eine Schwingung, die sich von der des klaren Quarzes unterscheidet. Die Heilenergie von Rosenquarz liegt im Strom des sanften, aufbauenden Feuers. Sie ist erkennbar in der Beziehung zu den Reflexen des Dünndarms und des Kreislaufes.

Wenn wir weiter um das Medizinrad gehen, kommen wir nach Osten, dem Ort der aktiven Intelligenz, der Geburt von »Ich bin, was ich bin.« Es ist das Gelb des Topas', das Gold des Aufbaus in Umwandlung. Der echte Topas hilft Erinnerungsvorgängen.

Vom Südosten kommt der Gesang von Harmonie und Familienaufbau, die Schwingungen der Farbe Orange. Orangefarbener Jaspis steht in Beziehung zum Formbauen des Solarplexus und läßt Sonnenenergie in den Körper einfließen, wenn diese verbraucht ist.

Aus dem Süden erklingt die fünfte Note − Grün, die Farbe der vitalen Energie. Im Grün ist das Rot enthalten, also ist es die Saat neuer Anfänge sowie fundierten Verständnisses; Wissen, das durch Erfahrung erlangt wurde. Der Wassermelonen-Turmalin ist ein Kristall der Veränderung in dieser Zeit. Er ist positiv wie negativ geladen und dient dem Ausbalancieren von yin und yang, den Sonnen- und Mondkräften im Körper. Noch wichtiger ist, daß er den Körper befähigt, sich der Bombardierung von radioaktiver Strahlung anzupassen, denn seine magnetische Energie verändert die Kreiselbewegungen der Elektronen im Körper zu einem Zyklus, was der Umwandlung von Energie entspricht, so daß die Abfallstoffe der Radioaktivität aus dem Körper herausgetragen werden.

Der Smaragd besitzt eine Energie, die sich stark von der des Turmalins unterscheidet, doch ist auch sie die fünfte Note. Grün ist das Zentrum des Regenbogens, der Ort vollkommener Ausgewogenheit, und daher ist der Smaragd anpassungsfähig und hat seinen Platz in vielen Abschnitten des Kreises. Smaragd und Turmalin haben die stärkste Resonanz von allen Kristallwesen. Sie sind äußerst empfänglich; ihre magnetische Energie besitzt die Fähigkeit, die Energie hervorzuholen, die heute gebraucht wird, um das Bewußtsein umzuwandeln und die Menschheit zu befähigen, zum nächsten Strahl und nächsten Klang weiterzugehen.

Ein weiteres Mitglied der Quarzfamilie, mit dem Turmalin durch seine Heilkräfte verwandt, ist der Heliotrop. Seine Struktur ist formlos, wie die des Opal; er enthält viele Lichtlinien. Der grüne Heliotrop ist hilfreich im Eindämmen von Schwellungen und Entziehen von Giften aus dem Körper. Er stillt Blutungen sehr schnell. Auch ist er wertvoll in der Behandlung von Leberleiden, ebenso der Smaragd.

Die Bahn um den Kreis führt zur sechsten Note, dem Ort der Hingabe. Christus-Energie wird vom Rubin symbolisiert, tiefer Glaube und Verständnis durch unmittelbare Erfahrung. Rubin und Granat sind Steine des Verständnisses unserer eigenen Sonnenenergie. Im Südwesten treffen wir auf das Herz, das von Hingabe erleuchtet ist und von dem Wissen unseres Übergangs und unserer Vergänglichkeit brennt. Wir nähern uns dem Westen. Das Tor, durch das wir treten, um ins Licht zu kommen, das Wissen um das Lebensbewußtsein, wird vom Rubin und dem Granat dargestellt. Die Hingabe kann der Schlüssel zu dem schweren Lernen sein, das durch die schwingende Hand des Saturn kommt. Wenn ein Mensch von Emotionen überwältigt und von den Gezeiten des Mondes fortgetragen wird, kann man Granat und Rubin anrufen, um die Sonnenenergie im Bewußtsein und im Körper auszubalancieren.

Im Kreise gelangen wir nach Westen, dem Ort der Veränderung und Umwandlung. Das Tier des Westens ist der Bär.* Der Schwarzbär hat die Erfahrungen des Lebens angenommen und sich von Begierden befreit. Er zieht weiter um den Kreis herum oder verläßt ihn in dieser Zeit durch das westliche Tor, durch das heilige Ritual und die zusammenziehende, zusammenfügende, umwandelnde Energie. Diese Energie trägt der Amethyst in sich. Der violette Amethyst enthält das Blau des passiven, empfangenden Verständnisses und das Rot der Aktivität, um sich in eine andere Dimension zu versetzen. Seine Heilwirkung ist astringierend, indem er das aus dem Körper herauszieht, was seiner Ganzheit im Wege steht.

---

* Im Osten ist die neue Sonne von Nutawa, die Inspiration; im Süden sind die Großmütter; im Norden ist der Büffel und der gefrorene Spiegelsee.

Im Westen trifft man eine Entscheidung: Lebt man nur für sich oder begibt man sich in die älteren Hügel, um zu den Ältesten zu gehören, die das Volk leiten? Im Verlauf dieses Entscheidungsprozesses kommt man zum Nordwesten, wo die Lebenserfahrung zu Gold umgewandelt wird, wobei Lapis Lazuli oder Türkis eine Rolle spielen. Beide Steine stellen den Tag und die Nacht unseres Bewußtseins dar. Durch die Erfahrungen des Geistes bewegen sich die Goldfäden und die Fäden umgewandelten Gefühls in anderen Dimensionen.

Der magnetische Fluß der Energie, das Lied des Universums, hat viele Dimensionen. Deshalb sollte man manche Steine nicht ständig tragen oder dauernd mit ihnen arbeiten. Vielleicht wird ein Stein, den du seit Jahren trägst, danach verlangen, zur Ruhe gelegt zu werden. Wenn diese besondere chemische Substanz im Körper ausgewogen ist, muß man sie nicht länger anrufen, im Stein mitzuschwingen. Und oft stirbt ein Stein, wenn er seine Dienste für dich geleistet hat. Die Farbe kann dann völlig leblos werden, oder er kann rissig werden und auseinander brechen. Opal und Türkis tun das.

Quarz besteht aus drei größeren und drei kleineren Tetraedern. Denke an das Lied des Lebens, die Tonleiter und die Töne, und wie sie aufgebaut sind: erstes Intervall, drittes Intervall, fünftes Intervall. Ein Lied kann in vielen Tonarten gespielt werden, und Kristalle besitzen unterschiedliche Eigenschaften. Kristalle können auf diverse Frequenzen eingestellt werden, um der eigenen Entwicklung zu dienen. Das Land, aus dem ein Stein stammt, und die Methode, mit der er gewonnen wurde, beeinflussen die Fähigkeit des Kristalls, mit einer gegebenen Idee zu schwingen.

Die Form des Quarzkristalls, seine hexagonale Struktur, ist das doppelte Dreieck oder der Davidstern: »So, wie es oben ist, so ist es unten.« Manche Kristalle haben eine siebte Fläche, die meistens als Dreieck erscheint. Diese zeigt einen Mutterkristall an, wenn sich der Energiewirbel nach links dreht, oder einen Vaterkristall, wenn sich die Spirale nach rechts dreht. Ein linksdrehender Kristall kann dem Körper Schmerz entziehen, während der rechtsdrehende Kristall Energie zuführt. Mutter- und Vaterkristalle sind von großer Bedeutung im Sinne der Heilungsdualität im Bewußtsein. Es gibt ein bestimmtes Stadium des eigenen Verständnisses, wenn man die Umwandlung der Grenzen will. In einer Phase, in der man sich der Dualität bewußt ist und nach Balance sucht, sind die linken und rechten Kristalle von großer Hilfe. Die Prinzipien der Kristallheilung und -einstimmung sind für alle Aspekte des Lebens und unseres Bewußtseins relevant. Wir reden hier nicht nur über Kristalle. Vielmehr ist es ein Prozeß des Abwägens und sich durch das Leben Bewegens. Es ist das Erkennen der Prinzipien von Dreiecken und das Verständnis ihrer Bedeutung, da es die Weise darstellt, in der wir bauen.

Verschiedene Tage haben unterschiedliche Ausrichtungen von Energie, und daher wurden gewisse Kristalle und Edelsteine mit besonderen Tagen der Woche in Verbindung gebracht:

Montag: Perle

Dienstag: Amethyst, Turmalin
               Die Energie des magnetisierten Stahls, ein
               Tag des Aufladens, ein Tag des Tuns. Wenn
               Heiler diese Steine im Zimmer haben, wenn
               sie massieren oder behandeln, wird ein
               größerer Energiefluß ermöglicht. Auch
               schaffen sie einen natürlichen Ausgang für
               die ungesunden Energien von Zweifel und
               Begrenztheit.

Mittwoch: Achat

Donnerstag: Bernstein
               Bernstein ist gehärteter Harz von Nadel-
               hölzern. In China gefundener Bernstein ist
               sehr dunkel, rötlich und stark. Bernstein
               ist die gesammelte Sonnenenergie eines
               lebenden Planeten. Du kannst ihn in einem
               Glas oder Emailbecher (nie Aluminium oder
               Stahl) in Wasser legen und zwei Wochen lang
               in der Sonne stehen lassen. Das Wasser dann
               zu trinken ist sehr hilfreich bei der Behebung
               körperlicher Mißstände.

Freitag:	Türkis, Lapis Lazuli, Beryll (Aquamarin oder Smaragd)
Samstag:	Obsidian und Bleikristall; die Energie des Saturns
Sonntag:	Rubin und Chrysolith

Gelbe Steine stehen zum Magen, zur Milz und zu den Feuern, die abbauen, um aufzubauen, in Beziehung. Die grünen Steine bringen der Leber Ausgewogenheit, dem Holz-Element in deinem Körper. Die Leber ist die Pforte für den Eintritt des Geistes in das Fleisch. Die ist auch der Schlüssel zur Verschmelzung. Rote Steine stärken das Blut und den Kreislauf.

Diese Worte werden größere Bedeutung für dich annehmen, wenn du meditierst und die Energie jedes Steins kennenlernst. Die Kristalle tun nichts für dich; sie verstärken lediglich das, was du bist. Kristalle sind bemüht, Menschen beim Heilen zu helfen, weil das wahre Schicksal der Menschen in Vergessenheit geraten ist.

In dieser Welt der Fülle, dieser Heimat, die uns gegeben wurde, hieß es, daß wir immer genügend von allem haben würden, daß selbst die Elemente unseren Wünschen nachkommen würden, um, wenn nötig, Korn aus einem Felsen hervorzubringen; daß es genügend Getreide für alle geben würde, egal wie klein ein Garten sein mochte. Manche Menschen erinnern sich heute an dieses Versprechen und finden Wege, es wahr zu machen; dies ist der Erfolg von Findhorn. Durch Affirmation und Verständigung mit den Devas, jenen Wesen, die den Energiefluß im Pflanzenreich überwachen, ist es den Leuten der Findhorn-Gemeinde in Schottland gelungen, herrliche Gärten anzulegen, wo einst sandiger Strand war.

Alles hat seine Zeit und seinen Ort. Alles hier ist ein Geschenk und heilig. Unser Zusammentreffen macht es heilig oder alltäglich. In sich selbst ist alles Wahrheit.

Jeder Kristall gehört einer Kristallfamilie an. Einen Quarzkristall kennenzulernen ist, wie mit einem Delphin zu sprechen: Alle anderen Delphine wissen davon. Mit den Kristallen ist es genauso. Wenn wir also beginnen um das Rad zu gehen, spüren wir den Kristall in uns individuell, und dann sehen wir immer mehr von der immensen Dimension unseres eigenen

Bewußtseins. Der Kristall ist ein stiller Zeuge des immer gegenwärtigen Kleinods der Weisheit in dir. In vielerlei Weise ist der Kristall eine Pforte, doch muß der Geist zuerst befreit sein von Zorn, Schmerz und Zweifel. Dann steht dir die kristallene Pforte offen.

Wie kommt das Übel auf die Welt? Wie meine Großeltern mir erklärten, kommt das Übel vom Stolz der Menschen, und weil sie glauben, die Herrschaft über die Schöpfung und andere Menschen zu haben. In der Tsalagi Schöpfungsgeschichte des Sternenmädchens heißt es, daß sie, als sie auf die Erde kam, einen Wind einatmete, schwanger wurde und zwei Söhne gebar. Der eine wollte Dinge auf die richtige Weise tun, der andere war launisch und stürmisch, war streitsüchtig und wollte Dinge auf eine andere Weise tun. Die Zwillinge kämpften im Leib ihrer Mutter, die bei der Geburt des sturmbringenden Sohns starb, da er ihren Körper durch die Achselhöhle verließ, statt auf natürliche Weise. Aus ihrem Körper gingen alle guten Dinge hervor, die wir kennen. Dies ist eine Erklärung des Ursprungs von Übel, die uns Kindern gegeben wurde. Die wirkliche Lektion in dieser Geschichte ist, wenn wir uns mit dem natürlichen Plan streiten, wenn wir so arrogant werden, gegen die Ordnung der Dinge zu streben, dann bringen wir negative Energie hervor. Wenn wir handeln, ohne zu berücksichtigen, wie unsere Handlungen andere beeinflussen werden, wenn wir in Kauf nehmen, anderen zu schaden, sei es in diesem Augenblick oder in drei Generationen, dann pflanzen wir die Saat des Übels.

Somit ist das Übel ein Mißbrauch der heiligen Kraft des Lebens, der Beziehungen und des Wissens. In der Tradition der Ureinwohner gibt es keine Herrschaft über die Tierwelt, die Erde oder andere Menschen. Wir umsorgen einander. Das ist eine andere Betrachtungsweise. In der Vergangenheit dachte man vielleicht, daß Kraft dazu da sei, um für oder gegen etwas angewendet zu werden. In Wirklichkeit bedeutet Kraft zu haben, im Augenblick voll und ganz gegenwärtig zu sein. Sie ist eine heilige Energie, und ihre Manifestierung ist das Ergebnis unserer eigenen klaren Beziehung zu unserem Denken und zueinander. Die Kraft der richtigen Beziehung ist die Kraft, Frieden hervorzurufen.

Wenn wir Frieden in uns selbst schließen, öffnen wir die Tür für den Größten Frieden. Wenn wir Zweifel und Angst ablegen und das Innewohnende erkennen, wird sich das Tor des Friedens öffnen. Wenn das Tor geöffnet ist und weltweit alle Kreaturen das Leben achten, dann wird sich Schönheit in den Herzen aller manifestieren, und unsere Gesellschaft und unser Planet werden einen neuen Tag erleben, ein neues Zeitalter. Um ethisch zu leben, ist jetzt die günstigste Gelegenheit. Ethik ist die Wissenschaft richtiger Beziehungen, und in richtigen Beziehungen werden die innewohnenden Muster von Frieden und Harmonie erkennbar. Das ganze Muster zu sehen, ist ein glorreicher Schritt für die Menschheit. Indem du dir vornimmst, das Licht zu sein, das du bist und als vollständige Form mitzuschwingen, fängst du an, die Zyklen und Muster immer deutlicher zu erkennen.

Laß uns auf die Entwicklungen achten, die sich in den kommenden Jahren ereignen. Laß uns aufmerksam sein und dennoch sehr fest im Licht unseres Wissens, denn wir werden viele Dinge sehen. Wir werden sehen, daß viele bis zu dem Punkt der Erkenntnis ihrer Ganzheit gelangen, aber irgendwie unwillig sein werden, ihre Ignoranz aufzugeben, und so eine Lücke, eine Öffnung hinterlassen. Nur durch die Energie können wir Wissen über das Licht erlangen. Betrachte die Pflanzen in einem Zimmer. Wenn sie die Blätter hängen lassen, fließt irgendwo Energie ab. Wir können solche Energielecks beheben. Es ist eine Frage der Entscheidung.

Und in der Dynamik des Lichts werden wir Gedankenformen am Himmel sehen, ob Engel oder Dämonen. Es geht darum, immer die Stille, die Ausgewogenheit und die Schönheit zu erkennen. Dies sind Zeiten großer Veränderungen. Meine Onkel erzählten mir, daß im Zweiten Weltkrieg viele Soldaten in der Normandie Christus am Himmel sahen, und verschiedene Male sahen Soldaten Armeen am Himmel kämpfen, denn 1935 war der Beginn der neunten und letzten Phase der Reinigung. Heute sehen wir, daß sich dieser Zyklus abschließt. Und eines der Versprechen des uralten Kalenders der Ureinwohner des nordamerikanischen Kontinents ist, daß wir sehen werden, daß jeder Mensch das Richtige und das Falsche, das Ja und das Nein empfinden wird. Jeder wird deutlich die Entscheidung, die zu treffen ist, spüren.

Der erste Schritt besteht darin, Frieden und Ausgewogenheit in uns selbst zu finden, jene Energien des Zweifels, des

Zorns, der Trennung und der Angst beiseite zu tun, die uns davon abhalten, unser ganzes Potential zu verwirklichen. Das ist ein Prozeß, den jeder von uns durchmacht; niemand kann ihn dir abnehmen. Jemand kann deine Schönheit empfinden, jemand kann dich inspirieren, vielleicht kann jemand die Form einer möglichen Zukunft für dich umreißen, die dich anspricht. Dennoch liegt es an jedem von uns, das Licht hinauszusingen. Es kann nicht für dich getan werden. Du kannst die Verantwortung für deine Heiligkeit nicht abtreten.

Vor langer Zeit gingen Menschen am Himmel. In dieser Zeit der Illusionen haben viele vergessen, wie man am Himmel geht. Als ich vor einigen Jahren den Sonnentanz besuchte, sagten die alten Leute: »Dhyani, es wird Zeit, daß Menschen wieder am Himmel gehen.« Ich sagte: »O, das ist so. Wie soll es sein?« »Erinnere sie an die Spiralen des Lichts.« Erinnere die Menschen daran, daß es weder Oben noch Unten gibt, daß dies der Traum ist, den wir miteinander teilen. Und während wir die Tore des Nordens, Ostens, Südens und Westens erkennen, geben wir uns einen Platz im All, eine Gelegenheit zu entscheiden, wo wir hingehen und wie wir gehen; und einen Hinweis darauf, daß wir mit diesem Moment das Morgen gestalten. Ich bitte dich, jemand zu werden, der am Himmel geht. Laß uns unser nicht verwirklichtes Potential des richtigen Handelns hervorrufen, damit es jetzt geschehen kann.

Die Ureinwohner Amerikas sind sehr pragmatische Menschen. Es wird zum Wohle aller meditiert. Und die mysteriösen Dinge, die »Kräfte« die da aufkommen, sie sind sekundär. Am wichtigsten ist, die Natur deines eigenen Geistes zu verstehen und zu begreifen, daß das, was du denkst, hinausgeht und andere berührt, und zu dir zurückkehren wird. Wir haben die spirituelle Pflicht uns selbst und anderen gegenüber, unseren Geist klar werden zu lassen und Einstellungen der Zwietracht abzulegen, so daß alle Wesen glücklich sein können. Manchmal leiden wir unter Gedanken von Zorn und Schmerz. Manchmal meinen wir, nicht gut genug zu sein. Allein die Tatsache, daß uns ein menschlicher Körper und Atem gegeben wurden, bedeutet, daß wir genügend Verdienst angesammelt haben und daher gut genug sind. Also laß uns das Gefühl von Zweifel und Wertlosigkeit beiseite tun. Sei dankbar für das Geschenk deines Geistes, das Geschenk des Lebens, und würdige das Verdienst im Leben anderer.

Wenn sich Menschen dem Verständnis ihrer wahren Natur stetig nähern, finden sie sich oftmals von Dingen abgelenkt und gestört, oder tiefsitzende Ängste steigen in ihnen auf, von denen sie nicht wußten, daß es sie gab. Wenn diese Ängste und Unsicherheiten des Geistes auftreten, ist das eine großartige Gelegenheit sie so zu sehen, wie sie sind — einfach als Gedankenmuster — und nicht an ihnen zu hängen. Angst ist eine Energie, die sich nur selbst nähren kann. Wenn sich die ignoranten und hungrigen Geister an dir genährt haben und sehen, daß du nicht weiter die Energie des Durcheinanders erzeugen wirst, dann lösen sie vielleicht eine Menge Lärm in deinem Geist aus. Irgendwann erkennt dein Geist: »Ja, ich habe diesen Lärm verursacht, ich habe diese hungrigen Geister gemacht, und ich kann sie hinausfegen.«

Alles ist ein Prozeß der Veränderung, der Umwandlung, der Verfeinerung der Transparenz. Es gibt kein Licht ohne Dunkelheit. Viele halten Dunkelheit für etwas Negatives. Doch funkeln die Sterne in der Nacht und es erwachsen dann die Träume, und diese Träume bestimmen unser Morgen. Also sind die Nacht und auch der Tag Teile des Traumes. Weder ist eins davon gut noch schlecht. Wie wir jene Zeiten angehen, bestimmt ihren Wert in unserem Leben. Also wollen wir keine Angst vor der Dunkelheit haben.

Während meines Trainings als junges Mädchen, gab es gewisse Zeiten, in denen ich alleine im Wald gelassen wurde, nur Feuersteine bei mir hatte und nicht einmal eine Decke, damit ich die Natur meines Geistes verstehen lernen würde. Es gibt eine Schattenseite. Sie besteht aus den Ängsten, die du am Tage nicht betrachtest und in der Nacht nicht geklärt hast. Sie häufen sich an und werden zu Schatten. Deshalb lehrten uns die Alten, wie man den Tag klärt, bevor man sich schlafen legt: indem man jeden Abend Frieden mit sich selbst und den anderen schließt.[1] Wenn wir diesen Frieden nicht schließen, werden die Schatten immer größer, und bevor wir die Illusion des »Ichs« durchbrechen können, müssen wir uns mit jenen Schatten an der Schwelle zur Erkenntnis auseinandersetzen.

Oftmals ist der Schatten dein kreatives Potential, daß ins Abseits gedrängt wurde. Also strenge dich beim Einschlafen an, offene und klare Kommunikation mit dem göttlichen Geist herzustellen. In manchen unserer Zeremonien sind wir vom Schatten umhüllt und verstehen von daher die Leere, sehen, daß Tag und Nacht, Ein und Aus lediglich Konstruktionen unseres Denkens sind. Es empfiehlt sich, den Gedanken geordnete Kanäle zu bieten, ein Gebäude der Harmonie und Schönheit, erbaut auf den Säulen von Glauben, Mitgefühl, Hingabe und Freigebigkeit.

Im Betrachten des Kristalls kannst du seinen Aufbau erspüren, die Bewegung seiner atomaren Struktur. Auch das ist Bewußtsein.Die Atome des Bewußtseins bewegen sich ständig in uns. Wir stehen in Beziehung mit allem, was sich im Universum ereignet. In dieser und allen Dimensionen gibt es eine Praktik des Sehens, des Festhaltens und Stillens diverser Reaktionen, die sich bilden. Man kann sich dem Singen des Liedes widmen, das die Strömung der Erleuchtung in allen Wesen bewegt. Es ist ein Prozeß, bei dem Entscheidung von großer Bedeutung ist.

Es gibt gewisse seltene Kristalle, die einen Winkel von 90° haben; meistens sind es Zwillingskristalle.[2] Sie sind wie Kreuze geformt, sind sehr schön und von großer Kraft. Wenn man sie sieht, begreift man, daß es sich um Lebewesen handelt, die bezüglich der Form, die sie tragen, eine Entscheidung getroffen haben. In der zum Ausdruck kommenden Form werden auch Dimensionen enthüllt: darüber, darunter, drinnen, draußen. Und diese Dimensionen sind Zyklen innerhalb von Zyklen, wie in unserem urtümlichen heiligen Kalender, in dem die Räder miteinander verzahnt sind: das Rad des Mars, das Rad der Venus und ein Rad für den unsichtbaren Planeten, der sich hinter der Sonne verbirgt.

Wenn wir die Form und die Energie des Kristalls betrachten, können wir die Form und die Aktivität einer Gedankenform oder ein Gefühl in uns selbst sehen. Wir verstärken das, was geschieht. Es ist da. In der Wahrnehmung dessen beginnen wir die Umwandlung. Also ist die Form des Kristalls ein Führer, ein Weg, ein heiliges Mandala des Geistes. Der Quarzkristall hat sechs Seiten. Doch können diese sechs Seiten verschmolzen oder in viele Richtungen geformt sein und entsprechend der Energie, die dem wachsenden Kristall zur Verfügung stand, eine Anzahl von Facetten bilden. Das sagt etwas über die menschliche Entwicklung aus, denn auch unsere Entwicklung und unser vollständiges Wachstum benötigen subtile Energien, und diese können in unserer frühen Umwelt enthalten sein oder auch nicht. In diesen Zeiten gibt es viele Menschen, die ihr Gespür entlang der klaren, mitschwingenden Linien geordneter, zusammenhängender und harmonischer Entwicklung vergessen haben. Genauso wie diese Linien die Basis der Kristallstruktur bilden, sind sie auch die Struktur des Einzelnen, der Familie und der Gesellschaft.

Wir können lernen, unsere eigene Energie direkt wahrzunehmen und sie als kristalline Struktur erkennen. So werden wir befähigt, den Streß abzubauen, der den Oberton des Kristalls verzerrt, und ermöglichen den Molekülen, andere Beziehungen wahrzunehmen, diverse Kombinationen und Formen zu schaffen. Was ist Streß? Ist er ein von uns geschaffenes Gebilde oder ist er ein Vorgang? Leidet man weiterhin oder erkennt man die Juwelen und die Freude des klaren Bewußtseins und bringt sie hervor? Man kann entscheiden: »Ja, auf diese Weise wird es harmonisieren« – und das größere Wohl ständig vor Augen haben. Im Sinne des Kristalls, einem Energiewandler, bedeutet das größte Wohl immer die größte Lichtbrechung. Auch wir sind Energiewandler. Auch wir sind für die Wahl der Entscheidung verantwortlich, Formen zu schaffen, die die größte Lichtbrechung zugunsten aller Wesen herbeiführen. Wollen wir uns und die Erde an diese heilige Wahl, jene heilige Unterschrift, erinnern. Ein Muster entfaltet sich. Laß es eins der Schönheit sein.

So fängt ein neues Zeitalter an, eine Veränderung des Zyklus', eine Veränderung des Rhythmus'. Der Rhytmus bestimmt den Tag. Ist er kurz? Ist er lang? Das ist das Muster. Es ist wichtig, den Rhythmus der Saat in uns selbst zu kennen, denn da liegt der fundamentale Puls. In unserem Körper brennt ein Feuer, das gelbe Dinge weiß werden läßt, das abbaut und neue Bausteine erschafft. Auch der Kristall besitzt einen Herausziehungs- und Verfeinerungsprozeß; er hat ein üppiges Bewußtsein. Energie geht nie verloren, sie wird nur umgewandelt. Ebenso ist es mit uns. Nicht nur der Kristall will poliert und veredelt werden; auch wir sind bemüht, unser ganzes Potential zu verwirklichen. Und genauso wie der Kristall seine Idealform hat, so braucht auch die Erleuchtung das richtige Gitterwerk unseres Bewußtseins.

Dasselbe Formbewußtsein, das ein Kind besitzt – das innere Wissen um die Form – ist, was wir zu erreichen suchen. Das Lernen, die Wahrheit zu sprechen, unsere Vision zu affirmieren, ist lediglich das Erkennen gewisser Muster, Klänge und Wirklichkeiten, und das Lernen, daß wir wählen können, in einem gewissen Teil der Welle zu sein oder sogar auf eine bestimmte Frequenz eingestimmt zu sein, und innerhalb jenes Raumes einen Bereich des erleuchteten Bewußtseins zu erhalten. Das bedeutet, Schwingung zu verstehen und zu begreifen, daß jeder Aspekt des Lebens einen Zyklus, einen Prozeß enthält. Indem wir auf den größeren Zyklus des heiligen Rades eingestimmt sind, bringen wir uns und unsere Umwelt immer mehr in Harmonie.

KRISTALL-MEDITATION

Lege einen klaren Quarzkristall vor dich hin, den du gereinigt und genährt hast. Während du den Kristall betrachtest, blicke auch in dein Herz, und laß deine Stimme mit dem Herzgesang erklingen. Es ist ein einfacher Gesang, der das Herz, die Weisheit der Liebe, mit dem Hals – dem Indigoblau der Schöpfung, wo Denken Handlung wird – und dem inneren Auge verbindet, jenem Gold der wählerischen Weisheit. Die Melodie und der Rhythmus geben die Form, durch die der Kristall seine Energie senden kann. Sogar die Töne weben. Und der Kristall selbst webt ein Geflecht von Molekülen in Bewegung, angeregt durch den Klang deiner Stimme und durch gedankliche Energie.

Spüre die Sterne über und in dir, fühle dich durchstrahlt von ihrem herabströmenden Regenbogenlicht. Mit dem Sternenlicht webe das Bewußtsein miteinander verflochtener Dimensionen, webe eine Welt der schönen Form.

Nimm nun den Kristall in die Hand. Betrachte seine Form als einen Vorgang, der geschaffen wird. Wieviele Seiten hat der Kristall, wieviele Facetten? Fühle die Dimensionen mit deinen Händen durch subtile Kommunikation. Laß den Spürsinn vollständig sein, laß deine Finger Augen in der Luft werden. Spüre die subtilen Strömungen, die in Wechselwirkung mit dem Kristall in dich und durch dich ziehen.

Und nun, als wärest du ein Rundfunksender, laß den Kristall die Weisheit in deinem Körper verstärken. Spüre, visualisiere den Fluß der fünf heiligen Energien: Das Grün der Leber und des Holzes; das Rot des Herzens; das Orange des

Magens und der Milz; das Weiß der Lunge; das tiefe Schwarz-
blau der Nieren und Knochen. Laß dich von diesen Flußläufen
zu der Weisheit der kristallinen Struktur in dir selbst führen.
Jeder Aspekt deines Wesens enthält ein kodiertes, vollkom-
menes Muster. Es zu erkennen, es immer mehr mitschwingen
zu lassen, das ist Umwandlung.

Nun sei dir der Reaktionen deines Körpers bewußt: der
Schwingung, des Geschmacks, der Lichtbewegung, der Energie. Allein schon die Nähe von Kristallen in der Umgebung
löst chemische Reaktionen im Körper aus − und das besonders, wenn der Raum durch Meditation oder Gebet aufgela-
den wurde. Gebet ist eine Energie, auf die sich der Kristall
sehr leicht einstimmt. Durch Gebet, besonders im Sprechgesang, entsteht ein gewisses Gedächtnismuster, das Moleküle
annehmen, so wie die Muskeln des Körpers durch regelmäßig
wiederholte Übungen gewisse Muster annehmen. Durch
Regelmäßigkeit der Wiederholung oder eine bestimmte Art
von Energie wird der Kristall für diese Energie und ihre Erwiderung noch mehr sensibilisiert, auf den regelmäßigen Pfad
eingestimmt, der für diese Art der Kommunikation geschaffen
wird; sei es durch das Klatschen der Hände, das Tanzen, das
Singen oder das Sprechen von Klangabschnitten. Je mehr der
Kristall es hört, umso mehr wird seine Erinnerung des Verständnisses darauf eingestellt. Es entsteht eine Gedächtnis-
struktur. Dann weitet sich die Energie um den Kristall noch
stärker aus. Und in dir wird während der Meditation ein Nektar produziert. Hormone tropfen aus zwei kleinen Kanälen an
der Schädelbasis in den hinteren Hals herab. Wenn dies
geschieht, wird Klang zu Licht, und du spürst mit allen deinen
Empfindungen, begreifst die vielen Pforten des Bewußtseins
in dir.
Unsere heilige Kraft ist unsere Gebetskraft und die Klarheit
unseres Denkens. Daher ist Sprechgesang, das Aufrufen der
richtigen Klänge, das grundlegende Mittel zur Klärung der
Kanäle der Lebenskraft im eigenen Körper. Durch die Klärung unserer eigenen Kanäle, durch die Bioresonanz der Erde,
der Atmosphäre können wir sogar die Umwelt klarer und rei-
ner werden lassen. Es heißt, daß sogar verschmutzte Gewässer
wieder klar werden können, wenn wir unsere Herzen und

unseren Geist klären. Dies geschieht durch die Energie des Klangs und die des Kristalls.

Der Kristall ist ein Spiegel des innewohnenden klaren Geistes. Seine Gegenwart bewirkt bereits Klarheit. Für die Tsalagi ist der heilige Klang der größte Heiler. Die Klangstruktur des Kristalls schwingt mit und bringt den Klang in dir, die Note deiner Vollkommenheit, erneut zu seiner optimalen Resonanz und Tonhöhe. Der Kristall ist eine Stimmgabel, die ständig den Klang der Schöpfung in jedem Wesen erklingen läßt.

Der indianische Geist betrachtet immer das Ganze. Also wird der Kristall nicht am Körper »angewendet« oder auf besondere Energiezentren gelegt. Die Behandlung einer Krankheit geschieht nie über ein spezielles Zentrum, sondern im gesamten Wesen, im Empfinden der Person als ein Kontinuum. Wenn wir in »Teilen« denken, verschaffen wir dem Problem Energie. Es ist besser, die Ganzheit zu erfassen. Vergiß bei der Arbeit mit anderen nie, daß du ein ganzes Wesen in Beziehung zu allen anderen Wesen bist. Deine Energiezentren stehen in Beziehung mit allem im Universum. Spüre also das Gleichgewicht, spüre das Licht, das sich im Rhythmus mit allem, was ist, durch dich und dein Bewußtsein bewegt. Du bist Licht.

Das Auge Gottes blickt durch die Augen der Kinder. Überdenke, wie sich dein Denken und dein Handeln auf diejenigen auswirkt, die noch nicht geboren sind. Wie der Kristall möge jeder die Strukturen von Gedanken, Worten und Taten wählen, die das meiste Licht wiedergeben.

EPILOG

Hier findest du einige Werkzeuge zum Auskehren deiner Feuerstelle. Prüfe diese Worte und Meditationen so, wie wenn du Nahrungsmittel für deine Familie kaufst. Sind sie frisch, eignen sie sich, sind sie wohltuend? Sind sie gute Medizin für dich und deine Verwandten? Wenn die Medizin gut ist, dann nimm sie.

Um das Mysterium zu verstehen,
Betrachte den Geist.
Der Geist stillt Angst
Und bewegt sich in Klarheit.
Singe ein Lied des Gleichmuts,
Wach in der Gelassenheit.
Bejahe deine Stimme
Und deine Wahl der Entscheidung.
Magnetisiere einen mächtigen Traum —
Welt des Lichts,
Erleuchteter Friede.

ANMERKUNGEN

Vorwort

1. Als Beispiele dieses Musters der zyklischen Wiedergeburt von spezifischen Weisheitsenergien bedenke die Geburt »Des Fahlen« im Jahre 873 v.Chr., von Wotan, 700 Jahre später (siehe Einleitung), und des Friedensstifters im Jahre 1573 n. Chr. sowie einer möglichen zeitgenössischen Wiedergeburt der gleichen Weisheit im Jahre 1983. Shearer geht detailliert auf das »Echosystem« in seinem Buch Beneath the Moon and Under the Sun ein.

Einleitung

1. Diese Aussage bezieht sich auf die fünfte Generation nach der Zwangsumsiedlung Mitte des 19. Jahrhunderts, als das Volk der Tsalagi gezwungen wurde, seine Heimat im Südosten der heutigen Vereinigten Staaten zu verlassen. Es gibt unterschiedliche Schätzungen, wieviele Menschenleben auf dem Weg der Tränen von 1838-1839 verloren gingen. Woodward, der Foreman zitiert, merkt an: »Von insgesamt 18.000 Cherokees, die nach dem Vertrag von 1835 nach Westen zogen, starben ungefähr 4.000 in Militärgefängnissen vor der Umsiedlung oder auf dem Weg in den Westen.« (The Cherokees). Weitere Informationen darüber gibt es in der Einleitung dieses Buches, in Indian Removal von Grant Foreman und in Tsali von Thetford Denton.

2. Inspiriert von Anführern wie Mad Bear (»Fackel der Fünften Generation«) zum Beispiel, dessen Unity Conferences (1956-1968) und mutiges Vorbild viele Mitglieder der Roten Nationen an ihre heiligen Pflichten erinnerten. Siehe auch Blood of the Land von Rex Weyler.

3. Ca. 700 Jahre nach »Dem Fahlen« kam ein weiterer Lehrer zu den Tsalagi und erinnerte das Volk erneut an die heiligen Anweisungen und wie sie zu erfüllen waren. Er wurde Wotan genannt. Sein Symbol wird als ⊥ oder T angegeben. Er wurde auf wundersame Weise gezeugt und auf normalem Wege geboren. Aufgrund seiner vielversprechenden Ansätze wurde er von jungen Jahren an im Tempel erzogen und erreichte die hohe priesterliche Würde eines Meisters des Windes. Er meditierte geraume Zeit in der Höhle eines inaktiven Vulkans. Irgendwann erlitt er Verbrennungen; er verlor seine Hautfarbe und trug dann eine Maske. Wotan besaß ein hochentwickeltes Bewußtsein und hatte einen ebenso weitreichenden wie schnellen Intellekt. Sobald ihm die Lehren »Des Fahlen« gezeigt wurden, war er in der Lage, sie zu verwirklichen. Er war ein weiser Lehrer, der Verwirrung im Verständnis des Kalenders und des mathematischen Systems korrigieren konnte. Aufgrund Wotans großer Errungenschaften und seiner fehlenden Hautfarbe wurde manchmal vermutet, er und »Der Fahle« seien dieselbe Person. Aus diesem Grund werden dem Dasein »Des Fahlen« verschiedene Daten zugeschrieben, die entweder 2.000 oder 2.700 Jahre zurückliegen. Tatsächlich wurde er im Jahre 873 v. Chr. geboren. Siehe auch Shearer (Beneath the Moon and Under the Sun, Kap. 11), der Wotans Inkarnationen bei den Maya behandelt.

4. »Medizin« bedeutet in der indianischen Auffassung, die eigene heilige Kraft zum Wohle aller zu geben.

5. Dem heiligen Kalender folgend, fließt die Zeit durch verschiedene »Welten«, von denen jede 1.144 Jahre umfaßt. Jede Welt besteht aus dreizehn Himmeln, Zeitspannen der Harmonie und der Ordnung, und aus neun Höllen, Zeiten der Disharmonie und der Finsternis. Jeder Himmel und jede Hölle dauert 52 Jahre. Zusammen ergeben sie die zweiundzwanzig gleichlangen Epochen, aus der jede Welt besteht. Die Fünfte Welt, die letzte von neun Höllen, endete am 16. August 1987. Mit der Eröffnung der Sechsten Welt am 30. August 1987 begann ein neuer Zyklus von dreizehn Himmeln. (Siehe Shearer: Beneath the Moon and Under the Sun, S. 99).

6. Laut Tsalagi-Prophezeiung gingen die vier Klans vom Zentrum der Erde aus nach der Großen Flut auseinander und begaben sich in die vier Himmelsrichtungen. Die Hellhäutigen gingen nach Osten, um Mittel zu finden, das Leben der Menschen zu erleichtern; sie brachten Erfindungen hervor. Diejenigen, die nach Norden gingen, suchten klare Ideen, die den Anweisungen des Schöpfers dienen würden. Der Klan, der nach Westen ging, beschäftigte sich mit dem Tod und dem Übergang des Geistes in die himmlischen Reiche zur Erhaltung der in jedem Leben erlernten Weisheit. Im Süden suchte man die Lehren des Wachstums, damit das Volk in Fülle leben möge. Drei Klans kehrten ins Zentrum der Welt zur vereinbarten Zeit zurück und teilten ihr gewonnenes Wissen miteinander. Ein Klan ist noch nicht zurückgekehrt; die Menschen warten noch immer auf die Wiederkehr des hellhäutigen Bruders aus dem Osten, der die Weisheit der Erfindungen bringt, die allen Menschen nutzen werden. Als Córtes in Amerika landete, hielten ihn viele für den hellhäutigen Bruder aus dem Osten. Daher die Begrüßung, die er von jenen erfuhr, die er anschließend vernichtete.

1. Das Volk des Feuers

1. Das Gebiet der Four Corners umfaßt das Colorado-Plateau, Utah, New Mexico und Arizona. Die Hopi-Siedlungen dort sind die ältesten, durchgehend bevölkerten, Wohnstätten der Welt.

2. Mooney liefert eine kurze Schilderung der Sprachverwandtschaften in Myths of the Cherokee, S. 15. Siehe auch Woodward, The Cherokees, S. 19, und Lewis und Kneberg, Tribes That Slumber, S. 156.

3. Woodward, Tribes That Slumber, S. 23-24. Woodward erzählt die Gefangennahme und Flucht der »Lady of Cofitachequi«, nennt sie jedoch irrtümlich die »Nichte des weiblichen Häuptlings von Cofitachequi«. Tatsächlich war sie selbst das führende Stammesoberhaupt.

4. Siehe Einleitung.

5. Die Tsalagi verhielten sich kreativ und flexibel in der Anpassung an die Bedrängung ihrer traditionellen Kultur durch europäische Kolonialgesetze und Bräuche. Oberflächlich betrachtet, schien es, als stimmten sie den Veränderungen zu, die ihnen aufgezwungen wurden. Es bildete sich jedoch ein äußeres System von Stammesgesetz und -regierung, das sich mit der kolonialen Gesellschaft befaßte, und ein inneres System für die Menschen des Volkes. Somit waren Harmonie und Integrität erhalten. Siehe auch Strickland, Fire and the Spirits, S. 183.

6. Siehe zum Beispiel Werke von Vine Deloria jr., N. Scott Momaday, Tony Shearer und Rex Weyler.

7. Siehe Paul A.W. Wallace, The White Roots of Peace.

8. Siehe Vorwort sowie Shearer, Beneath the Moon and Under the Sun, S. 99.

9. Siehe auch Strickland, Fire and the Spirits, Kap. 11.

10. Ley-Linien sind die Kanäle oder Meridiane innerhalb der Erde, durch die Energie fließt, von ähnlicher Funktion wie die Akupunktur-Meridiane des menschlichen Körpers. Orte, wo sich große Ley-Linien kreuzen, sind besonders energiereich. Dort kann der Erde durch richtiges Beten und Handeln vieles gegeben werden.

11. Shearer, Beneath the Moon and Under the Sun, passim.

2. Stimmen unserer Ahnen

1. Manche meinen, daß er auch ihren Kopf trug, der zur Sonne wurde. Für die Tsalagi ist die Sonne weiblich. In mündlichen Überlieferungen (und sogar im Popol Vuh) wird darauf Bezug genommen, daß einer der Söhne den Kopf seiner Mutter in den Himmel trug. Siehe Girard, Esotericism of the Popol Vuh.

2. Aussage von Joe Washington, spiritueller Führer der Lummi-Nation.

3. Übernommen mit freundlicher Genehmigung von Tony Shearer, Beneath the Moon and Under the Sun, Abb. 91, S. 90.

3. Die Erneuerung des »Heiligen Reifs«

1. Diese Meditation basiert auf der Meditationspraxis der Ywahoo, wie von Eli Ywahoo gelehrt, und ist die fundamentale Praktik der Sunray Meditation Society sowie Sunray Peacekeepers weltweit. Diese grundlegende Meditation ist auch, mit Anleitungen von Dhyani Ywahoo, als Musikcassette und Videocassette erhältlich. Weitere Informationen darüber enthält Anhang C.

4. Die Familie der Menschheit

1. Die Priesterschulung für Tsalagi hält sich nach wie vor an die traditionellen Richtlinien. Die Sunray Meditation Society, eine von Dhyani Ywahoo gegründete spirituelle Vereinigung, die auf den Lehren der Ywahoo aufbaut, bildet ihre Geistlichen nach traditionellen und modernen Methoden aus. Sie sind für jene geeignet, die nicht von den Ureinwohnern Amerikas abstammen.

2. Dies ist eine moderne Tsalagi-Lehrgeschichte, die sich auf tatsächliche Begebenheiten stützt.

3. Ca. 14.000 Diné (Navajo) und Hopi sind nach den Bestimmungen vom Public Law 93−531, dem Umsiedlungs-Erlaß, der 1974 vom Kongreß der Vereinigten Staaten verabschiedet wurde, mit Zwangsumsiedlung aus ihren angestammten Heimatgebieten bedroht. Der Erlaß sollte vordergründig Streitigkeiten zwischen den Diné und den Hopi über die Benutzung des Joint Use Area (Gemeinsam zu nutzendes Gebiet) beilegen, ein Landstrich mit reichen Bodenschätzen, der im Gebiet der Diné und Hopi Reservation liegt.

Der wirkliche Streit ist nicht zwischen den Diné und Hopi. Vielmehr ist er zwischen traditionellen Indianern, die indianisches Land als Stätte urtümlicher Religion und Kultur erhalten wollen — und daher gegen industrielle Erschließung und Ausbeutung des Landes sind —, und jenen, die eine solche Entwicklung befürworten (besonders interessierte Dritte, wie Bergbauunternehmen, denen eine solche Ausbeutung Gewinne bringen würde). Um weitere Informationen zu erhalten oder Unterstützung anzubieten, kontaktiere: In Defense of Sacred Lands, P.O. Box 1509, Flagstaff, Arizona 86002; Telefon: (602) 779-1560.

5. Friedensgeist schaffen

1. Diese Meditation entspringt einer traditionellen Lehrgeschichte für Kinder.

2. Diese Meditation stammt von einer Praktik, die uns als Kinder beigebracht wurde, als wir etwas über die alten Tempel unseres Volkes lernten.

3. Das Ritual der Vergebung ist tägliche Praxis bei den Tsalagi.

7. Das diamantene Licht

1. Siehe Kap. 5

2. Ein Zwillingskristall (Zwilling) ist eine symmetrische Verwachsung einer Kristallart. Einspringende Winkel kennzeichnen oftmals die Stellen des Zusammenwachsens, sog. Zwillingsnähte, können aber auch fehlen. Bei »einfachen« Kristallen kommen einspringende Winkel nicht vor. Neben Zwillingen gibt es auch Drillinge, Vierlinge, usw.

ANHANG A

DIE LEBENSFAMILIE

Die Eine Quelle Unseres Seins,
Die Vielen in dem Einen

1 EINS: Weißes Licht, das in Blau übergeht.
  Wille. Kreis. Quarzkristall.

Die Urkraft des Lebens – Wille – aus der Leere geboren,
bringt das Licht hervor. Der Wille zu sein, der Anfang der
Verwirklichung, wird von einem Kreis oder Oval dargestellt.
Um Menschen in unmittelbare Beziehung zu ihrer eigenen
Selbstkenntnis und dem Ganzen, aus dem wir alle hervorkamen, zu bringen, wird Meditation in großen Gruppen praktiziert. Wir kommen dadurch mit dem ewig fließenden Strom
des Bewußtseins in Berührung, welches das göttliche Licht ist,
das Klang und Manifestation hervorbringt. Das Ziel dieses
Verständnisses ist, Menschen bessere Einstimmung mit ihrem
eigenen Willen finden zu lassen, sie Verantwortung für die
Gestaltung ihrer Umwelt durch korrektes Denken und Handeln übernehmen zu lassen, so daß alles in Harmonie mit dem
Ganzen ist. Laßt alle sehen, daß es in einem Universum der
Fülle keine Entbehrung gibt, und laßt jeden für die Vollendung des Kreises Verantwortung übernehmen, damit sich das
größere Wohl verwirklichen kann. Während das Sonnensystem und die Galaxis in höhere Schwingungen übergehen,

299

muß ein Bewußtsein planetarischen Einsseins verwirklicht werden. In jedem Wesen ist eine Silberschnur, die das Individuum mit erwachter Gegenwart verbindet.

Wie das Eine sich selbst zu erkennen sucht, betrachtet es den Strom und wird zwei.

2 ZWEI: Rot. Bewußtsein, Liebesweisheit.
  Zwei parallele Linien. Rubin.

Dualität tritt hervor als Ursprung von Intelligenz, die durch Selbstbetrachtung von dem Einen getrennt ist. Rot und Blau − dialektische Gegensätzlichkeit, die in der Hervorbringung von Intelligenz Ausgewogenheit sucht.

3 DREI: Gelb. Aktive Intelligenz. Dreieck.
  Orangefarbener Topas.

So wie das Eine sich selbst wahrnimmt und die Zwei gebiert, bringt die Zwei Beziehung hervor, welche das Formlose in aktiver Intelligenz manifestiert. Alle Aspekte des Bildungsprozesses basieren auf dem Prinzip des Dreiecks − den Fluß der Weisheit im Einzelnen, in der Gruppe und auf dem Planeten anerkennend, sehend, daß die Antwort bereits in der Frage liegt, das Problem bereits die Lösung enthält und dieses Wissen in richtiges Handeln umzusetzen ist. Das Dreieck ist das Symbol der Familie und die materielle Manifestierung des geordneten Planes der Natur. Dies ist die Basis unseres Verständnisses in der Verbindung zu allen Wesen. Individuen können die Kommunikation untereinander durch direkte Wahrnehmung der Essenz verbessern, die in uns allen gegenwärtig ist. Jeder Gedanke, der von Mängeln ausgeht, führt zu einem Bewußtsein von Entbehrung, Trennung und Zerstörung. Laßt uns den kontinuierlichen Energiefluß sehen, der eine Fülle der Harmonie im Bewußtsein der Familie, der Gruppe, der Nation und des Planeten erhält.

Familienrituale des Betens und Meditierens sind Mittel der Umwandlung. Richtige Riten, Einstimmung auf das Land, richtige Beziehungen zur Fülle der Erde befähigen einen, die größere Beziehung zu spüren. Geometrische Formen, die aus dem Dreieck entstehen, vermitteln innewohnende Botschaften universeller Natur. Durch klare Vorstellung wird das Energiefeld des Einzelnen, der Gruppe und des Planeten von begrenzenden Gedanken bereinigt, die sich als Beeinträchtigung des Bewußtseins niederschlagen. Die Gesamtheit des Ausdrucks wird wieder hergestellt.

4 VIER: Orange. Vergrößerte Familie.
   Heilung. Tetrachord, Quadrat. Jaspis.

Die Vier verbreitet das Grundkonzept des Heilens, der Einstimmung auf das Licht, Heilung von Körper, Gefühlen und Geist und dem ätherischen Netz, das den Einzelnen mit der monadischen Präsenz vereint. Die Kraft richtigen Denkens, als vorbeugende Medizin und göttliche Fürbitte, muß als Mittel der Heilung der Menschheitsfamilie verwirklicht werden.

Das Hervorrufen der Strahlen (Farben) des Heilens und das Erkennen ihrer Beziehungen zu den Organsystemen und dem Bewußtsein sind in der Heilung auch notwendig. Die Triade der Grundfarben als Ursprung von Form ist Bote der materiellen Form. Jede Farbe besitzt Bewußtseinsqualitäten (wie mit jeder Zahl und Form beschrieben) und steht in Beziehung zu den körperlichen Organsystemen. Beim Verbrennen strahlt jedes Element seine charakteristische Farbe ab. Im Wahrnehmen spezifischer Farben verbinden Menschen diese mit einer gemeinsamen Erfahrung. Wie im Periodensystem der Elemente gibt es Aspekte des Denkens und Handelns, die auch den Gesetzmäßigkeiten der Harmonie folgen. Heilen mit Licht, Farbe und Klang, das Auflegen der Hände, das Ausgleichen der Aura, richtiges Denken und Handeln sind universelle Disziplinen, die die Harmonie im Heilen hervorbringen.

5 FÜNF: Grün. Nachbarschaft, Dorf. Lehren, Wissenschaft, Wissen. Pentagon. Smaragd.

Die Fünf steht in Beziehung zum Wissen. Sie hat eine umwandelnde Funktion und synthetisiert die Weisheit der ewigen Präsenz zu materieller Manifestation. Auf der Nachbarschafts- oder Dorfebene ist die Basis des Rats, das Anrufen und Erhalten der Fülle der dynamischen Harmonie und des erwachten Bewußtseins des Dienens durch das Entwickeln einer Idee, die vielen in Harmonie mit allen Wesen zugute kommt. Das Mittel ist Gruppenmeditation − die klare Wahrnehmung des Zwecks der Teile im Ganzen, das Wissen um die Bedürfnisse aller durch Gemeinschaft mit der Essenz einer Frage, in der die Antwort liegt.

6 SECHS: Rosa. Erde, Klan. Sechseckiger Stern. Rosenquarz.

Die Sechs ist der Strahl der Hingabe an die Manifestierung der idealen Form: wie oben so unten. In Erinnerung daran, daß der Gedanke Energie ist, die manifest wird, durch die das Herz und der Energieempfänger des Wesens interpretiert, aktivieren wir das Bewußtsein der Fülle und der richtigen Beziehungen zur Erde. Wenn Liebe und Hingabe zur Erde mit richtigem Denken und Handeln durchgeführt wird, reagiert das Land mit Fülle. Eine Mentalität des Mangelns wird die Illusionen von Hunger, Armut und ungleicher Machtverteilung verewigen.

Wenn sich die Gruppe auf wählerische Aufnahmebereitschaft einstellt, kann sie die Idealform wahrnehmen, die zum Wohle des gesamten Planeten hervortritt. Durch Ausrichtung auf das höhere Gruppenselbstverständnis können wir daher die Qualitäten der Verbindung mit dem Ganzen bejahen und diese Verbindung durch richtiges Handeln zum Ausdruck bringen.

7 SIEBEN: Violett. Nation.
Tetraeder. Amethyst.

Die Sieben bringt Bewußtsein für die Familie und den gemeinsamen Zweck. Die Gruppe muß Verantwortung dafür übernehmen, Gemeinschaftsstrukturen von einer Geisteshaltung der Trennung zu einer der Einheit umzuwandeln. Im Anerkennen der Rolle, die Vielfalt im Ganzen spielt, wird die Familie von Illusionen der Trennung bereinigt. Die Methode, dieses Ziel zu verwirklichen, ist der Rat der Nachbarschaft, des Dorfes, des Klans und der Nation.

8 ACHT: Indigoblau. Planetarisches
Bewußtsein; Verständnis. Oktagon.
Blauer Saphir.

Planetarisches Bewußtsein versteht das Einssein der Menschheit und begreift die Erde als unsere Heimat, in der alle Menschen in Harmonie für das Wohl des Ganzen arbeiten.

Das ökonomische System basiert darauf, was dem Ganzen dient, sowie auf der konstruktiven Vorstellung, daß alle benötigten Rohstoffe vorhanden sind und lediglich an den richtigen Ort bewegt werden müssen. Da die Gewässer fließen und die Winde wehen, gibt es eine natürliche Energieverteilung. In der Manifestierung des planetarischen Bewußtseins können wir uns in Harmonie mit diesen Strömungen bewegen. Mangelbewußtsein steht dem vollständigen planetarischen Bewußtsein im Wege. Planetarisches Bewußtsein erkennt die Weisheit aller Wesen an, so daß nicht nur einige die Entscheidungen für viele treffen und Volksvertreter wirkliche Diener des Volkes sind, Empfänger des vielfachen Willens in Übereinstimmung mit dem größtmöglichen Wohl.

9 NEUN: Opaleszent. Universelles Bewußtsein.
Neuneckiger Stern. Feueropal.

Die Struktur des universellen Bewußtseins besteht aus drei übereinandergelagerten Dreiecken. Sie ist wahrhaftig empfänglich für das Einssein aller Wesen mit seinen vielen Mani-

303

festationen. Die Erde ist Teil eines lebenden Organismus', der zu einer höheren Bewußtseinsstufe geführt wird. Als Teil eines Lebewesens ist es für die Erde erforderlich, ein vereintes Bewußtsein in Harmonie mit dem gesamten Sonnensystem zu erlangen, damit sich erleuchtete Intellekte auf Lichtstrahlen durch das ganze Universum bewegen können, um an der Gemeinschaft der größeren Familie des Seins teilzuhaben.

ANHANG B

DIE RICHTUNGEN UND IHRE ATTRIBUTE

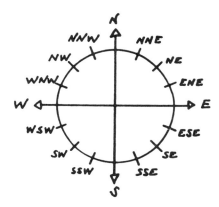

Norden   Weisheit, Wille. Abhärtung; bringt
Prüfungen in Vorbereitung auf das Treffen
der Hölle des Westens hervor, wo man
allen Gedankenformen begegnet, die man
erzeugt hat. Gefrorenes Wasser; Potential.

Nord-Nordost   Weisheit und Wille verbinden sich zu
Liebe.

Nordost   Die Geburt von Intelligenz durch das
Zusammenwirken von Wille und Weisheit.

Ost-Nordost   Ein Hervorbringen der Erleuchtung des
Ostens; die aufsteigende Sonne des
Bewußtwerdens.

Osten   Erleuchtung; den Ausdruck des Geistes
verstehen; Integration. Läßt achtsame
Pflege von Mutter Natur in uns
aufkommen. Sanfte Winde.

Ost-Südost	Die Erkenntnis, daß das Manifestieren des Bewußtseins, die Saat der Achtsamkeit keimen muß.
Südost	Strahlen von regenerativer Energie, wie Saat im Mutterleib, Bewußtsein ihres Zwecks und ihrer Richtung aufnehmen.
Süd-Südost	Die feste Einpflanzung der Saat; Erinnerung an zukünftiges Wachstum.
Süden	Erneuerung, Regenerierung für zukünftiges Sein; die Saat von morgen. Die Primärenergie des Heranwachsens. Warme, feuchte Winde.
Süd-Südwest	Sammeln von Erfahrung und Erkenntnis der Verantwortung für sich selbst und alle Lebewesen; Fülle und Nahrung an andere wiedergeben.
Südwest	Reben, die wachsen; die Ausdehnung von Familie und Klan auf der Basis richtiger Beziehungen.
West-Südwest	Der Ort, wo wir unsere Kraft annehmen und beschließen, zu teilen und weiterzumachen in Harmonie mit der Gegenwart, die Kinder von morgen hervorbringend, genährt von den Traditionen unserer Großmütter.
Westen	Assimilierung. Die gesamte Lebens- und Karmaerfahrung. Idee-Formen, umgewandelt im zerstörenden Feuer, die Geburtsstunde von Neuem. Die Pforte, die wir zum Tod des Ego durchschreiten. Der Ort unseres Alters. Integrierung und Ausbalancierung der Erfahrung; Auflösung von Verlangen. Die Sehnsucht, sich voll mit dem spirituellen Bewußtsein

zu vereinen. Kann als Pforte aus der Inkarnation gesehen werden. Austrocknende, gepeitschte Winde setzen in Brand.

West-Nordwest	Teilen der Weisheit; assimilierte Erfahrungen werden als archetypische Bewußtseinsmuster erkannt und mit den nachrückenden Generationen geteilt.
Nordwest	Entwicklung und Aufsteigen wahrer Resonanz mit den Elementen. Die Fähigkeit, die Elemente zum Wohle der Gemeinde hervorzurufen.
Nord-Nordwest	Leuchtendes Bewußtsein der gesamten Spirale des Verständnisses und der Beziehung zu den Sternen. Erkenntnis des Selbst als ein vibrierendes Wesen, das durch Gedanken und Handlungen Ursachen schafft.

Die aufsteigenden Spiralen der Energie, Strahlen der Mutter Erde, verbinden sich mit den regenerativen Aspekten des Selbst des Südens, steigen hinauf durch die Zeugungsorgane, um sich im Herzen zu treffen, während es von dem inneren Wissen um unsere Beziehung zu allem erleuchtet ist. Der Wind des Nordens und der Blitz der Veränderung werden von diesem Wirbel aus Energie hervorgeholt, so daß man klaren Geist durch die Beziehung zum Himmel und zur Erde erkennt. Der Blitz nährt die inneren Qualitäten der körperlichen Form. Das innere Wesen ruft aus Osten und Westen Energiespiralen hervor, hält Bewußtsein und universelle Bewegung im Gleichgewicht. Man kann die Leere begreifen, in der nichts übrigbleibt.

ANHANG C

DHYANI YWAHOO UND DIE
SUNRAY MEDITATION SOCIETY

Dhyani Ywahoo ist Mitglied der traditionellen Etowah-Gruppe der Östlichen Tsalagi-Nation (Cherokee) und repräsentiert die siebenundzwanzigste Generation, die das Erbe des Geschlechts der Ywahoo pflegt. Auch ist sie Gründerin und Leiterin der Sunray Meditation Society, einer internationalen spirituellen Vereinigung, die dem planetarischen Frieden gewidmet ist. Die Sunray Meditation Society ist mit der Igidotsoiyi Tsalagi Gadugi verbunden.

Die Sunray-Lehren werden, den Anleitungen traditioneller Ältesten entsprechend, an Menschen in der ganzen Welt weitergegeben, damit wir auf der Erde das Ideal des umsorgenden Geistes verwirklichen mögen und damit in der Familie des Lebens Harmonie und richtige Beziehungen manifest werden. Die Lehren werden hauptsächlich durch The Peacekeeper Mission verbreitet, ein Programm der individuellen, kollektiven und planetarischen Bildung und Schulung, das auf den Lehren der Ywahoo basiert. Das Peacekeeper-Training vermittelt spezifische Praktiken im Sinne von »Erdweisheit«, um Hindernisse umzuwandeln und Glauben und Kraft zu erneuern und eine friedvolle Welt zu schaffen. Dieses Training wird zweimal im Jahr in Nordamerika und Europa angeboten.

Sunray-Meditationsgruppen treffen sich regelmäßig in vielen Städten der Vereinigten Staaten und in Kanada. Die Teilnahme steht jedem offen; Anleitungen werden gegeben.

Sunray Tapes and Literature bietet Audio- und Videocassetten sowie Schriften der Sunray-Lehren und Praxis an. Eine Broschüre darüber ist auf Wunsch erhältlich.

Ein Teil der Einnahmen aller Sunray-Unternehmungen wird besonderen Projekten der Ureinwohner Amerikas zugeleitet.

Weitere Informationen erhältst du bei:

Sunray Meditation Society
P.O. Box 308
Bristol, VT 05443
USA

LITERATURHINWEISE

Agnew, Brad. Fort Gibson: Terminal on the Trail of Tears. Norman: University of Oklahoma Press, 1980.

Blankenship, Bob. Cherokee Roots. (Enthält Register der Cherokee Stammesrollen.) Gatlinburg, Tenn.: Buckhorn Press, 1978.

DeLoria, Vine. The Aggressions of Civilization: Federal Indian Policy Since the 1880's. Herausgegeben mit Sandra L. Cadwalader. Philadelphia: Temple University Press, 1984.

ders. American Indian Policy in the Twentieth Century. Norman: University of Oklahoma Press, 1985.

ders. American Indians, American Justice. Herausgegeben mit Clifford M. Lytle. Austin: University of Texas Press, 1983.

ders. Behind the Trail of Broken Treaties: An Indian Declaration of Independence. New York: Delacorte Press, 1974.

ders. God is Red. New York: Grosset and Dunlap, 1973.

ders. The Metaphysics of Modern Existence. San Francisco: Harper and Row, 1979.

ders. The Nations Within: The Past and Future of American Indian Sovereignty. Herausgegeben mit Clifford M. Lytle. New York: Pantheon, 1984.

ders. We Talk, You Listen: New Tribes, New Turf. New York: Macmillan, 1970.

Denton, Thetford. Tsali. San Francisco: Indian Historian Press, 1972.

Foreman, Grant. The Five Civilized Tribes. Norman: University of Oklahoma Press, 1934.

ders. Indian Removal: The Emigration of the Five Civilized Tribes of Indians. Norman: University of Oklahoma Press, 1932.

ders. Sequoyah. Norman: University of Oklahoma Press, 1938.

Girard, Raphael. Esotericism of the Popol Vuh: The Sacred History of the Quiché-Maya. Pasadena: Theosophical University Press, 1979.

Hansen, L. Taylor. He Walked the Americas. Amherst, Wisc.: Amherst Press, 1963.

Katz, William Loren. Black Indians: A Hidden Heritage. New York: Atheneum, 1986.

Lewis, Thomas M. N. und Madeline Kneberg. Tribes That Slumber: Indians of the Tennessee Region. Knoxville: University of Tennessee Press, 1958.

Momaday, N. Scott. House Made of Dawn. New York: Harper and Row, 1968.

ders. The Names: A Memoir. New York: Harper and Row, 1976.

ders. With Eagle Glance. New York: Museum of the American Indian, 1982.

Mooney, James. Myths of the Cherokee and Sacred Formulas of the Cherokees. Nashville: Charles and Randy Elder, 1982.

Shearer, Tony. Beneath the Moon and Under the Sun: A Poetic Reappraisal of the Sacred Calender and Prophecies of Ancient Mexico. Albuquerque: Sun Publishing Co., 1975.

ders. Lord of the Dawn: Quetzalcoatl. Happy Camp, Calif.: Naturegraph Publishers, 1971.

Strickland, Rennard. Fire and the Spirits: Cherokee Law from Clan to Court. Norman: University of Oklahoma Press, 1975.

Wallace, Paul A. W. The White Roots of Peace. Philadelphia: University of Pennsylvania Press, 1946.

Wardell, Morris L. A Political History of the Cherokee Nation, 1838-1907. Norman: University of Oklahoma Press, 1938.

Weyler, Rex. Blood of the Land. New York: Everest House, 1982.

Woodward, Grace Steele. The Cherokees. Norman: University of Oklahoma Press, 1963.

Tibetischer Buddhismus
im Theseus Verlag

Dudjom Rinpoche
Die Klausur auf dem Berge
Dzogchen-Lehren und Kommentare
146 Seiten   ISBN 3-89620-071-2

Dudjom Rinpoche, ein berühmter tibetischer Dzogchen-
Meister unserer Zeit, gab für dieses Buch erstmals die
Erlaubnis, seine mündliche Übermittlung dieser alten,
geheimen Anleitungen zur Meditations- und Lebenspra-
xis aufzuzeichnen und in schriftlicher Form weiterzuge-
ben. Diese Anleitungen wurden über Jahrhunderte hinweg nur fortgeschrittenen Dzogchen-Übenden gegeben,
die sich um ihrer spirituellen Vervollkommnung willen in
die Abgeschiedenheit der Berge zurückzogen, um zu
meditieren und ihren Geist zu schulen.

Keith Dowman
Der Flug der Garuda
Vier Dzogchen-Texte mit Kommentar
260 Seiten   ISBN 3-89620-065-8

Dieses Buch enthält vier grundlegende Texte des tantrischen Weges zur Buddhaschaft. Keith Dowman stellt
diese alten Weisheitstexte in einer Einführung vor und
hat jedem Text einen Kommentar beigefügt. Der Autor
berichtet darin auch von seinen eigenen Erfahrungen als
Schüler tibetischer Lamas und stellt die Texte durch
seine Hintergrund-Informationen in einen historischen
Zusammenhang.

Chögyam Trungpa
**Spirituellen Materialismus
durchschneiden**
258 Seiten   ISBN 3-89620-100-X

In diesem Buch geht es um die mannigfaltigen Formen
unserer Selbsttäuschung. Chögyam Trungpa macht deutlich, wie durch spirituelle Techniken statt geistige Reifung
auch nur größere Ichbezogenheit entwickelt werden
kann. Diesen grundlegenden Irrweg bezeichnet er als
spirituellen Materialismus. Nach diesem Blick auf die
Sackgassen, in die geistig Suchende geraten können,
werden die Grundzüge des wahren spirituellen Weges
besprochen.

Chögyam Trungpa
**Der Mythos Freiheit
und der Weg der Meditation**
170 Seiten   ISBN 3-89620-099-2

In diesem Buch zeigt der Autor die Kluft auf zwischen
der Lehre des Ostens und den Alltagsgegebenheiten des
Westens und macht sichtbar, wie unsere Verhaltensweisen, unsere Vorurteile und selbst unsere spirituellen
Praktiken zu Fesseln werden können. Wenn unsere Ziele
und Wünsche auf Unkenntnis, auf gewohnten Verhal-
tensmustern oder negativen Emotionen beruhen, dann
kann die Freiheit, sie zu verfolgen, nur ein falscher Mythos sein.

Dilgo Khyentse
Das Herzjuwel der Erleuchteten
Mit einem Vorwort des Dalai Lama
300 Seiten   ISBN 3-89620-102-6

Der Grundtext dieses Buches ist eine meisterhafte, in
Versen geschriebene Belehrung. Er wurde im 19. Jahrhundert von Patrul Rinpoche, einem der hervorragenden
Lehrer seiner Zeit, verfaßt. Der berühmte Dzogchen-
Meister Dilgo Khyentse kommentiert diesen Text mit
großer Einfühlung und Weisheit. Patrul Rinpoches frische und eindrucksvolle Verse und Dilgo Khyentses zeit-
gemäßer Kommentar bilden zusammen ein vollkomme-
nes Ganzes.

Akong Rinpoche
Den Tiger zähmen
Anleitung zur Selbstheilung
aus der Weisheit Tibets
194 Seiten   ISBN 3-89620-101-8

Im ersten Teil des Buches erläutert Akong Rinpoche die
Grundprinzipien der buddhistischen Lehren und ihre
Anwendung im Alltag. Der zweite Teil enthält Übungen
für die tägliche Praxis. Sie zeigen Wege auf zu einem bes-
seren Umgang mit uns und anderen. Mit Hilfe dieser
Übungen können wir auch emotionale Probleme auflösen, die einer wirksamen Meditationspraxis immer wieder im Wege stehen.

Lama Thubten Yeshe
Weihnachten
94 Seiten   ISBN 3-89620-008-9

In diesem Buch betrachtet der angesehene tibetische
Lama Thubten Yeshe unsere westliche Art, das Weih-
nachtsfest zu feiern. Er zeigt daran gewisse Schwachstel-
len unseres Zeitalters auf, untersucht mit Humor und
großer Herzlichkeit unsere üblichen Denkmuster und
weist den Weg, wie der moderne Geist mit neuem Leben
erfüllt werden kann.

Tulku Thondup
Die verborgenen Schätze Tibets
Eine Erklärung der Termatradition
der Nyingma-Schule des Buddhismus
360 Seiten   ISBN 3-89620-067-4

Termas sind schriftliche Belehrungen des tantrischen
Buddhismus, die oft über Jahrhunderte hinweg an geheimen Orten verborgen waren und später von verwirk-
lichten Meistern (Tertons) wiederentdeckt und neu interpretiert wurden. Die Nyingma-Schule des tibetischen
Buddhismus verfügt über weitaus umfangreichste Ter-
ma-Literatur. Tulku Thondup erläutert in seinem Buch
diese so geheimnisvoll erscheinende Tradition.